编委会名单

主　　编： 高晓虹

副主编： 吴炜华、田维钢、丰瑞

特邀编委： 程曼丽（北京大学）、陈富清（《中国广播电视学刊》）、高钢（中国人民大学）
郭庆光（清华大学）、黄瑚（复旦大学）、胡正荣（中国传媒大学）
胡智锋（中国传媒大学）、李彬（清华大学）、罗以澄（武汉大学）
石长顺（华中科技大学）、时统宇（中国社会科学院）、王君超（清华大学）
王甫（中央电视台）、喻国明（中国人民大学）、严三九（华中师范大学）
张晓玲（英国诺丁汉大学）、赵斌（北京大学）

编委会： 陈刚、陈默、郭艳民、何苏六、刘宏、孟群、秦瑜明、隋岩、吴辉、王晓红、徐舫州
张雅欣、祝虹、周文、钟大年、赵淑萍、曾祥敏

执行编委： 崔林、付晓光、顾洁、杨凤娇、周逵

CHINA
Journalism and
Communication Journal

中国新闻传播研究

2013（上）

中国传媒大学 出版社

新媒体评论

创新采纳者主观认知研究的模型构建
——以农村地区互联网扩散为例 叶明睿／107

The Impact of Social Media Use on Afghan Youth Self-esteem and Social Activism
Qingwen Dong, Mustafa Barak／120

使用社交媒体对阿富汗青年自尊和社会活动的影响研究
〔美〕董庆文 Mustafa Barak, 张 为译／138

我国手机媒体健康传播的得失探析 孟 群 王 丹／153

美国驻华大使馆新浪微博的公共外交实践研究 霍文利 曹 莉／163

在线的身体隐喻与情色象征
——优酷视频网的内容分析与编辑框架 程素琴 沈新烨 马晓蓉／176

理论与历史

"你幸福吗?"与让·鲁什的真实电影 陈 刚 王晓喆／189

创作视阈下社会纪实类纪录片之传播 曾建川／198

美国媒介融合成因的 ANT 分析 付晓光／207

电视剧受众研究与女性：文献回顾的视角 夏丽丽／221

存在与缺席
—— 华语流行音乐中女性性别的构建和操演 王 黔／228

书 评

公民新闻的未来：独立、寄生、融合
——评《在线新闻：新闻与互联网》 曾 昕／247

目录 CONTENTS

广播电视观察

广播电视传播模式的演进与重塑 　　　　　　　　　　　　　　　　石长顺／3
继承与超越：影视文化传播研究的历史转向
——来自视觉文化传播理论与实践双重维度的学术考察　　孟　建　苏　状／11
新媒体语境下电视节目的多级传播及效果延伸　　　　　　　　　　周　勇／21
论突发性自然灾害对电视传播应对机制的考验
——CCTV"4·20"芦山地震报道分析　　　　　　　　　赵淑萍　张国栋／31
明星真人秀传播特质与受众心理探析　　　　　　　　　　曾祥敏　刘灵清／39

媒介前沿

台湾电视广告再现老人角色分析　　　　　　　　　连淑锦　Yan Bing Zhang／49
企业危机公关给媒体批评性报道带来的风险　　　　　　　　　　　李爱晖／73
关于全媒体传播观的审视与批判　　　　　　　　　　　　　　　　付玉辉／84
2012 中国在线视频产业的规模、格局与趋势　　　　　　　　　　　周　逵／92

广播电视观察

广播电视传播模式的演进与重塑　　　　　　　　　　　　　　　石长顺
继承与超越:影视文化传播研究的历史转向
　　——来自视觉文化传播理论与实践双重维度的学术考察　　孟　建　苏　状
新媒体语境下电视节目的多级传播及效果延伸　　　　　　　　　周　勇
论突发性自然灾害对电视传播应对机制的考验
　　——CCTV"4·20"芦山地震报道分析　　　　　　　　　赵淑萍　张国栋
明星真人秀传播特质与受众心理探析　　　　　　　　　　　曾祥敏　刘灵清

广播电视传播模式的演进与重塑
The Evolution and Restruction of Broadcast and Television Communication Model

◎ 石长顺

Shi Changshun

摘要：本文探讨了广播电视传播模式的演进历史，并从新媒体传播的视角诠释了其更新与重塑的当代立场与形态。广播电视传播模式的演进与拓展涉及相关学科、学说、学术的发展与重构，其研究内容涵盖广播电视学和广播电视传播教育的重塑。本文着重探索了广播电视学的重塑、数据新闻学的重建和融合新闻学的重构。

关键词：广播电视，传播模式，重塑

Abstract: This paper discussed the changing history of radio and television communication models, and interpreted the updating and remodeling situation of it within the reshaping perspectives of new media. The development of radio and television communication model, involving relevant disciplines, theory, academic reorentation and reconstruction, in some way are remodeling of the future of Radio and Television, as well as the reconstruction of data journalism, restruction of journalism covergence.

Keywords: broadcast television, communication model

历史上，广播电视媒介曾以其青春的活力，分别用38年（广播）和13年（电视）时间走完了报纸用50年才走完的历程（累计受众5000万人）。如今，互联网仅用4年，微博仅用14个月，就以罕见的速度刷新了广播电视的纪录。然而，广播电视媒体又凭借媒介技术的发展推动，加速结构性转化，焕发着"革命"的青春。

广播电视已不再是"那个"广播电视。

一、广播电视传播模式的演进路径

英国学者丹尼斯·麦奎尔在《大众传播模式论》（第2版）中用66个模式集中描绘了大众传播的过程，再现了从过去40多年研究中产生的一些大众传播主要学说和

思想。经研究发现,其中11个传播模式虽然适用于任何媒介,但其原本是为广播电视而设计的,因而这些模式对广播电视,尤其是对电视传播有着独特的阐释力。尽管当今媒介环境发生了很大的变化,但其仍具生命力,这是我们回溯大众传播模式的重要原因。按时间重组的广播电视传播模式有以下演进路径:

1. 受众到达差异化模式(1968):原本为广播电视媒体设计,描述了潜在传播者眼中受众的基本特征,涵盖潜在的媒体公众、特定频道所实际到达的受众等。

2. 使用与满足模式("古典"研究阶段,1944;模式建构,1974):研究人们使用媒介的动机。论及社会和心理根源导致—需求—引发期望—导致接触不同媒体—以致产生需求的满足。研究结果确定了使用与满足的三种形式——感情的释放:替代性的感情体验;愿望的想象:替代性的满足感;"有用"的建议:为受众可能面临的问题提供解决的办法。

3. 电视对个体行为之影响的心理模式(1978):该模式用观众时间"旅程"的循环体验形式表示。中心命题是,一个行为的特定描述(电视行为)更可能导致对该行为的学习;该行为越是重要,越具有激发力。

4. 电视节目选择模式(1983):基于"使用与满足"理论的假设,分析直接影响观众选择节目的两个变量——收看群体(如在场的家人)的影响和节目的知晓程度。

5. 涵化条件模式(1983):理论来源基于电视具有塑造受众观念及间接影响其行为的巨大能力。涵化过程显示,涵化是一个重复、累积、互动的过程,收看电视导致观众按一定的方式构建各种社会现实。

6. 话语分析模式(1987):该模式研究的是电视文本生产过程中的一个核心概念——"话语",认为文本的含义存在于受众的话语世界与植入媒体文本中的话语两者的复合或相似之处。观众的经验和定向对含义的建立作出了贡献。

7. 频道富余条件下的受众选择模式(1988):该模式认为,观众根据节目的信息和自己的观察而设计一种常用的选择策略,其中涉及如下顺序过程:信息搜索(尤其是每个观众和家庭固定收看的"频道组合")、收视决定、重新评估(定期对收视选择做重新评估)、重新搜索。

8. 跨国电视流动模式(1989):即跨国电视影响模式。首先,必须区别三种不同的国际流动,即国内流动(外国内容在本国电视系统中播放)、双边流动、多边流动。其次,强调流动方式导致两个层面的影响:第一层面的影响是"跨境"电视服务(主要指外国电视节目);第二层面的影响是跨境媒体内容的潜在影响。

9. 受众欣赏程度的影响因素模式(1991):该模式认为,受众节目欣赏是体验与期望(观众每种选择衍生了对某种满意的期待)之间相比的实证结果。而在内容方面可能影响满意程度的主要因素有电视类型或形式、气氛、影星、节目推广宣传、易认程度、节目环境、制作价值。

综上，9种电视传播模式主要集中在三个方面，即节目选择（观众选择、到达、使用）、电视解读和受众影响研究。从演进路径看，无论是传播效果中心向受众研究中心的转移，还是媒介选择使用、译码，以及媒介世界建构、媒介话语分析、媒介涵化条件、媒介国际传播等理论的进化，都清晰地勾画出了广播电视传播模式的演进路径。

模式向度演进：单向传播—双向互动—网状交流

模式类型演进：传者中心—受众中心—用户中心

模式范式演进：功能研究—批判研究—政治经济学派研究

广播电视媒介本身具有多面性：既作为产业生产利润，又作为意识形态生产意义。仅从广播电视意义的生产过程而言，其传播就具有多种模式，并按照传播规律和研究转向路径，反映出重要的理论发展轨迹。这种演进路径既反映广播电视经典传播模式具有超前的预见力，也表明在新媒介环境下，广播电视传播模式及研究路径的拓展使其仍焕发着持久的生命力和青春气息。

二、广播电视传播模式的转向影响

广播电视传播经典模式的系统化整理，距今已有20多年了，媒介生态与传播语境都发生了很大的变化，传统广播电视传播模式在新媒体语境下是否仍具有阐释力？这需要从发展研究中寻求解答。

基于互联网的全媒体转型，是当代媒体发展的共识。平面媒体转型带动了整个中国传统媒体的全面转型。《迈阿密先驱报》资深专家查克·费德利曾指出：每一家报社都不得不为生存考虑，视频新闻几乎是所有报社的唯一亮点。随着网络视频的发展，"互联网化"将成为全媒体转型的主要特点。即便是新华通讯社，也着眼于当今世界全媒体格局，为健全通讯社业务形态，增强国家对外传播能力，进一步影响世界，开始借助互联网发展新华新闻电视网（CNC）。自2009年9月以来，已建成四台的业务格局：新华手机电视台、CNC中文台、CNC英语台和CNC WORLD。目前，CNC中文台、英语台已在海外22个国家和地区、国内7个省区市落地入户。CNC按照"国际视野、中国观察、即时传播、客观表达"的新闻编辑思想，以24小时滚动视频新闻、重大突发事件报道、深度权威的专题报道为三类主打产品，努力打造成中国最大、最权威的新闻类视频播发平台。

● 纵观世界传媒发展史，实质上是媒体形态不断创新转型的过程。

以互联网、平板电脑、移动终端、智能电视为代表的新媒体形态此起彼伏,传统广播电视媒体面临前所未有的挑战和战略转型。

转型的方向:整个传播媒介将越来越集中融合在以互联网为基本传播形态的格局下,形成以互联网为形态及核心概念的网状传播模式,或者说,是基于网络平台的全媒体转型与发展(庞井君,2013)。而传统的编码—译码模式结构图,代表的是一种线性模式,对当代新媒体技术未予充分的重视。我们知道,网络新媒体传播是在数字空间展开的发散式的网状传播结构,这种以互联网为主体的新传播技术系统"将成为大众媒介未来模式的基石"。(德佛勒·洛基奇,1990)

- 广播电视如何跟上数字化、网络化时代潮流,实现战略转型,既满足 5 亿台电视机等终端用户的需求,又提供交互式的个性化服务,满足 10 亿部手机、计算机、iPad 等终端用户的需求,已成为关系广电生存发展的重大课题(张海涛,2013)。广播电视的战略转型,也影响着广播电视传播模式的改变,即由广播式为主转变为用户选看式为主,并从"受众时代"向"用户时代"迈进。

转型的形态:从传统广播电视向网络广播电视、微电台、IPTV、手机电视和互联网电视等视听新媒体拓展。

网络广播电视,一种基于互联网技术,聚合现有广播电视节目、媒资库内容和海量的互联网内容,通过互联网、有线电视网、无线传输网和移动网向电脑用户、电视用户和手机用户提供全新互动节目的新媒体平台。它改变了以往被动观看电视的模式,呈现出一种全新的电视观看方法,实现了电视以网络为基础按需观看、随时观看、随看随停的便捷方式。

微电台,通过传统广播与微博之间的融合弥补了电台的诸多劣势,成为广播媒体中的佼佼者。目前,微电台成为新浪微博推出的将传统电台与微博相结合的全新产品,自 2011 年 5 月 10 日上线以来,已汇聚了全国近 300 家电台和 3000 多名 DJ,上万种声音在微电台全力呈现给听众。

- 手机电视,即数字广播业务和移动蜂窝业务相结合的新型业务。目前有两种业务类型:一是通信方式,通过无线通讯网(如 3G)向手机提供点对点多媒体服务,由电信业主导;二是广播方式,利用数字广播电视技术向手机等各种小屏幕终端提供广播电视节目,由广播电视系统主导(CMMB),并于 2005 年 6 月成立了中广传播有限公司,负责运营全国 CMMB。如今在技术上也实现了创新,即将云、广播网络和 Wifi 相结合,推出 CMMB 云媒体热点服务战略,形成无线网元,从而将内容推送到 Wifi 热点。这样,手机电视信号不仅能输送到 CMMB 终端,还可在 iPad 和智能手机上实现,从而进一步实现 CMMB 的回传与互动功能。

• 互联网电视,即能上网的电视终端、电视业务和形态,是将电视与网络结合的新兴模式。既能用电视上网,又能用电视收看。2012 年被称为中国互联网电视的元年。与此相关的 OTT TV,也成为 2012 年广播电视行业的最热概念,热炒的背后是对整个广播电视行业转型的探索和思考。从消费者的角度看,OTT TV 就是互联网电视,是通过公共互联网面向电视传输的 IP 视频和互联网应用融合的服务,其接收终端为互联网电视一体机或机顶盒+电视机。OTT TV 未来的主要业务类型包括:视频、云平台(云电视)、应用商店、多屏互动、电子商务,正推动从看电视向用电视、玩电视的路径转变。CNTV 未来电视公司总经理张宇霞认为,未来的电视属于互联网电视。我们有理由相信:用户会被重新拉回客厅(2011,12)。

在网络技术和社会需求双重动力的作用下,传统广播电视媒体与视听新媒体之间的重构、融合渐成媒体趋向:在形态上推陈出新;在内容上重新组合;在终端上寻求合作;在叙事上探索改变。广播电视媒体也从单向传播向全媒体传播,从多频道电视向网络电视—数字电视—手机电视—互联网电视拓展,通过视听新媒体技术的发展推动,使传统广播电视传播模式发生了结构性的变化。因此,在广播电视应用模式的建构中应有"脱胎换骨的更新和扩展"。

对话语分析模式的修正与完善,应建立在电视文本生产过程的核心概念——"话语"研究的基础上,充分考虑当代新媒体社会话语被高度媒介化的事实,植入媒介技术因素。因为传播与信息技术不只使话语循环,同时也产生知识、施加权力。

三、广播电视传播模式的重塑研究

广播电视传播模式的演进与拓展,涉及相关学科、学说、学术的发展与重构,其研究内容涵盖广播电视学和广播电视传播教育的重塑。

1.重塑广播电视学

2012 年教育部本科专业新目录正式确立了"广播电视学"的地位,这标志着"广播电视学"具备了一门独立学科成立的条件,也引发了我们对学科内涵、知识体系及科学共同体的思考。

外延扩大:广播电视新闻学——广播电视学。

内核建构:学科目的社会建构——学科知识理论体系定律。

广播电视模式的演进呼唤广播电视学学科现有知识体系的系统化或再系统化,以构成学科的基本框架,即学科的符号和标识。一般来说,广播电视学的知识体系建构涵盖以下方面:

三大模块:可观察或已形式化的广播电视学研究客体、广播电视现象以及定律。

三大系统:广播学、电视学和视听新媒体。

三大流派:功能主义学派、文化批判学派、政治经济学派。

三大理论:表现论、媒介论、制度论。

2.重建数据新闻学

欧洲新闻学中心和开放知识基金会共同开发的《数据新闻学手册》认为:数据新闻学是计算传播学的一个具体应用,通过挖掘和展示数据背后的关联与模式,运用丰富的、具有互动性的可视化手段,使数据新闻学成为新闻学的新疆域。从而,也对广播电视传播模式提出了新的课题。

数据新闻同其他新闻形式的不同之处在于,数据新闻把传统的新闻敏感性和有说服力的叙事能力与海量的数字信息相结合,创造了新的可能。数据新闻能够帮助新闻工作者运用互动式信息图表来报道一个复杂的新闻故事。

对数据的使用使得记者的工作核心由追求最先报道新闻向讲述某一事态变化发展背后的真正含义转变,话题的范围十分宽泛。这些问题通过强大的数据图表展现出来,清晰明了且极具说服力。

掌握这些技能的记者将会十分容易地撰写新闻事实与洞察事件。记者能够在数据佐证的基础上写出一篇观点有力的文章,会深刻地影响新闻业及记者、编辑所扮演的媒体角色,并将大大改变传统媒体的报道方式,甚或出现新的报道形态。

伯明翰城市大学教授保罗·布拉德肖在《数据新闻的倒金字塔结构》中提出了"双金字塔模型":

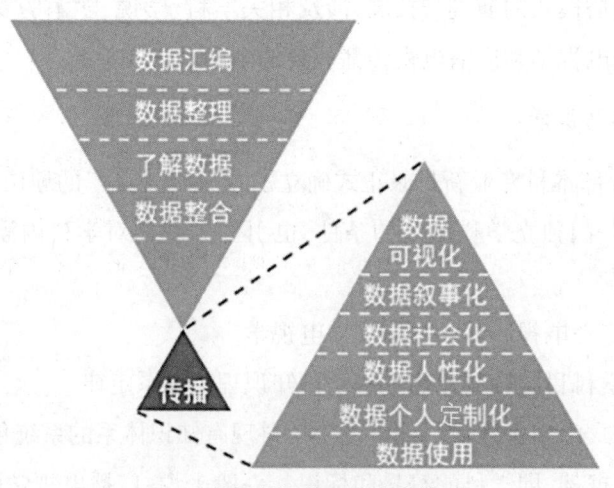

图1 数据新闻的双金字塔模型

图1中的倒金字塔表示了数据新闻处理的四个过程,包括数据汇编、数据整理、了解数据和数据整合。而数据新闻的传播则以"正金字塔结构"六个步骤进行:数据可视化、数据叙事化、数据社会化、数据人性化、数据个人定制化和数据使用。这与广播电视常规报道模式和新闻导语的金字塔结构模式完全不可同日而语。

3. 重构融合新闻学

"在世界的许多地方,一种具有革命性的新闻进化方式正日益凸显,即融合。作为21世纪初的新闻学人才,你必须了解融合,因为它很可能影响你职业道路的推进。接下来的十年中,你可能会在多种不同媒体平台上与不同同事合作,也可能与同样的人共事但报道形式不同。为了迎接这个新纪元,所有的新闻人必须知道怎样为不同媒体报道,怎样恰当地为这些媒体写作。"

在本体层面,广播电视从传统媒体向融媒体转型,使广播电视形态、广播电视业态和广播电视角色都发生了转变。另一方面,新媒体的发展又加速了传统广播电视与视听媒介之间的融合,导致未来"融合新闻"采集与生产模式的改变,因此,未来对记者融合能力和编辑素质的要求超出任何传统媒体产品。

新媒介技术正快速地改变着媒介地图,一个真正独立和强大的公共传播的新媒体将会出现。"它可能在本质上使所有的社会机构发生转变",包括新闻传播教育。为此,所有研究传播模式的人都不能无视当代媒体整合的事实。

从新闻传播史看,每一次新闻传媒的变革都伴随着新闻教育的调适。现代新闻业的兴起,孕育了(报纸)新闻专业的诞生;广播媒介的普及,带动了广播专业的开办;电视媒介的崛起,引发了电视教育的热潮;新媒体的发现,开辟了新闻教育的新领域。从纸质媒介到电子媒介再至数字媒介,每一次媒介技术的变革,都引发了媒介形态和传播模式的相应变化。作为对口的媒介专业教育,毫无例外地要跟进与调试。

新闻教育重启,是美国新闻与大众传播教育协会的热门讨论话题。他们认为,重新思考传媒受众,是重启新闻教育的课题。当前,数字技术的创新也在改变着教育,重启新闻教育预示着将会培养适应广播电视传播模式转向的全能记者,即需掌握三个关键的技能:印刷、互联网和视频。因为那才是新闻机构的未来生存之本。

[本文系2013年度国家社科基金重点项目"构建和发展现代广播电视传播体系研究"的阶段性成果,项目编号:13AXW008]

参考文献：

丹尼斯·麦奎尔、斯文·温德尔著,祝建华译:《大众传播模式论(第二版)》,上海译文出版社 2008 年版。

Stephen Quinn, Vincent Filak(2005).MA :Elsevier. *Convergent Journalism: An Introduction*.

石长顺:《融合新闻学》,北京大学出版社 2013 年版。

〔石长顺,华中科技大学广播电视与新媒体研究院、华中科大武昌分校新闻与法学学院院长、教授、博士生导师〕

继承与超越:影视文化传播研究的历史转向
——来自视觉文化传播理论与实践双重维度的学术考察

Inheritance and Transcendence: The Historical Turn of Research on TV and Film Culture

A Perspective from Visual Culture Communication Research and Practice

◎ 孟建 苏状

Meng Jian, Su Zhuang

摘要:随着视觉文化以及视觉文化传播研究的发展,影视研究,尤其是影视文化以及影视文化传播研究无疑经受着一场前所未有的挑战。从某种意义上说,这种挑战已经构成了对影视研究的巨大威胁。从视觉文化与视觉文化传播研究两方面对影视研究进行探讨可以发现,影视研究的继承和超越正构成两大奇妙的时代变奏。从此意义上说,这是影视文化传播研究的重大历史转向。本文从视觉文化传播理论与实践双重维度,对影视文化传播研究进行了较为全面和深入的学术考察。通过这一考察,力图努力开拓影视文化传播的新领域和新空间。当然,这种新领域和新空间本身也许就构成了新学科的价值取向。

关键词:影视文化传播,历史转向,视觉文化传播,理论与实践

Abstract: With the development of visual culture and visual culture communication, film and television research, especially in the movie and television culture and television culture communication research, is undergoing hitherto unknown challenge. In some sense, this challenge has posed a huge threat to the film and television studies. An investigation of visual culture and visual culture studies of film and Television, inheritance and transcendence of film and television studies have constituted two epic features. In that sense, this is a great historical turn of movie and television culture communication research. This paper, from the perspective of visual culture communication theory and practice, examined the landscape of television culture communication. This study also carves out new areas and space for future television culture communication research. The areas and spaces may constitute the value-laden orientation of a new discipline.

Keywords: TV and film culture, historical turn, visual culture communication, theory and practice

一、影视文化传播研究:来自视觉文化传播理论分析的维度

(一)研究对象:影像文化为主,多维文化兼摄

当下国内视觉文化传播研究的对象主要关涉以下命名:图像、影像、视像、视觉、视觉文化、视觉文化传播。一般而言,称谓不同,研究对象亦有所不同。不妨从诸多命名中,反思当下中国视觉文化传播的研究对象特征。

首先看"影像"。"影像"最早出现在国内对萨特《影象论》"image"的翻译中。萨特强调的是"image"的意向性,由此国内选用汉语"象"字,但汉语中并无"影象"一词,故这里的"影象"可看作是"影像"。国内在以电影为对象进行视觉文化传播研究时,常以"影像"命名,如盛希贵在《影像传播学》中为其作了详细的定义分析,认为虽然"影像"本义包含广泛,如影子、印象、迹象、画像、肖像、形象等,但其本人研究所指包括静止影像的摄影和运动影像的电影、电视、电脑 Flash 动画、幻灯、数码等经由感光所成的像(盛希贵,2005:73-74)。而"图像"这一范畴主要缘于国内对西方艺术史的翻译,通常作为 image,icon,picture 的指代,如"iconology"就译为"图像学"。后来在 W.J.T.米歇尔那里,正式将"图像研究"引入,而米歇尔本人对其使用范畴是有所区别的,其最重要的三部图像著作中,《图像学》中使用"image"对图像进行侧重于本体性的哲学分析,而《图像理论》与《图像想要什么》则倾向于使用"picture"来阐述图像的消费意识形态特征。在他看来,"image"更偏向于原初性的,不能被人为任意扭曲和修改,而"picture"则是具有实际商业或宣传用途的具体图像(尹德辉,2010)。然而国内学者使用这一概念指代是相对单一的,主要是指具有主客意向性的图画与影像。如韩丛耀在《图像传播学》中指出:"从传播学的角度讲,图像是一种非语文传播的阅读文本。从狭义的角度来理解,图像就是具有深刻意义的平面。"这是突出图像的非物象的意义层面,而从其整篇研究来看,其图像不仅包括手工艺术平面,还包括机器影像平面,"因为现实物象的光影和镜头前的物体都会以广博的形式被机械(照相机、摄影机、摄像机、扫描仪等)捕获在一个感光平面上(胶片、感光纸、磁带、CCD 等光敏材料),然后通过物理、化学或电子的手段将感光材料上记录的影像呈现出来,我们就得到了一个机械图像"。(韩丛耀,2005:16,93)由此,在韩丛耀这里"图像"指涉范围既包括"影像",也囊括图片。"视像"也为少数国内学者使用,如王德胜(2008:4-5)的《视像与快感》,其"视像"指涉范围更为广泛,凡是眼见之物皆可成为视像,即日常生

活的人事物景的视觉成像。①以上的"影像"、"图像"、"视像"皆为一种"视觉文化",故视觉文化研究的对象应涵盖三者。但"视觉研究"又有所不同,其不仅研究视觉之对象,更研究视觉之本体。

由此基本语义分析,当下视觉文化研究的对象应该包括:偏向于视觉本体的视觉研究、偏向于视觉对象化文化的视觉文化研究、偏向于视觉文化中的感光成像之影像研究、偏向于平面成像之图像研究、偏向日常成像之视像研究。但目前研究现状是,上述这些称谓指涉并非完全清晰,相互间还有所涵摄。而目前的"视觉文化传播研究",由其命名自然包含上述"影像"、"图像"、"视像"的研究对象。但依据巴拉兹的理解,视觉文化由来已久,但只有到了影像的出现才使人们"恢复对视觉文化的注意"(贝拉·巴拉兹,1986:25)。故视觉文化传播研究是以媒介制造的"影像"为主要研究对象,孟建(2002)所最初强调的"影像因素占据了视觉文化的主导地位"。当然,以"影像"为主导并不排斥图画印刷"图像"、日常"视像"的多维视野。随着研究的进一步发展,其研究对象必将拓展到"影像"之外,这是无可非议的。至于视觉文化传播的研究,是将视觉文化的文化学研究方法与传播学研究方法进行有机结合,转化为视觉文化传播研究的。这一研究领域的兴起和发展,在国外,也是到 90 年代才开始逐渐形成一点"气候"。

(二)研究问题:题域跨界分享,理念传播偏向

当下中国对于视觉文化的研究基本形成了五大基本格局:文艺学的"视觉文化研究"、艺术学的"图像研究"、传播学的"视觉文化传播研究"、人类学的"视觉人类学研究"、教育学的"视觉文化素养研究"。同时,当下视觉文化研究主要涵盖五大症候:大量译介、理论阐释、谱系梳理、系统建构和中国问题。目前国内研究现状是,这五大题域共同体现于五大格局之中,故可以认为,当下国内视觉文化传播研究的题域具有跨界交叉性,是一种"互文性"的"宽泛语境下的跨文本文化研究"(陈永国,2003)。也就是说,哲学、文学、文艺学、传播学、艺术学、教育学等各学科领域,都可以对艺术品、摄影、电影、电视、网络、数码乃至建筑、身体、风景等广泛的日常生活事物进行研究。这种跨界题域一方面带来了上述研究命名的指意模糊性与使用复杂性,也使得"视觉文化传播研究"与其他之"视觉文化研究"、"图像研究"、"视觉人类学研究"、"视觉传播研究"、"视觉素养研究"互有重叠、互为分享。传播学奠基人拉斯韦尔 1948 年提出

---

① 但是有时为了特定研究需要,还有一种狭义理解,如林少雄将"影像"限定在电影成像,"视像"限定在电视成像。参见林少雄:《视像与人——视像人类学论纲》,学林出版社 2005 年版,第 21 页。

传播的"5W"模式,并由此奠定了传者分析、内容分析、媒介分析、受众分析、效果分析的传播学研究的五大"题域"。事实上,传播学的"5W"题域并不是孤立地存在于传播学学科领域,而是渗透在上述诸多学科之中:如"传者分析题域"下的"视觉文化研究"是关于视觉文化的意识形态生产研究;"内容分析题域"下的"图像研究"是关于叙事主题的研究;"媒介分析题域"下的"视觉文化素养研究"是关于视觉技术的研究;"受众研究题域"下的"视觉人类学"是关于社会分层的研究;"效果研究题域"下的"视觉传播研究"是关于视觉说服的研究等。故从题域的"跨界交叉性"来理解当下中国"视觉文化传播研究"为题中要义。

当然,"视觉文化传播研究"也有传播学的思维侧重:如传播媒介问题、传播效果问题、媒介管理问题以及"5W"的理论系统问题。

首先是传播媒介问题。这是传播学的核心表征。在某种意义上,传播形态的发展史就是传播媒介的发展史,媒介是传播学的重要表征,将视觉文化传播的研究对象定位为"影像"为主导也缘于传播学的媒介因素。当下,视觉技术飞速发展推动下的视觉新媒介与新视觉文化让我们目不暇接,如近年各种屏幕视觉技术的发展,小到日常生活我们使用的手机屏幕,大到奥运会、世博会、亚运会、春节晚会等国家盛事向我们展示的大屏幕。那么,什么样的视觉技术,带来了什么样的传播革命与视觉文化,又给我们建构了怎样的生存方式?是视觉文化传播研究须不断回应的重要命题。

其次是传播效果问题。这是传播学的最后归宿。什么样的视觉文化信息、哪一种视觉文化因素,可以为哪些受众,带来哪种特定的传播效果,是视觉文化传播研究不可回避的重要问题。然而国内目前的视觉效果研究主要局限在视觉本体理论系统中的视觉符号之于语言符号的传播效果研究,一种对于视觉形式的认知心理研究。而当下中国的视觉文化传播研究更多是对传者视觉信息的文化建构做解读,而对视觉文化因素之于受众建构的效果研究还很薄弱,未来的研究需要不断加强。

再次是视觉文化的媒介管理问题。目前中国正处于媒介管理的敏感转型期,正在从改革开放以来一以贯之的"国家拥有+商业经营"思路转向"国家管理+多元拥有+社会引导+商业经营+伦理牵引"的复合型管理模式,其中,中国政府对视觉传播的管理是最突出的,如近来对网络图片与网络视频管理日趋收紧,关闭了众多"色情网站"以及相关的视频下载和在线播放,还中断了与YouTube等国际著名视频网站的链接。不过对视觉文化的媒介管理也必然带来视觉文化是一种"视觉民主"还是"视觉暴力"的争议,故中国视觉文化的媒介管制还有很长的路要走,亟待关注、反思并总结。

最后还有"5W"系统问题。目前国内对于视觉文化传播的系统建构著作皆试图以"5W"为基本线索,如《视觉文化传播导论》与《视觉传播》,但是尚处于困惑、探索与不完善阶段。那么,是否有建立视觉文化传播研究系统的可能性?如果有,这一系统该如何建立?我们相信,这一疑惑的解决还有待于对视觉文化研究理论的深入理解与对视觉文化传播具体问题的应对解读,亦是一个值得期待的研究题域。

(三)研究范式:构成主义主导,现实主义并行

英国学者斯图亚特·霍尔认为,对于符号的解读有三种路径:"反映论的"、"意向性的"与"构成主义的"。"反映论的"是对现实的客观意义的认识;"意向性的"是作者个人的独特意义;"构成主义"是整个社会文化的概念系统共同建构的意义。(斯图亚特·霍尔,2003:24-25)反映论的客观意义从阐释学上是无法实现的;意向性的主观意识也不是单纯的个体意识,而要受制于整个社会的意识形态,因此,构成主义阐释更为整体系统,亦成为视觉文化"表征"与"意义"研究的主要路径。在国内,无论是艺术学领域、文化研究领域、教育学领域还是传播学领域,对视觉文化研究主要是以构成主义为主要研究范式。

当下国内对大部分文本的构成主义视觉文化传播解读主要分为两部分:首先,对文本进行符号学能指、所指以及结构叙事的"表征"细读分析,其中运用到索绪尔语言学、符号叙事学、符号修辞学、结构主义理论等;其次,在传者、文本、受者的相互作用中挖掘符号背后的意识形态"意义",其中运用到大众文化批判理论、消费主义文化理论、媒介意识形态理论、霸权理论、精神分析理论、话语理论、全球化理论、后殖民主义理论、女性主义理论、少数族裔理论等。

构成主义是视觉文化传播研究的一个主要范式,但是国内研究的现状存在两个问题:一是对于意识形态意义的分析,多数处在"公式性"的消费、霸权等西方理论的运用上,且以批判为主,缺乏对意识形态的历史学、考古学、人类学、社会学等实证考察与现实分析,这和西方很多视觉文化研究还存在一定距离。二是主要在传者、文本和受者之间作描述性意义研究,缺乏对"观者如何看"的不同传播受众面对不同信息的不同传播效果的具有针对性的,甚至是量化的研究。正如学者曾军(2007:19)所倡言:"我们有必要进一步分析:'观者'在观看情境空间中哪些主体性因素参与了观看行为?它们是如何参与的?哪些占有主导性,从而使之产生出对观看对象的意义/快感实现?同样,在观众的当代境遇中,观众的角色会有不同的变化。观众作为一个审美的欣赏者、一个物品的消费者、一个意识形态建构中的主体,分别对应于观看的诗学、观看的经济学和观看的政治学。"故可以说,视觉文化传播研究除了运用文化研究的

构成主义研究范式之外,传播学的实证量化研究亦应并行不悖,这是未来视觉文化传播研究在研究范式上的一个努力方向。

二、影视文化传播研究:来自视觉文化传播实践考察的维度

(一) 实践考察之一:三网多屏融合,视觉跨界转换

数字技术与三网融合趋势下的屏幕文化之所以凸显,一个很重要的原因在于,当所有媒体的传播内容趋向一致时,媒体之间的差异就表现在内容的显示环境与显示方式上,这就将不同媒介的传播问题转变为不同媒介屏幕的视觉传播问题。一个人处在什么样的视觉环境?接触到什么样的视觉屏幕?屏幕显示什么样的视觉版本?屏幕的视觉触点与视觉整合是当下传播实践的一个重要问题。这正是尼葛洛庞帝所说的,数字技术下,媒介不再是信息,而是信息的表现,"多媒体一方面代表新的内容,一方面代表不同的方式来看旧的内容"(尼葛洛庞帝,1997:80)。也许在不久的将来,我们不再谈论报纸、杂志、广播、电视、电影、电脑等,而是代之以公共屏幕与个体屏幕、固定屏幕与便携屏幕、前景屏幕与背景屏幕、第一屏幕与第二屏幕等。其二,伴随着云技术、数据传输技术、智能感应技术的发展,不同媒体的屏幕之间不再孤立,而是走向相互辅助、相互转化、相互流动的媒体间性的生态系统中。在这方面,我们所犯的一个现实错误是:我们更多地关注了"三网融合",却大大忽视了"多屏合一",特别是作为移动终端的手机和平板电脑在这方面的巨大发展。尼葛洛庞帝对多媒体的预言也许是对此最好的诠释:"不要只把多媒体视为个人世界的博览会,或是结合了影像、声音和数据的'声光飨宴'。多媒体领域真正的前进方向,是能随心所欲地从一种媒介转换到另一种媒介。"(尼葛洛庞帝,1997:89)又有:"思考多媒体的时候,下面的观念是必不可少的:它必须从一种媒介流动到另一种媒介,它必须能以不同的方式述说同一件事情,它必须能触动各种不同人的人类感官经验。"(尼葛洛庞帝,1997:91)而当下在不同屏幕之间传输与切换已经不是理想。故笔者以为,虽然屏幕只是媒介的视觉显示终端,但今天屏幕已经跃然成为大众传播的主要话语与重要着眼点,并推进了媒介转化、流动与补救的进化变革。

(二) 实践考察之二:双向视窗互动,虚拟浸润体验

屏幕作为一种视窗逐渐向连接内外视域的"通透"方向发展,于是,无论是作为屏幕内外的哪个主体,都同时具有两种视域:一是"看";一是"被看"。且在当代社会,这种"被看"的文化冲动逐渐胜过前者。现代以来很多学者倡导单向的观看,如西美尔

(Simmel,1997:170)主张由内向外看:"窗户的目的论情感方向几乎都是由内而外:窗户是为了由内而外,而不是由外往内看。"私有(视域)景观与公共(视域)景观的联结不仅体现了现代人要看尽世界的欲望,更有被世界随时随地看到的可能。在阐释本雅明的拱廊街"闲逛者"的视觉消费表征时,霍尔(2003:340)指出:"这一观看过程不光确立了一系列对商品陈列与商品室内布置和细节的观看,而且还邀请消费者在这一景观中间观看自己,往往是通过镜子或商店陈列窗看见他们自己的身影,于是,一种自我调控的观看就默默地设定于这些观看方式中了。"且随着传播技术与消费文化的发展,屏幕的视觉功能更多地锁定在这种不断地在"看"与"被看"之间转化的媒体视域,于是联通内外视域的视觉技术与新媒体艺术广泛产生,并由此激发视觉主体更强的展示冲动。

如今所有的屏媒体传播都实践着"互动"这样一个理念,即如何将屏媒体内的内容与屏媒体外的观者连接起来,以实现即时即地的互通互动,体现在屏幕上,就是屏幕内外视觉的互现互传。当下屏幕主要从以下几个方面帮助更好地"被看":其一是电子摄像头的即时互现,不仅摄像头在今天无孔不入地全景敞视,且传统屏媒体,如摄影摄像、电影电视以至户外屏幕都在尝试这种视频记录与对话,这是最直接的、最即时的屏幕互动。其二是基于用户与硬件层面之间的界面设计,用户界面(User Interface,简称 UI)是系统和用户之间进行交互和信息交换的媒介,界面以人机互动(Human Machine Interaction)为基本原则,通过感觉(视觉、触觉、听觉等)和情感两个层次设计,以促成人性化的用户使用。近年流行的网页设计、图标设计、桌面设计、贴图、图片视频分享等技术都是属于 UI 设计的内容。随着屏媒体的广泛运用,这种 UI 设计将逐渐成为用户设计自我、展示自我的重要传播方式。其三是人机智能化屏幕感应,新媒体屏幕艺术前瞻性的集大成者斯莫尔等在《意识流:交互性诗歌花园》中指出:新媒体艺术文本可以逸出屏幕,散入观者所在的物理空间。并认为,这种创造性界面将人们的身体连接到数码媒体,使之得以用新方式超越两者的界线,在创造身体与符号系统之间的新界面时,人们处于重新思考并将两者的关系具体化的异乎寻常的位置(Camille Utterback,2004:218-226)。新媒体致力于在声、色、体、气、味等方面实现与观者听觉、视觉、触觉、嗅觉、味觉等感官的关联,进而营造出一种虚拟现实的"沉浸式"体验。20 世纪 60 年代的摩登·海里戈(Morton Heilig)是最早提出"沉浸式虚拟环境"的先驱者。1965 年,伊凡·萨瑟兰(Ivan Sutherland)一篇题为《终极显示》的报告,对"沉浸虚拟体验"做了进一步阐释:"人们可以把显示屏当作观察虚拟世界的一个窗口,通过这个窗口观察者有身临其境的感觉。这一重要的技术原创性思想提出了虚拟认识技术实现的基本方法。他勾画了一个人机界面模型,让人们通过计算机系统充分理解物理现实中的各种对象物。"1968年他研制了世界上第一台"三维头盔式显示器",1987年加隆·兰尼尔(Jaron Lanier)发明头盔显示器和数据手套(每个活动关节都有传感器)构成的三维图像跟踪器、合成功能齐全的虚拟环境。而本世纪以来屏幕显示与展示中视觉方面的裸眼3D技术,味觉嗅觉方面的4D技术,触觉方面的多点触控、声控乃至微软2010年推出的脱离前述外在数据装置的Kinect屏幕体感技术等等①皆是在追求屏幕内外视域更好的互动连接,并实现更好的展示,被更好地看见。

(三)实践考察之三:多屏交替并置,视觉整合联动

对于今天的"读屏时代",任何信息都可以转化为屏幕传播的方式,使得我们每天从起床到入睡的生活全部被屏幕包围、在屏幕中流转:从手机、平板、电脑等个体屏幕到LCD、LED等公共屏幕,从电视、电影、台式电脑等固定屏幕到手机、平板等移动屏幕,从手机、mimi平板等小屏幕到户外巨型屏幕。据笔者调查统计显示,平均每天使用屏幕时间在6—10小时的人最多,占46%,其次是11—16小时,占34%。这也说明,我们大部分人被屏幕占据了除了睡觉以外的一半以上的时间,甚至多达除了睡觉以外的几乎全部时间。那么,我们会在什么时间、什么地点使用什么样的屏幕?不同的媒介在交替时是否有关联?这便成为屏幕传播的一个问题。

学者董克与崔岸(2012)对"媒介序列性消费"进行界定:媒介序列性消费是相对于媒介共时性消费的一个概念,即指多种媒介的组合使用排布在不同时间点上,各媒介功能在时间序列上存在着互补或替代关系的媒介使用行为。根据调查统计得出,媒介序列性消费的影响因素主要有三个:一是媒介特性(大屏、小屏;固定、移动;繁复工作型、休闲娱乐型);二是使用情境(时间、地点);三是个人偏好(又主要分为信息探索型、被动普通型或者影音娱乐型)。而笔者认为,在人一天的生活中,实际上屏幕的纵向历时更替更多的是因为使用情景与媒介特性之关联,不同屏幕之所以存在不同的情境,既是条件所致,也是媒介所能。正像斯坦福大学佩罗夫教授所说,在不同媒体之间来回的能力允许诗人以时空框架做实验。诗人运用特定媒体不是由于它比别的媒体"更好",而是由于它看来与他/她的当下最相关(Marjorie Perloff,2006:146,160)。这个当下就是屏幕使用的情境性。

那么可以做这样的构想:如早上起床在家,主要是准备上班,适合用信息提示性的

---

① Kinect是微软在2010年6月14日对XBOX360体感周边外设正式发布的名字。伴随Kinect名称的正式发布,Kinect还推出了多款配套游戏,彻底颠覆了游戏的单一操作,使人机互动的理念更加彻底地展现出来。它是一种3D体感摄影机,同时它导入了即时动态捕捉、影像辨识、麦克风输入、语音辨识、社群互动等功能。玩家可以通过这项技术在游戏中开车、与其他玩家互动、通过互联网与其他XBOX玩家分享图片和信息等。

手机小屏幕,上班路上是在公共交通场所,且个体是移动的,故接触的是公共场所的电视、大屏幕与便携式的手机、平板屏幕,到了办公室自然是适合深度工作的电脑屏幕,下班又回到了交通场所,主要是电视、大屏幕的公共屏幕与手机、平板的便携屏幕,回到家中则变为多元休闲屏幕,或满足视觉冲击的电视、电脑屏幕,或适合身体休闲的平板、手机屏幕。尤其是在"云技术"①、MHL技术②、"跨屏互访技术"、大数据的支持下,用户可以在任何时间、任何地点,以任何终端持续历时地享受影像体验。2012年11月29日联想对外宣布将实现不同终端之间"跨屏互访",③这可以令你出门只带一个智能产品,不仅能调用你家里或者办公电脑上的任何文件和数据,还能够使游戏、视频、电子书等应用在终端之间无缝切换,带来连续一致的体验,避免了玩游戏、看视频等"从头再来"的烦扰。进入2013年,这方面的发展更是引人注目,特别是随着大数据时代的真正到来和大数据在这些领域的运用,以上所描述的领域将发生新的飞跃。

近年广告学研究与实践领域一直在关注视觉整合传播的提法与策略,有业内人士在理论上概括指出(it199:2012):"对品牌而言,多屏时代带来了多任务操作,机遇与挑战并存:坏消息是用户的注意力在分散,媒体的边界在模糊,品牌和广告需要针对不同的屏进行内容优化;好消息是多屏提供了更好的与用户进行互动的机会、更多的触点和不同的体验方式,能够提升品牌公信力。在今天这个时代,营销需要知道:在什么屏幕(Know the screens);针对什么人(Know the people);了解他们的意图和驱动(Know their mindsets and motivations);了解他们的使用时间和大脑资源的方式(Know the way they use time and brain resources)。"在实践上,广告人也在探索同一主题广告的不同屏幕版本制作,以及多屏视觉整合的最佳数量效果(王宏明,2008)。

---

① 云计算(cloud computing),分布式计算技术的一种,其最基本的概念,是透过网络将庞大的计算处理程序自动分拆成无数个较小的子程序,再交由多部服务器所组成的庞大系统,经搜寻、计算分析之后将处理结果回传给用户。透过这项技术,网络服务提供者可以在数秒之内,处理数以千万计甚至亿计的信息,达到和"超级计算机"同样强大效能的网络服务。
② MHL全称Mobile High-Definition Link,是一种连接便携消费电子装置的影音标准接口,仅使用一条信号电缆,通过标准HDMI输入接口即可呈现于高清电视上。它运用现有micro USB接口,不论是手机、数码相机、数字摄影机还是便携式多媒体播放器,皆可将完整媒体内容直接传输到电视上,且不损伤影片的高分辨率效果。
③ 联想乐云的跨屏互访功能能够实现联想乐Phone、乐Pad以及PC之间的互访。通过登录相同的联想账户,在相同的WIFI网络环境下,我们就可以在手机、平板、电脑任意一个终端上访问其他设备上的内容。同时通过云存储技术,我们还可以实现在手机和平板之间的任务迁移,将在另外的设备上继续进行手机或平板上没有完成的工作或者没有玩完的游戏。

以上分析和研究,难免有遗漏之处。而对于其理论与实践问题的探讨,尚需进一步深入。这正如詹姆斯·艾尔金斯(2006)所说:事实上,长期以来西方学界对视觉文化传播研究的定义、理念、方法存在着相当大的分歧,它和众多学科的矛盾冲突尚无法完全调和,甚至还常常得出一些矛盾的结论关系。故一切遗憾,只有待在未来研究中继续补足。

参考文献:

贝拉·巴拉兹:《电影美学》,何力译,中国电影出版社1986年版。

陈永国:《互文性》,《外国文学》2003年第1期。

董克、崔岸:《情境与关联——青年群体"多屏幕"媒介消费研究》,http://media.people.com.cn/GB/22114/150608/150618/17226993.html.

韩丛耀:《图像传播学》,威仕曼文化事业股份有限公司2005年版。

孟建:《影视文化的历史转向——阐释以影视为主导的视觉文化》,2002年11月第二届中国影视高层论坛。

尼葛洛庞帝:《数字化生存》,胡泳、范海燕译,海南出版社1997年版。

斯图亚特·霍尔:《表征:文化表象与意指实践》,徐亮、陆兴华译,商务印书馆2003年版。

盛希贵:《影像传播学》,中国人民大学出版社2005年版。

王德胜:《视像与快感》,安徽教育出版社2008年版。

王宏明:《平成广告吴晓波:多屏的视觉整合,混媒的主题传播》,http://a.iresearch.cn/new/20080530/81264.shtml.

尹德辉:《新世纪以来国内"图像"研究述评》,《文艺争鸣》2010年第10期。

曾军:《观看研究的路径与困境》,《学术月刊》2007年第5期。

詹姆斯·艾尔金斯:《视觉品味》,丁宁译,生活·读书·新知三联书店2006年版。

Marjorie Perloff (2006) " Screening the Page/Paging the Screen: Digital Poetics and the Differential Text ". In *New Media Poetics: Contexts, Technotexts, and Theories*. Edited by Adalaide Morris and Thomas Swiss. Cambridge, MA: The MIT Press, 146, 160.

Simmel, G. (1997). *Simmel on Culture*, eds. D. Frisby and M. Featherstone, London, Sage, 170.

〔孟建,复旦大学视觉文化研究中心主任、教授,中国高校影视学会常务副会长;苏状,复旦大学视觉文化研究中心研究员、博士后〕

新媒体语境下电视节目的多级传播及效果延伸
Multi-level Communication and the Extended Effects of the Television Programs in the Context of New Media

◎ 周 勇

ZhouYong

摘要：在新媒体语境下，传统电视传播模式赖以生存的媒介环境正在发生革命性的改变。新媒体技术的不断发展为受众主动生产和传播信息提供了可能，使电视节目的传播路径不再是从电视到观众的单向过程，而是以电视为起点，经过网络等新媒体平台进行二级传播甚至多级传播，然后再回归电视，形成一个循环的多级路径。这种多级传播路径的出现将使电视文本的意义得到极大的丰富和延伸，从而创造出叠加的复合传播效果。

关键词：新媒体，电视，传播，效果

Abstract: In the context of new media, television communication is experiencing a revolutionary change. The continuous development of new media provides possibility of the active production of audience and the communication of information, which makes the communication path no longer a one-way path from television to audience, but reinitiate the television as the beginning of communication to re-diseminate via internet by other new media platform to form a second communication (even multi-level) model, and then ruturn to television forming a multi-stage cycle. The appearance of the multi-level communication model gives great extention to the meaning of television text, as well as creates the complexty of the communication effect through the multilevel pattern.

Keywords: new media, television program, communication effect

近一个世纪以来，以电影、电视为代表的影像文化向日常生活全面渗透，引起了人类文化从以文字为中心到以图像为中心的"图像转向"，视听信息成为当代社会生活文化建构的核心要素。而以互联网为代表的新媒体技术的发展使这一视觉文化景观更为突出。在这一大背景下，作为视听信息的主要生产者和传播者，传统电视正面临

一场颠覆性的构造改革。电视的传播模式自上世纪二三十年代诞生以来,尽管历经发展变化,但特定传播模式基本沿用至今。然而今天,这种模式赖以生存的媒介环境正在发生革命性的改变。"今天,受众的时间正被越来越多的媒介、频道、平台所瓜分,受众群体也因此变得越来越碎片化……集电视、电信和互联网于一体的受众将使电视工业面临新的竞争,复杂而充满活力的变化,压力促使其必须改革。"(Saul J.Berman,2006)新媒体技术的不断发展为受众主动生产和传播信息提供了可能,使电视节目的传播路径不再是从电视到观众的单向过程,而是以电视为起点,经过网络等新媒体平台进行二级传播甚至多级传播,然后再回归电视,形成一个循环的多级路径。这种多级传播路径的出现将使电视文本的意义得到极大的丰富和延伸,从而创造出叠加的复合传播效果。

一、传播主体:从"受众"到"使用者"

近年来发生的多起热点新闻事件中,网民开始颠覆或至少挑战了传统的赋权功能,影响着主流媒体的报道议题。在传统媒体环境中,新闻报道是政治经济势力和媒体制造出的成品,在单向的"传—受"关系中由媒体流向受众。而网络环境下"新媒体事件"的信息传播路径则更为复杂:受众不再被动地接收信息,而是将自己的意见或信息反馈给传统媒体,信息流不断融汇,推动事件的发展;"新媒体事件"不再是专业的新闻从业者生产的静态、稳定的"成品",而是成为一个过程或者"发展中的事件"。与传统受众以年龄、性别、职业、教育、收入等人口统计学因素进行归类不同,以兴趣、需求、价值取向为核心的社交因素成为新媒体语境下受众分层的关键因素,而正是在这种因素的作用下,新型受众群体在传播过程中的主动性和能动性有了明显提升,视听信息的"受众"(audience)正在向"使用者"(user)转变。

有学者曾提出过"作为新闻生产力的受众"(彭兰,2009:349)。在网络环境中,权力被解构,相对于狭义的新闻的生产力,受众更是广义的信息生产者。受众参与信息生产的方式分为两大类:一是提供线索和素材,引起传统媒体的报道;二是参与信息的再生产和再传播。相对于前者,后者立足于对传统媒体已生产信息的加工改造,其影响更加广阔而深远。

这种"生产"首先表现为对信息的扩散或再传播。借助于论坛、微博、微信以及电子邮件等平台,网民能够转发自己认为值得传播的信息。通过这种方式,网民尽管并不直接参与生产新的消息,但是使一则消息为更多人所知晓对于该消息来说也是一种升值。随着微博、微信在中国的发展,"转发是一种态度"的观点为更多人所认可。每一起得到广泛关注的新闻事件几乎都得益于网络中每个个体信息生产者的扩散和转发。除直接转发新闻,网民还会对信息发表评论,这些评论能够更加直观和准确地反映网民的态度,某些独到的评论还能提升该信息的关注度。

此外,网民还会对媒体的新闻进行搜集、筛选和整合,并根据自己的兴趣偏好、思维框架和价值判断进行重新编排。在充满后现代特征的网络时代,受众不再对媒体的传播意图和目的唯命是从,而是对所接收的信息加以质疑、批判和选择,甚至对某些视听信息文本进行"对抗式"解读。

网民的整合性生产还表现为对相关信息进行组合和重新编排,从而制造出新的信息。得益于操作简易和愈发普及的图片和音视频处理技术,网民可以将相关的信息进行组合,甚至可以根据自己的联想或想象对一些并不存在的事件加以传播。

二、传播路径:从时间到空间

作为一种以时间为传播资源的媒介,电视自诞生之日起便形成了依时序传播的线性特征,这也形成了它与以空间(版面)为传播资源的报纸等平面媒体非常重要的一个区别:受众对特定电视内容的接收必须严格选择特定时段。为了方便受众收视,栏目(节目)成为电视组织内容的基本结构单元。栏目(节目)拥有相对固定的形态、时长和播出时段,一定长度的栏目(节目)依据一定的编辑意图按时序连接起来就形成了频道,这种相对固化的内容呈现方式有利于电视观众与特定内容之间建立一种约会机制,无论是对电视台还是对观众都是一种便利。但是这种线性方式的不利之处也是明显的:对于电视台来说,无论频道如何增加,时段资源总有一定的限度,特别是能产生最大传播效益的黄金时段(prime time)资源更加有限;而对很多电视观众来说,在生活节奏加快、日益无规律的今天,与栏目(节目)在固定时段的"约会"成了一件越来越"奢侈"的事情。

互联网、手机等新媒体的出现正在瓦解传统电视以时序为核心的内容组接方式,使得内容的呈现由固化走向离散。在这种模式下,作为电视最重要的信息传播资源的"时间"将逐渐改变其原有的意义,而"空间"将成为一种新的重要资源。时间维度与空间维度将共同作用于电视的内容呈现。在互联网、手机等新媒体平台上,以"时序"为基础的"频道"不再具有决定意义,"线性排列"将让位于"空间排列"。为了方便观众的选择性收视,电视栏目(节目)在时间上将日益碎片化,越来越多地以单条信息的形式呈现。然而这种碎片化并不意味着无逻辑的简单堆砌,空间上的再组合是凸显信息价值的关键。因此,在电视内容的编排上,基于价值时段资源的前后排序思维必须让位给基于版面视觉重点的空间思维。

在传统的新闻媒体中,受众对于信息的接收不过是短暂的一刻。报纸尚有保存的可能性,可是要翻阅过去的新闻仍然困难重重;对于广播电视等媒体而言,信息的传递更是单次、不可逆的过程。而网络技术的发展使得信息的保存和查询难题得到了很大程度的解决。数据库的出现使信息不再是单次接收的"快速消费品",进入数据库的信息往往会被多次搜索或使用。除此之外,网络组织结构的层次化以及超链接的存在,使信息不再是在封闭和独立的单元中线性地展开。超链接使得一个新闻文本变得更加开放和分散,与其他信息的关系更多,成为整个信息网络中的一个节点。从一个信息节点开始,可能会不断地跳转到新的信息节点,这样就使得传统媒介环境中信息容易被遗忘的缺陷得到了扭转,相反,"过时"的信息反而成为受众理解"新闻"、形成意见的重要途径。网民已经成为网络中重要的信息再传播者和再生产者,传播者的分散化和巨大的个体差异使得不同事件之间的联系被发现成为可能,网络超文本传播所形成的"集体记忆"也在不断增长,在这样的传播环境中,一件新的事件的发生往往会引发"旧情绪"以及对旧闻的记忆,对信息的接收、消费和使用不再是单次的行为而成为多次累积的效果。

三、激活的文本:多级传播下网络影像传播多义性的生成

电视等影像文本是意义的潜在体,可以由不同的观众以不同的方式加以关注,进行解读,因而它们必须具有多义性和灵活性才能受到普遍欢迎。但在中国的媒介实践中,电视等传统媒介由于其自身所承担的主流媒体功能(特别是宣传功能),必须要积极地服务于主流意识形态,因而,其所生产的文本力图关闭各种潜在的意义,致力于使主流意识形态"自然化"。网络影像多级传播的价值正在于,面对一个主要由传统媒体生产出来的、主观上试图提倡单一意义(服务于主流意识形态的首选意义)的影像文本,网络舆论场与活跃其中的积极受众通过不同的解读方式,释放出那些原本被文本创造者封闭的意义。

1. 电视文本:意义的封闭与开放

在约翰·费斯克看来,文化是"那些有权者和无权者之间永恒的斗争场所"(约翰·费斯克,2008:270)。斯图亚特·霍尔在其《编码,解码》一文中提出,电视节目含有的不是单一意义,而是相对开放的文本,能够被不同的人以不同的方式解读。霍尔指出,文本结构与观众的社会处境之间存在着某种张力,而文本结构必然带有主导意识形态,观众的社会处境也会使他们形成与主导意识形态相龃龉的局面。于是,解

读或收看电视成为观众与文本之间协商(negotiation)的过程。费斯克认为,"协商"这个词暗示着双方存在某种利益冲突,因而需要某种方式的和解,同时在解读电视的过程中,读者又是文本意义的优先制造者,而不是现成结构意义的被动接受者。

在霍尔、费斯克等电视文化研究学者眼中,高度的开放性是电视文本的重要特征。"视觉符号内涵的层次,以及在意义和联想的不同话语领域中语境指涉和定位,就在已然符码化的各种符号与文化的深层语义符码相互交叉的地方,并呈现出附加的、更为活跃的意识形态之维。"(斯图亚特·霍尔,2000:358)"在一个由具有不同利益——往往是利益相互冲突——的各种群体所组成的社会中,电视要想流行,其文本就要像埃科(1979)所说的'开放式的'。……文本不要试图去关闭其他可能的意义,也不要把自身的重点集中在一个唾手可得的意义上,而是要有开放性,允许进行各种不同的、复杂的解读,因为解读永远不可能是单一的。开放式的文本反对的是封闭,不管这种封闭是主流意识形态通过其话语结构来进行的,还是作者通过其自身的权威性施加给读者的。……这样我们就可以把电视文本描述为主流意识形态与各种各样的观众之间的斗争场所。前者力图封闭它所提供的抵制性解读的可能性,从而产生一个封闭式的文本,而后者如果想让文本流行开来,就要不断努力使文本具有开放性,以适应对它们的各种不同的解读。"(约翰·费斯克,2005:133—134)

遗憾的是,电视文本的这种开放性在中国的传统电视媒体上远远没有得到释放。由于电视媒体强大的影响力,它也不可避免地受到新闻管理部门的"特别关注",其所制造和传播的文本依然包含着强烈的官方意识形态,传统受众对这些文本的意义解读也以主导性的为主,即使有所协商也是在不改变原有意识形态大框架下的微变。但在网络等新媒体平台的介入下,这些原本由主流媒体按照主流意识形态构建的话语文本获得了极大的意义空间,那些久被压抑的情绪促使网络上对这些文本的解读呈现出几乎一边倒的反抗,而受众在这种激烈的反抗中获得一种报复式的快感。通过这种对抗式解读,网络从内容、语态、情感的各个层面摆脱了主流意识形态的控制。这种网上的舆论宣泄与网下的严密控制形成了鲜明对照,但在同时,它也成为一种有效的"减压阀",使由于现实空间中主导意识形态的霸权禁锢所积压的负面情绪得到了一个释放的空间,从而有效地平衡了舆论生态。

2.文际性:解释性文本的介入

文际性理论认为,任何文本的解读都要与其他文本联系起来看。霍奇与特里普指出,"有关电视的话语,本身就是一种社会力量。它是电视意义的主要协调场所,在这里,电视意义与其他意义融合,产生一个新的文本……"(Hodge,R.and Tripp,D.,1986:

143)。约翰·哈特利也提出,电视是一个"渗漏的"媒介,它的意义不断地溢出,进入生活的其他领域(John Hartley,1983:68—82)。当电视等传统媒体生产的影像文本进入网络空间后,受众会根据自身基于阶层、经济、性别、教育等因素所形成的社会经验,调动所掌握的其他文本资源对其进行积极的解读。

在这个过程的第一阶段,受众会将影像文本从传统媒体的语境中剥离出来,使之成为独立的、碎片化的文本。就像詹金斯所说的,通俗解读是一系列"进攻、撤退、战术和与文本相关的游戏",一种"文化修补",读者借此将文本破碎,然后根据他们的蓝图将那些碎片重新组合起来,在认识其社会经历的意义的过程中利用所发现的材料碎片(Jenkins,H.,1992:26-27)。常见的碎片化的手法是,将需要的影像文本片段从其原始语境中截取出来,使之成为展开意义解读的新文本。比如,在"表哥"事件中,网络空间中积极的受众在见到传统媒体刊发的车祸现场照片后,并没有全部使用整张照片,而是将其右下角有官员在现场笑的部分裁剪出来,生成一张新的照片,从而为后来对该官员的舆论声讨奠定了一个基础文本。原始文本与其语境的结合越紧密,被截取后产生意义转向的可能性就越大,这一点在电视文本上表现得尤为明显。雷蒙德·威廉斯指出,电视并不是一串分散的节目或者文本,而是一种"波流",在该波流中,电视节目、广告、重要新闻、推销节目,都同时汇入一个连绵的文化体验中(Raymond Williams,1974)。就电视节目本身而言,它的意义也与所处的频道、时段、在栏目中的编排位置、上下节目的互文关系等多种语境因素密切相关。所以,一旦电视文本被抽离了这些语境,它就很可能出现原始生产者难以预料的意义变化。2012年突然流行的"元芳体"就是一个典型的例子。"元芳体"来源于《神探狄仁杰》系列电视剧,剧中狄大人常对李元芳说:"元芳,此事你怎么看?"有网友截图总结出四部剧中狄仁杰这句话,简直成了狄大人的口头禅,而李元芳的回答也很固定化,"大人,我觉得此事有蹊跷","此事背后一定有一个天大的秘密"。2012年10月,这一片段被网友狂吐嘈,大家迅速跟风模仿形成了"元芳体",万事皆问元芳,使得"元芳"一天被询问250万余次,形成微博热点话题,其中有打趣的,有调侃的,有风马牛不相及的,还有借机宣传的。"元芳,你怎么看"的贴吧也被建立,围观者众多。2012年12月30日,"元芳,你怎么看"被《咬文嚼字》杂志评为"2012年十大流行语"[①]。显然,这句与电视剧剧情密切相关的台词,在被抽离出来单独使用后,已经远远超出了原始文本的意义范畴。

在影像文本被碎片化地抽离出原始语境后,网络舆论改变其意义的第二步就是加入新的解释性文本,为剥离出的文本构建新的语境,新的意义就在文际之间产生。与

---

① 《2012十大流行语公布》,http://finance.sina.com.cn/money/lczx/20121231/101814164238.shtml

电视相比,网络平台基于人际传播的扩散模式使影像的传播路径前所未有地复杂和多样,不断为影像文本创造各种新的文际链,从而使网络影像具备了比传统电视节目更加广阔的意义开拓空间。网络影像通过互动组合制造新语境的方式主要有以下三种类型:

(1)集体记忆:图像在时间轴上的纵向组合

这种图像组合表现为对当下某一图像的历史源流进行挖掘,从而发现那些与当下图像有直接关联的其他图像。简单地说,就是关于同一主体的图像的组合。在这种组合中,通常也有两种不同的类型:一是包含相似主题的图像的组合,二是包含相互矛盾、能够形成鲜明对比的图像的组合。

(2)蝴蝶效应:图像在空间中的横向组合

在第一种图像组合中,不同的图像通常有着相同的主体。在第二种组合中,通常是对不同主体的图像进行组合。在一些横向组合中,图像主体看似相互间并无直接联系,却包含着相似的主题,或者能够激发受众相似的情绪、情感。例如,李启铭的父亲李刚、郭美美的干爹王军、卢星宇的父亲卢俊卿、李天一的父亲李双江四人本身并无直接关系,但由于其子女的行为的共性而被网友统称为"四大名爹",将四人的图片拼接在一起,凸显了民众对"富二代""官二代""星二代"等现象的批判和不满,也表达了在断裂社会中对平等、公正等价值的追求和渴望。

(3)无中生有:图像的任意组合

上述两种图像组合方式尽管不全然诉诸理性和逻辑,但总体来看,通过经验积累和信息的搜索仍然可以发现其中的内在联系,如相同的主体或有着相似性和对比度的主题。然而在网络上还有另外一种图像组合方式则有着出其不意、无中生有的特点,既无相同的主体也无相似的主题。这类图像组合通常并无明确的含义或"功能性"目的,而单纯为搞笑和好玩,凸显出一种戏谑和调侃的意味。例如,2012年3月在网络上突然刮起一阵"杜甫很忙"的风潮,从最初语文课本上的涂鸦到后来用电脑合成的搞笑图片和视频,这些图像成功地将原本庄重严肃的历史人物同漫画人物或虚拟场景结合起来,在解构经典和制造反差的过程中成功地博得了看客的轻松一笑。

上述三种图像组合方式一方面体现了后现代社会的文化特征,即抛弃文化的深度阐释模式、严肃性话语以及缜密的思维逻辑程式,对经典和宏大叙事进行解构;另一方面,也凸显了网络作为"共有媒体"的特征,即"基于数字技术、集制作者/销售者/消费者于一体,消解了传统的信息中介媒体系统"(胡泳,2008:85)。在这种共有媒体中,受众从过去的单向的信息接收者向信息使用者和制造者的身份转变,不仅成为文本意义的诠释者,而且成为意义的创造者。

3. 口头文化：从后院篱笆到微博、微信

"后院篱笆"是 CBS《晚间新闻》前主持人丹·拉瑟就电视新闻价值提出的一个判断原则。20 世纪 80 年代他刚刚接替克朗凯特担任《晚间新闻》主持人时，电视新闻关注最多的是这样三件事：英阿马岛之战、中东战争和黛安娜王妃的新生王子。电视新闻应该对哪件事更关注，更多报道呢？拉瑟说去报道王太子的新闻，原因就是"后院篱笆原则"。按照拉瑟的解释，就是设想一天结束的时候，两位家庭主妇倚在后院的篱笆上聊天，一个问另一个：今天的重要新闻是什么？那么她们多半会谈论王妃的新生婴儿。① 在这里，口头文化是积极的、带参与性的，当它与电视这种大众文化发生关系的时候，必然会把它的积极性带进这一过程，而观看者在这个过程中就成了意义的生产者。"大众生产的文本有一项重要功能，那就是得到多种层次观众的喜爱，而这种能力则有助于使文本的常规套路与传播这个文本的语言社区的常规习俗产生有效的互动。"（费斯克，2005：111）这种互动的力量甚至会反过来影响到电视文本生产者对文本的价值判断以及据此确定今后的生产规则，就如拉瑟的"后院篱笆原则"一样。

电视的形式特征是口头交流，而不是文字交流。它之所以受到大众的喜爱，部分原因就是它的节目能够穿插在大众的、工业化社会中生存下来的口头文化形式中。杰拉蒂认为，闲聊"是一种社会黏合剂"，把肥皂剧中的人物与叙事脉络联系在一起，也把谈论这出剧的观众联系起来，使他们与节目之间建立一种积极的关系（Geraghty C., 1981）。"口头文化是其所在社会的一部分，它会对这个社会做出响应。它反对中央集权和与之共生的意识形态控制。它主张文化的多元化。如同大众文化一样，它是高度常规的……可是，常规的谈话却因其所在的社会情景或社会群体的不同而千差万别。"（费斯克，2005：110-111）

2012 年 5 月 14 日开始，中央电视台综合频道在 22：40 播出了一部名为《舌尖上的中国》的纪录片，共 7 集。这一并非黄金时段播出的节目却获得了意想不到的成功，随着微博热议、网络视频转发等，受众的口碑传播使这部片子一时间在中国掀起了纪录片热、美食热等，"舌尖体"风靡一时。正如鲁迅对《红楼梦》的评价："经学家看见《易》，道学家看见淫，才子看见缠绵，革命家看见排满，流言家看见宫闱秘事。"《舌尖上的中国》也通过以网络为主体的口口相传在民间产生了不同的意义：爱吃的人看见美食、久居城市的人看到自然、游子看见故乡、感慨世态的看到人情……正是这种多义性，构成了这部片子流行的基础。《舌尖上的中国》的成功凸显了网络这种基于大众传播平台的人际传播方式对影像文本传播效果的影响。在网络环境下，人际传播、群

---

① 《著名主持人丹·拉瑟谈"后院篱笆原则"》，http://ent.sina.com.cn/v/27555.html

体传播、大众传播的相互交织,视听信息传播的多层级,一方面使得视听信息在多次传播中实现了增值,另一方面也使得传播的效果更难把握,控制难度加大。电视媒体的一个影像文本,起初可能只是一个网友转发给自己的朋友,但通过网友一次一次的转发、推荐,再加上多次传播过程中对内容的加工、评论等行为,这个文本的附加信息含量就会大大增加,甚至远远超出其原来的意义。

以微博、微信为代表的网络人际社交平台将现实生活中的社会关系引入虚拟世界中,使社会关系成为影响信息传播效果的一个重要因素。每一个社会网络中的个体,都是一个"节点",正如米尔格伦的"六度分隔"理论所揭示的那样,任何节点之间都有可能通过某个路径连接起来。人际社交网络正是通过这样的方式建立了庞大的线上交流圈。

"电视的公开性、其文本的矛盾与不稳定性,使它可以通过许多不同方式随时与许多不同群体的口头文化相结合。"(费斯克,2005:154)电视节目也许会有一个播出文本,但是特定的亚文化对它的理解所产生的文本却只能作为那个亚文化观众的文化过程的一部分而存在。它在各类观众中能否流行,取决于它能否比较容易地与不同亚文化产生不同的结合。从"后院篱笆"到微博、微信,从口口相传到网络人际社交,电视等影像文本获得了更多与各种亚文化结合的机会,从而也更有可能衍生出多元意义。而在很多情况下,这些意义都超出了文本原始生产者的控制范围。

结 语

正如麦克卢汉所说,"我们透过后视镜看现在,我们倒退走,步入未来"。他认为,后视镜把我们向前看的注意力倒过来,引向刚刚过去的东西,而"网络是名副其实的后视镜殿堂"(麦克卢汉,2001:247)。新媒体环境给电视节目的传播提供了更加多元、更加广阔的路径,也使其效果的延伸具备了更大的潜能。让这种潜能有效释放出来,将是传统电视在新媒体环境下重新焕发生命力的关键路径。

〔基金项目:中国人民大学科学研究基金项目"新媒体环境下的广播电视受众变迁与视听传播模式变革",项目批准号:12XNQ105〕

参考文献:

胡泳:《众声喧哗——网络时代的个人表达与公共讨论》,广西师范大学出版社2008年版。

彭兰:《网络传播学》,中国人民大学出版社2009年版。

邱林川、陈韬文:《迈向新媒体事件研究》,《传播与社会学刊》2009年第9期。

约翰·费斯克:《电视文化》,祁阿红等译,商务印书馆2005年版。

约翰·费斯克:《英国文化研究与电视》,载罗伯特·艾伦主编:《重组话语频道:电视与当代批评理论》,牟岭译,北京大学出版社2008年版。

Geraghty, C. (1981), *The Continuous Serial-A Definition*. i R. Dyer, C. Geraghty, M. Jordan, T. Lovell, R. Paterson, and J. Stewart, London: British Film Institute, 9-26.

斯图亚特·霍尔:《编码,解码》,载罗钢、刘象愚主编:《文化研究读本》,中国社会科学出版社2000年版。

Hartley, J. (1983), "Television and the Power of Dirt", *Australian Journal of Cultural Studies*, 1(2), 62-82.

Hodge, R. and Tripp, D. (1986), *Children and Television*, Cambrigde: Polity Press.

Jenkins, H. (1992), *Textual Poachers: Television Fans and Participatory Culture*, New York: Routlegde, Chapman and Hall.

保罗·莱文森:《数字麦克卢汉:信息化新纪元指南》,何道宽译,社会科学文献出版社2001年版。

米歇尔:《图像转向》,陈永国、胡文征译,北京大学出版社2006年版。

Saul J. Berman, "The End of Television as We Know It", http://www-935.ibm.com/services/us/imc/pdf/ge510-6248-end-of-tv-full.pdf

Raymond Williams (1974), *Television: Technology and Cultural*, London: Fontana.

〔周勇,中国人民大学新闻学院广播电视系主任,视听传播研究中心主任,副教授,主要研究领域为广播电视理论与实务、传播效果〕

论突发性自然灾害对电视传播应对机制的考验
——CCTV"4·20"芦山地震报道分析

Theory of Sudden Natural Disasters to Television Communication Test of Coping Mechanism: The "4. 20" Lushan Earthquake Coverage Analysis

◎ 赵淑萍　张国栋

Zhao Shuping, Zhang Guodong

摘要： 突发性自然灾害对电视传播应对机制的考验已经成为强势电视媒体竞争力的重要体现。作为经历了三次大地震报道的中央电视台，在芦山地震的报道中也有诸多的尝试和探索。本文通过对中央电视台芦山地震报道在反应机制、频道平台和新媒体与传统媒体的结合等方面分析了中央电视台在加强直播意识与发挥强势媒体作用的互动方面所表现的新特征，以期对权威媒体的突发性自然灾害报道有初步归纳。

关键词： 应对机制，芦山地震，灾难报道

Abstract: Sudden natural disasters to television communication test of coping mechanisms have become strong competitiveness of TV media. As experienced three major earthquake reported in China central television (CCTV), reported the earthquake in Lushan also have many attempts and exploration. The article through to the CCTV earthquake reports in Lushan on the reaction mechanism, channel platform, and the combination of new media and traditional media, etc. Try to analyzes the CCTV live with strong consciousness and new features of playing a strong role of the media interactive aspects of the performance. Also in order to summarize authoritative media in reports of sudden natural disasters.

Keywords: coping mechanism, Lushan earthquake, disaster report

突发性自然灾害具有"突发性"和"灾难性"的特点，往往在短时间内成为社会关注的焦点，同时，也成为媒体报道的热点。

由于突发性自然灾害具有社会普遍关注、媒体新闻热点的特征，围绕事件的方方面面，瞬间形成社会舆论重心。作为国家权威强势媒体，汶川地震使CCTV在重大灾难事件直播的应对机制方面积累了经验；玉树地震使CCTV抓住了报道的先机，以迅

速及时、透明公开、多元报道赢得了舆论引导的主动权;芦山地震由于政府、媒体和公众之间的互动,使信息发布、传播和接收获得明显的效果。

2013年4月20日8时02分,四川省雅安市芦山县发生了7.0级强烈地震。面对突如其来的灾难,CCTV迅速行动,前方的记者表现十分敏捷,报道状态主动、积极,后方编辑部处理整合信息及时、到位。

本文旨在分析电视媒介对突发自然灾害事件报道的新变化,探索媒体在信息获取机制、新闻策划机制和新闻制作机制方面的规律。

一、对事件的敏锐感应与多渠道获取视频信息

面对突发自然灾害事件,媒体往往就像传感器一样发挥作用。在一定程度上,感应速度是对媒体在突发事件发生瞬间的决策态度、媒介意识、媒介行动的评判标准之一。

例如,在汶川地震时,CCTV新闻频道在地震发生34分钟后打出"突发新闻"提示字幕,根据新华社消息播放了汶川发生大地震的消息,包括震中和震级。44分钟后15时12分,综合频道和新闻频道中断日常节目,进行全天候并机直播。汶川地震报道不但使CCTV积累了直播重大自然灾害的经验,更重要的是增强了对重大突发事件报道建立应急机制的意识。

玉树地震发生后,CCTV新闻中心立即启动应急报道机制,于当日8时24分在综合频道、新闻频道《朝闻天下》节目中以字幕形式播发了玉树发生地震的消息。由于新闻频道在2009年改版中开通了大时段直播,最新消息的播发不用打断正常节目播出,因此在玉树地震24分钟后《朝闻天下》节目以"最新消息"作了口播。在地震发生后的40分钟即8时42分,又以电话连线方式更新报道了地震情况和救援情况。在玉树地震报道中,CCTV有效地演练了应急机制的启动和运行。

芦山地震发生后,央视新闻频道迅速作出反应,电话连线四川台现场记者,及时传递了雅安发生地震的消息和现场状况。4月20日10时,推出特别报道《四川雅安强地震》。到午夜时间,已经报道了灾情、伤员救助、新闻发布会、解救被埋压群众、各方支援的新情况,准确及时地报道了灾区的最新动态。

与汶川地震、玉树地震报道相比较,CCTV对芦山地震的反应更敏锐,不但采用了字幕、口播、电话连线等方式,而且灵活运用了地方台和武警的3G视频信号,发挥了提供电视画面的作用。一方面体现了在大数据时代资源整合的趋势,另一方面也体现了CCTV作为国家权威媒体注重媒介之间合作共赢的态度。

突发性自然灾害报道的另一个显著特点是，事发地的媒体具有天然的地理接近性，可以及早地进入现场进行报道。因此，CCTV加大了和事发地媒体的合作，进行报道资源的整合，变被动为主动。这不但提升了对事态发展的反应速度，而且使新闻内容更加充实。

在芦山地震的当天中午，CCTV与成都电视台记者蒋林进行了第一次视频现场连线，传递有关芦山医院的伤员救治情况，播发了灾区第一段完整的视频画面。

地震发生后，由于通信和交通的阻断，记者赶赴第一现场有一定的困难。这时，利用先期安装在不同地点的摄像头记录的地震画面，就丰富了直播节目的画面信息量。此外，救援车移动车载拍摄系统也提供了震后房屋建筑损害情况的直观画面。CCTV播出的芦山地震灾区的最早的画面，就是四川雅安武警支队随车携带的3G画面拍摄系统传回的。

在多媒体时代，电视媒体可以灵活整合多渠道视频资源，寻求与其他媒体的联动，使新闻资源得到最大限度的开发。随着视频技术的不断发展，现代移动3G画面、摄像头监控画面、航拍和移动中通技术拍摄的画面等等，已经成为电视媒体获取新闻素材的重要来源。在这次突发灾难事件的报道中，CCTV利用多渠道视频资源和信息资源，灵活编排节目内容，重组报道结构，丰富了节目报道的样态和形式。

创新的概念包含开发利用新的资源。可以说，CCTV新闻频道围绕这次直播在人力资源的配置和新闻资源的开掘上有所突破和创新。从一定意义上讲，对新闻资源的开发利用，最核心的是对人力资源的重新审视和开发，对媒体本身来讲，也是发挥潜能的一种创新。

二、发挥频道平台作用　传递最新现场动态

突发性重大新闻事件的现场直播能力，是一个媒体综合竞争力的重要体现。作为现代电视媒体，必须构建直播常态化的平台和机制。而作为拥有新闻频道的电视媒体，往往以频道为播出平台，灵活进行直播。

在2008年"5·12"汶川大地震的报道中，CCTV很好地发挥了新闻频道平台的作用，推出"抗震救灾、众志成城"特别节目，创造了连续32天每天24小时的直播纪录。

2013年"4·20"芦山地震是在早晨8点02分发生的，由于现场视频图像缺乏，CCTV新闻频道在1小时内进行了4次电话连线，同时插播雅安的背景资料和信息。地震发生1小时后的9点至10点期间，又进行了9次电话连线，将现场记者声音、图片、演播室主播报道灵活地穿插，对芦山地震有关震情和救援情况进行权威媒体的解

读。10点推出特别报道《四川雅安强地震》，连续播发现场最新动态信息，进行有效的舆论引导。

值得一提的是："4·20"芦山地震直播节目中的短片插播做到了及时更新，制作速度提升。《四川雅安强地震》通过地图和受灾群众的图像作为特别节目的开场，具有强烈的感染力。片花的内容较好地利用了监控录像的素材，展现了地震现场的细节，十分逼真感人。

从受众的角度来看，人们对突发性自然灾害最为关注的是现场的最新动态。一般来说，地方电视台记者具有地理位置和交通条件的方便，往往能够最先抵达现场。因而，怎样把地方台记者的报道内容有效地引入CCTV的直播系统，需要进行慎重的选择。

成都电视台记者蒋林在对现场的选择、报道时机以及细节捕捉等方面做得十分到位。当CCTV的记者没有抵达现场时，新闻频道直播间与成都电视台现场记者对接，及时传播现场的情况。地震当日中午13时22分，成都电视台记者蒋林在芦山县人民医院与央视文静连线，报道芦山医院的救治情况。通过蒋林在现场数正在搭建的救灾帐篷，传递了芦山县人民医院治疗能力有限的信息；蒋林对公安官兵光着脚列队点名的细节表述，说明当时情况的紧急；通过对地震受伤者的采访和观察，报道灾难给人们带来的恐慌。

在一定程度上，CCTV在借鉴汶川和玉树地震报道经验的基础上，对四川雅安芦山地震的反应和报道有所创新和改进。在反应速度、拓展多元信息渠道、整合信息内容、发挥频道平台作用、与地方台现场记者沟通等方面积累了重要经验。

三、冷静面对复杂局面　理智把握报道基调

电视新闻直播是一种呈现方式，这种呈现方式可以最大化地发挥电视的优势。直播不但体现出电视媒体在新闻报道方面的实力，而且成为电视媒体相互竞争的一种手段，也是衡量其报道水平的重要标准。而报道水平不仅仅体现在反应迅速、报道及时上，还体现在对事件的冷静判断、报道基调的理智把握上。

奔赴"4·20"芦山地震现场的地方记者的报道十分积极主动，不过，一些记者在开始阶段的报道状态十分急促、紧张，在一定程度上渲染了气氛。

事实上，"4·20"四川雅安芦山地震的破坏程度和造成的损失不是特别大，但是由于众多媒体的记者一拥而上，不同程度地渲染了气氛，一时间全社会似乎被笼罩在发生了一场大地震的氛围之中。因此，面对突发性自然灾害，媒体在迅速反应的同时

还要保持冷静的态度。

与汶川大地震的报道相比较,CCTV记者的现场报道冷静、理智,体现出较好的专业素质和水准。可以说,"4·20"芦山地震检验了现场记者的观察、采访、判断、表达、思考能力和专业精神。

在地震发生一个星期之后,CCTV报道的重点从对灾区动态信息的传递转为对抗震救灾行动和效果的报道,报道的基调是:弘扬抗震精神。

突发性灾难事件的报道一般包括三个阶段:灾难爆发、灾难延续、灾难平复。每个阶段的报道重点都不相同,报道内容随着灾区的动向而不断延续。

在灾难的爆发阶段,CCTV迅速制订应急方案,公开传递地震信息,满足受众的知情权,引导公众理性看待和应对灾难。在地震发生后的24分钟,即8点26分播出第一条消息,10点推出《四川雅安强地震》特别节目,共连线报道13次,播发消息20余条。我们看到,《四川雅安强地震》特别节目在灾难爆发阶段的报道内容主要由三部分构成:汇集多方面信息源,及时跟进最新的动态;专家解读以疏导民众的恐慌心理;及时通报灾情信息和人员伤亡状况。

在灾难的延续阶段,CCTV根据灾情的实际情况,报道方案由全天候直播转为重点关注。进一步公开报道相关信息和政府采取的措施,配合政府决策,缓和社会紧张气氛,积极引导舆论。

地震发生4天后,各个新闻节目恢复日常播出,在每档新闻节目的开始播放专题报道"关注芦山地震"。此外,在《新闻联播》等重要时段的节目中推出《救援进行时》专题报道,报道灾区震后生活恢复情况,体现抗震救灾精神的典型人物。报道的体裁有特写、专题、评论等。

在灾难的平复阶段,恰逢五一国际劳动节到来,CCTV通过五一特别节目中的《劳动STYLE》等形式引导人们走出灾难,恢复正常的生活秩序。4月29日《新闻直播间》报道了"芦山预计今晚全县恢复自来水供应"的新闻,这是一条灾后平复阶段快速解决最重要的饮水问题的好消息,带给人们希望和信心,全社会的紧张情绪也平复了很多。

中央电视台此次对雅安芦山地震的报道较好地把握了报道时机和报道基调,及时对谣言和不实信息进行调查并及时公布真相。

在地震当天有网友发帖称在重庆新买的楼盘由于地震严重倾斜,倚靠在另一幢楼房上。对此,CCTV记者进行了调查,在《东方时空—真相调查》节目中用事实告知公众,这是一个虚假的网络信息。此外,网上传言汶川地震后重建的房屋受损,没有抗震能力,CCTV记者也对此进行了调查核实,确认是谣传。

针对网络谣言制造的恐慌，CCTV在《焦点访谈》、《新闻联播》等节目中公开辟谣，以避免引起更大的恐慌。

可以说，此次地震报道在及时回应谣言的传播方面，CCTV较好地把握了报道时机和基调，发挥了国家权威媒体的功能。

四、增强新媒体传播意识　微博功能与效率提速

当下，新媒体在社会生活中的作用越来越显著。在芦山地震信息传播、舆论形成的过程中，以微博、微信为代表的新型传播方式与传统媒体一起成为信息传播的通道。

地震发生后第一时间，一些灾区用户率先在微博、微信等平台发布地震信息。随后，"人民日报"、"头条新闻"等拥有海量粉丝的认证微博相继发布了相关消息。接着，不少微博名人、认证机构开始通过微博平台，进行地震相关知识的解释和引导。据盘古舆情分析，截至4月21日，新浪微博话题榜的前五位全部被雅安芦山地震占据。

此外，微信也成为地震信息快速传播的新渠道。不少公众账号都在第一时间发布了地震相关信息，一些用户也通过微信向亲友发出信息。腾讯启动了一对一的微信客服服务，帮助灾区的个人及公益机构解决问题。同时为灾区救援团队开辟微信群等联系通道，将公益组织的公众账号扩容至2000人。

芦山地震验证了CCTV媒体微博传递新闻的速度。相比凤凰卫视微博，CCTV发出的第一条地震消息要早两个多小时，凸显了央视在新媒体传播领域的提速。可以说，央视微博在地震中扮演了重要角色，发挥出积极作用和多种功能。

第一，信息发布功能。4月20日8点03分，国家地震台网官方微博"中国地震台网速报"发布自动测定消息："4月20日8时02分在四川省雅安市雨城区附近（北纬30.1度，东经103.0度）发生5.9级左右地震，最终结果以正式速报为准。"这是雅安地震后发出的第一条微博。8时14分，雅安市芦山县地震被修正为7.0级，震源深度13公里。央视微博根据国家地震台网的消息进行了转发，地震发生后的7分钟即8点09分，CCTV的官方微博"央视新闻"发出地震的消息，在8点17分作了更新，转发数为4352次，评论数为1561条。随后，在8点30分、8点42分和9点02分平均每10分钟更新一条信息，转发数和评论数也在不断增加。

第二，求助功能。地震后，语音通话业务急剧增加，灾区与外界的电话通道堵塞，而微博、微信等新型联络工具有效缓解了语音业务的拥塞。微博和微信为雅安灾区人民与外界群众搭建起了一座密切联系的生命之桥，有效地争取了生命救援时间。央视主播长啸在当日上午10点特别节目《四川雅安强地震》中呼吁，灾区的群众可以通过微博、微信等新媒体进行求助和发送灾区的现场状况。地震发生两天之内,无数灾区人民运用微博发布地震受灾情况以及求救信息,微博利用一传十、十传百的特点,将这些信息广泛传播,为救援工作争取了时间。

第三,寻人功能。雅安地震后,灾区一些失去联系的人让身在外地的亲友心急如焚,微博等新媒体马上编织了立体的寻人网络。

第四,分享功能。地震发生后,一些经历过汶川地震的网友在网上分享自救经验,专家也纷纷普及应急救援知识,起到了十分重要的作用。CCTV 利用网络平台,及时发挥了普及应急救援知识的功能。

第五,公益功能。这次地震发生后,新兴的社交媒体也成为救援行动的"催化剂",更多的民间公益组织通过微博、微信集结起来,快速加入救援行列,利用覆盖全国的网络向灾区伸出援手。CCTV 新闻官方微博也通过"雅安正能量"等话题,汇聚细微民间力量,号召全社会关注并伸出援助之手。

据盘古舆情分析报告,相对于网络媒体,传统媒体不仅拥有采访权,而且拥有丰富的采访经验和专门的记者团队,可以亲临现场开展新闻报道,公信力相对较高。因此,在重大突发事件中,由传统媒体发布的官方微博更容易被网友所关注、信任。

结　语

面对突发性的灾难事件,CCTV 新闻决策者和记者们所表现出的强烈的直播意识,即是一种发挥强势媒体作用的意识。

可以说,CCTV 对四川雅安芦山地震事件的报道,取得了最大化的传播效果,在强烈的直播意识与发挥强势媒体作用的互动方面积累了新经验。

从一定意义上讲,这次直播报道创造性地发挥了 CCTV 作为强势媒体的作用,而这种作用的发挥是由强烈的直播意识与不懈的努力促动的。通过直播形式报道突发性的灾难事件,不仅仅是在直播业务实践上的尝试,更主要的是充分发挥 CCTV 作为强势媒体的作用的一种体现。

在应对突发自然灾害的报道中,以 CCTV 为代表的电视媒体在理念和实践上都有重大改进和创新,在很多方面有新的突破,但是仍然有较大的提升空间。笔者认为,经历过三次大的地震报道,CCTV 在灾难报道中积累的信息发布、报道策划、议程设置、节目制作、直播运行机制等方面的经验值得进行理论性归纳。

参考文献：

吴闯:《新闻直播常态化的运作策略》,《当代传播》2009 年第 6 期。

高晓虹:《电视直播报道常态化的重大进步》,《现代传播》2008 年第 3 期。

阴兴良:《论媒体应对突发事件报道的变革》,《语文学刊》2010 年第 6 期。

肖燕雄、谭瑞英:《中央电视台日本大地震报道的阶段特点及功能》,《新闻研究导刊》2011 年第 5 期。

〔赵淑萍,中国传媒大学电视学院教授;张国栋,中国传媒大学国际新闻与传播学专业硕士研究生〕

明星真人秀传播特质与受众心理探析
Analysis on Communication Characteristics and Audience Psychologies of The Celebrity Reality Show

◎ 曾祥敏　刘灵清
　　Zeng Xiangmin, Liu Lingqing

摘要：电视真人秀作为一种新兴的节目形态，在短短的十几年中迅速地走向成熟，在全球范围内掀起了一股收视热潮。如今，真人秀的发展呈现出了从草根"加冕"走向明星"脱冕"的趋势。本文探讨了明星真人秀与平民真人秀不同的传播特质，主要体现为在这种互动性关系影响下的形象建构提供了拟态真实的环境，以及媒介的娱乐功能如何被放大。对受众心理进行了分析，受众在明星真人秀中满足了窥视欲的心理需求，实现了狂欢化的表达需求，得到了使用与满足的选择需求。本文试图挖掘明星真人秀独特的传播价值并探讨与受众心理的契合。

关键词：明星，真人秀，传播，受众心理

Abstract: As a newly-emerging form of program, reality show has grown to be mature within a short dozen years, and given rise to a ratings boom across the globe. Nowadays, reality show tends to develop from the "crown" of the masses to the "decrown" of the celebrities. This paper is going to discuss the different communication characteristics between the celebrity reality show and the populace reality show, mainly embodied as the image construction under the influence of interactive relationship, providing a pseudo environment and how the recreational function of media is amplified. Audience psychology is also analyzed. The need of peep lust is met in the celebrity reality show. The demands of carnivalism have been satisfied and the requirements for utilization and gratification have been achieved. This paper attempts to explore the unique communication value of celebrity reality show and discusses the psychological perspective with the audience.

Keywords: celebrity reality show, Communication, audience psychology

引 言

真人秀节目以早期的明星参与的综艺节目为雏形,在选秀节目热潮中逐渐形成完整的节目模式,并诞生了一批年轻偶像,"平民选秀热"成为热点。随后在选秀模式的变化、受众心理变化以及国外成熟真人秀节目的影响下,明星又再度成为真人秀节目中的重要元素。这种潮流是对传统平民真人秀的一种创新,同时对真人秀的制作也提出了更高的要求。明星真人秀在传播中具有独特的传播特质,同时受众在这个传播过程中也具有很高的参与度。

一、从草根"加冕"到明星"脱冕"

中国的电视真人秀发展晚于西方,虽然之前的娱乐节目已经多少带有真人秀的色彩,但直到2000年广东卫视的《生存大挑战》才称得上是中国首档真人秀节目。自此之后,《走进香格里拉》、《夺宝奇兵》和《峡谷生存营》等节目陆续出现。然而这些节目并没有取得良好的收益,国内的真人秀电视市场走向一直比较低迷,这一方面是由于制作经验不足,东西方文化存在差异,导致照搬外国节目流程使中国观众难以接受;另一方面是早期电视台没有做好营销和话题的推广,社会观看舆论氛围不足。这些问题导致中国的真人秀节目一直比较低迷。

然而,2005年湖南卫视的《超级女声》却引发了一场全民选秀狂潮。自《超级女声》之后,全国各电视台的平民选秀、"海选"节目层出不穷,但无论是歌唱比赛还是才艺展示,无不遵循着"从草根抓起"的原则,一时间各大卫视荧屏上都充斥着名目繁多的选秀类真人秀节目。但电视受众有自身的审美疲劳,当大量的类似节目同时出现时,要创新形式和内容,才能重新激发观众的兴趣点。

然而,从最近的《我是歌手》、《中国星跳跃》、《星跳水立方》来看,尽管都是购买的版权而非原创,但中国的真人秀节目都不约而同地走了明星路线。如果说平民真人秀是观众对于草根"加冕"的欢呼与期望,那么明星真人秀则是对名人"脱冕"的好奇与窥探。

在平民真人秀时代,观众感兴趣的是看普通人如何成为明星。观众在看一个普通人如何通过自己的"奋斗"过五关斩六将最终赢得胜利的过程中,也对自身给予种种期待与肯定,节目中所展现出来的"正能量"使得观众似乎能感同身受,这种前后对比所形成的差别效果甚至比一个人赢取彩票一夜暴富所带来的震撼更为强烈。因为这最终所形成的是一种汇聚了名望、地位和财富的身份,并且真人秀的概念使得整个过程看似公开透明,选手每一步的成长经历都表露无遗,观众在看电视的同时也获得了一种心理满足。这种满足感来自于对自身的假定,"受众通过与媒介构建的象征体系互动,构建他们对社会的看法以及他们在其中的位置"(丹尼斯·麦奎尔,2010:377)。这就是媒介产生的效果,人们在广泛的平民真人秀中看到了平民自我的价值,"人人都可以"的概念也迎合了当下浮躁地追求"成功"的心态。

如今的明星真人秀热则从另一个角度诠释了受众的心理。"明星"可能只在某一方面有突出成就,在其他方面也与普通人无异。把明星置于和普通人相同的环境中,就形成了一个"去光环化"的脱冕过程,如《我是歌手》把已经有相当地位的实力唱将集中在一起,像草根选秀一样进行对决,歌手的演唱不再是演出性质的,而变成了一种比拼。真人秀的节目性质使得观众可以看到明星在遇到问题时的窘迫,遭受淘汰时的悲伤,这种情境就对偶像进行了一种平民化的塑造。《星跳水立方》等明星跳水节目将演艺明星置于完全不熟悉的跳水运动中,两种完全不相干的事情融合在一起所发生的奇妙反应就是该节目想传达的兴趣点。

然而真人秀的主体从平民走向明星并不是一个不可逆的过程,主体的变化彰显了真人秀的多元化发展,是一种新的探索形式和潮流。真人秀的发展势必是发散性的,不会是一个单向的过程。

二、明星真人秀的传播特质

明星真人秀与平民真人秀最大的不同在于,人们在平民真人秀中期望看到的是明星化表现,而在明星真人秀中期望看到的是平民化表现,其实本质上都是对当前角色的一种重新建构。

(一)互动性关系影响下的形象建构

明星真人秀在某种意义上类似于影像版"微博"等新媒体的存在。因为明星在真人秀中的表现与观众是有联系的,观众的反应可以影响到明星的行为,这种互动关系使得明星真人秀更具有看点。如在《我是歌手》中,大众评审对明星去留起决定性作用。节目赋予了受众一种参与决定的权力,这也成为节目的一部分。由于观众有这样的权力,明星在节目中的表现也会因观众的反应不同而有相应的变化,明星在这样的真人秀节目中成为被评论的对象,观众掌握了至高话语权,这种良性互动会对节目产生推进作用。

(二) 拟态真实的环境

在明星真人秀节目中,观众所期待的是明星"真实自我"的表现,无论是在《我是歌手》还是《星跳水立方》中,观众都期望看到一种不是演出的状态,包括他们日常的喜怒哀乐、紧张窘迫这些平时很少会暴露在公众面前的情绪。

但所有的真人秀节目提供的都是一种拟态环境,这种环境"并不是现实环境的镜子式的再现,而是传播媒介通过对象征性事件或信息进行选择和加工,重新加以结构化以后向人们提示的环境"(李普曼,2002:78)。这包含了两方面的含义:第一,拟态环境与真实环境有差别,并不是完全再现,但与真实环境有着无法割裂的联系;第二,媒介会对事实进行选择性加工,形成一种拟态真实。因此在明星真人秀节目当中,明星们各自的性格特征被大家津津乐道,但节目最终呈现出来的影像以及镜头的排列组合都是经过后期加工处理的,包括字幕和配乐的使用,这些因素综合起来最终形成了一种"拟态真实"的环境,而受众所看到的是基于媒介所提供的"拟态真实"加上自己主观想象最终得到的"主观真实"。因此,在这种环境下,明星真人秀给了受众很大的想象空间,受众对明星的想象与现实交织在一起,形成了一种更为复杂的情感。

(三) 媒介的娱乐功能被放大

功能论认为媒介具有五种主要的社会功能,即信息、联系、持续、娱乐和动员。(丹尼斯·麦奎尔,2010:79)随着时代的发展,媒介的游戏娱乐功能愈来愈彰显,而电视成为人们当下寻求娱乐的最主要的大众传播媒介。明星真人秀节目使得媒介的娱乐功能被无限放大,韩国的 *Running Man* 是一档火爆的明星真人秀节目,其中对游戏环节和任务的设计都非常新颖独特,能够极大地激发明星的"艺能感"。艺能感是指一种综艺能力,即参加综艺节目的人能在适当的时机通过语言、表情或肢体语言激发观众兴趣点,活跃气氛的能力。为了取得较高收视率和增加人气,参加的明星都千方百计地制造各种笑点,而"艺能感"强的明星通常会有更高的人气。

这种游戏设置在明星真人秀节目中运用非常广泛。尼尔·波兹曼认为"娱乐不仅仅在电视上成为所有话语的象征,在电视下这种象征仍然统治着一切"(尼尔·波兹曼,2004:81)。而明星真人秀在"娱乐至死"的进程中又制造了新的内容,明星与真人秀参与者的双重身份使得节目的娱乐性增强,明星所表现出来的情感更容易引起受众的兴趣,形成话题。如韩国明星真人秀节目《我们结婚了》,节目内容是由明星假扮新婚夫妇,这种设定本身就是一种非常娱乐化的安排,当一切关系都可以被娱乐化处理的时候,在这种设定之下所做的一切就很难区分真假,也导致很多明星的粉丝在节目之后依然沉浸在对两人关系的幻想里,这也是对"拟态真实"的一种呼应。

三、受众心理分析

受众对明星真人秀的接受是源于一种更深层次上的心理需求,明星真人秀之所以能够持续走热,是因为其在当前社会环境下,满足了观众的部分集体心理。窥视欲心理人皆有之,而明星真人秀恰好提供了一个良好的开放平台;此外,快节奏的生活下,人们需要狂欢化表达的心理需求也越来越强,而观众在选择节目收看的过程中是有主观选择性的,这种基于"使用与满足"的需求使得明星真人秀节目得以源源不断地推出。

(一)窥视欲的心理需求

明星真人秀节目满足了集体的窥视欲望,尤其是对于明星而言,观众有更强烈的窥视欲,在此需求下,明星真人秀极大限度地向观众敞开了"隐私"的大门。在明星跳水类节目《中国星跳跃》中,观众不仅能在节目中看到演艺界明星在接触完全不熟悉的跳水运动时的种种心理变化,尤其是对像牛群这样的老牌明星的参与有很大的兴趣,而且明星跳水的泳装展示也满足了观众最传统意义上的"窥私"。由于跳水运动的特殊性而又引发了人们对"素颜女神"的关注,那些因为种种原因不能来参加的女明星或多或少都被怀疑有整容的可能性,这些窥私的副作用被展现了出来。

在对于身体刺激和审美快感的消费过程中,观众对于欲望满足和情感宣泄的需求最为直接和明确。观众在这类节目中首先获得了对明星感官上的窥私满足、对参加选手身份的猎奇心理满足、对明星的表现的扩展满足等。如牛群在跳水时展现的一种战胜自我的心态,包括跳完之后情绪上的变化等,都是受众期望看到的。因此,明星真人秀满足了受众对明星本人和其所处环境的窥私欲,而在某种意义上,名人的隐私更容易引起大众的兴趣,这种欲望的驱使是明星真人秀节目火爆的原因之一。

(二)狂欢化的表达需求

受众在观看明星真人秀节目的时候,所展现出来的姿态具有巴赫金所描述的狂欢化特征。把明星的光环隐去,置于与普通人无异的环境中进行表现,在这个过程中明星也完成了对自我身份的颠覆;同时,受众在观看的过程中会对既存的社会阶层结构以及身份秩序有逃离感,呈现出一种"狂欢化"的特征。苏联著名文艺理论家巴赫金的狂欢化理论认为人们在狂欢活动中会暂时脱离宗教束缚、社会阶层的局限,并对日常的权力和神圣进行亵渎、戏谑和讽刺，从而享受暂时的众生平等。在明星真人秀中我们可以看出，受众对明星的表现发出的笑声及点评在某种程度上就是一种狂欢化的颠覆。如在《我是歌手》中，观众对于参赛明星的犀利评价，使其失去了以往的"权威"属性，受众在观看的同时也得到了表达的机会，大众评审的决定性作用使得这个狂欢化的颠覆有了实际意义。

(三) 使用与满足的选择需求

明星真人秀节目使受众得到了"使用与满足"。受众对明星真人秀的选择也许最初是一种偶然的行为，但对其持续性的喜爱则是一种主动的选择。明星真人秀为受众提供了一种多样化观看的可能性，使受众获得了心理上的满足与情感上的认同，并且在其中扮演了一种重要角色，获得安全感、共同的谈话主题，这是一种"媒介—个人互动"的关系。

通过节目可以对真人秀中人物之间的关系进行审视，所获得的认知可以延伸到自己的社会关系处理上来。再者，由节目引发的对内容和观点的探讨，会形成生活中交往的话题，融洽了人际关系，建立社交圈子，某种程度上满足了人们社会互动的心理需求。

四、结语

诚如今天的明星真人秀，无论是书中还是电视中所记录下来的所谓名流的生活，都是进行了艺术上的再加工创作而成的，都无法代表真实的生活，但受众依旧在这种拟态真实的情境下获得了种种需求上的满足。然而，绝对的真实也是不存在的，媒介如此发达的今天，我们越是想追求真实，越是陷入"拟态真实"的怪圈。真人秀的意义就是展现真实情境下的真实人物的真实故事，然而在这个被媒介包围的时代，表演和真实的界限也越来越难以区分，尤其是作为公众人物的"明星"群体。明星真人秀的出现和受众的选择是一个互利的过程，明星在真人秀节目中增加了自身的曝光率和新的看点，观众在节目中得到了"窥视欲"和"狂欢化"的满足。然而在这种浪潮中，如何不在这种"世说新语"式的拟态环境中迷失，仍是值得电视媒体和受众双方都认真思考的问题。

参考文献：

丹尼斯·麦奎尔：《麦奎尔大众传播理论》，崔保国等译，清华大学出版社2010年版。
李普曼：《公众舆论》，阎克文等译，上海人民出版社2002年版。

尼尔·波兹曼:《娱乐至死》,章艳译,广西师范大学出版社 2004 年版。

尹鸿、冉儒学、陆虹:《娱乐旋风:认识电视真人秀》,中国广播电视出版社 2006 年版。

倪沫:《从平民真人秀到偶像真人秀——兼论〈谢天谢地你来啦〉的娱乐新思维》,《镇江高专学报》2013 年第 26 期。

刘川郁:《从传播学角度解析真人秀节目特性》,《当代传播》2012 年第 2 期。

袁立庠:《基于传播学视域下对电视真人秀节目的思考》,《产业与科技论坛》2011 年第 10 期。

袁立本:《真人秀的狂欢文化性》,《当代传播》2007 年第 6 期。

〔曾祥敏,中国传媒大学电视与新闻学院教授;刘灵清,中国传媒大学电视学院 2013 级广播电视(电视编导)专业研究生〕

媒介前沿

台湾电视广告再现老人角色分析　　　　　　　　　　连淑锦　Yan Bing Zhang

企业危机公关给媒体批评性报道带来的风险　　　　　　　　　　　李爱晖

关于全媒体传播观的审视与批判　　　　　　　　　　　　　　　　付玉辉

2012中国在线视频产业的规模、格局与趋势　　　　　　　　　　　周　逵

台湾电视广告再现老人角色分析
Representations of Older Adults In Taiwanese Television Commercials

◎ 连淑锦　Yan Bing Zhang
　　Shu-Chin Lien　Yan Bing Zhang

摘要：本研究以内容分析法对1969则台湾电视广告如何再现老人形象进行研究，分析老人角色出现频率、角色重要性、代言产品类别和刻板印象等变项。本研究发现，台湾电视广告中老人角色虽然是低度再现，但却常扮演重要的主角角色，且被形塑成相当正面的刻板形象。老人最常代言与健康有关的医疗保健类商品，较不常代言游憩休闲、电子产品等活力或科技导向的商品。男性老人代言商品类别是全方位的，而女性老人则局限于少数类型的商品。研究结果与既有研究相比较，并以涵化理论为支撑讨论电视广告强化有关年龄、性别的刻板印象及传统敬老观念。

关键词：老人，广告，刻板印象，涵化理论

Abstract: Using content analysis approach, this study examined how Taiwanese television commercials (N=1969) portrayed older characters, including frequency, role prominence, product category, and age stereotypes. The content analysis revealed that older adults were underrepresented, but positively portrayed in terms of role prominence and stereotypes. Older adults were more likely to act as endorsers of healthcare related products, but not leisure and electronics related products. Female older adults were used to promote a limited number of product categories in comparison with male counterparts. Findings are compared to those from similar studies in prior literature and discussed from a cultivation theory perspective in terms of their reinforcement of age stereotypes, gender biases, and the traditional values of filial piety and age hierarchy.

Keywords: older adults, television commercials, stereotypes, cultivation

一、研究背景及目的

随着医疗科技进步、生活品质提高、平均寿命延长及出生率的下降，高龄化的人口

社会结构成为全球发达国家和地区所普遍面临的重大议题之一。根据"行政院内政部"公布的人口统计资料显示,在2008年年底,台湾老年人口已达240.2万人,占10.4%的总人口比例,且有逐年上升的趋势。若以此趋势增长,预计到2018年,台湾老年人口将达14.7%,这也表示台湾即将进入高龄化的社会。随着高龄化社会来临衍生的有关老年人的各种问题和现象,已成为政府与社会大众关心的议题。自20世纪70年代以后,公众对影响老年族群心理健康议题的认知逐渐转向传播媒介。其中,有关电视媒体与老人的关系也就特别受到传播和公共卫生领域学者的关注,例如:大众传播媒体影响老年人心理及生理健康的相关问题(Gerbner, Gross, Signorielli, Morgan, 1980;Harwood & Roy, 1999;Lee, Carpenter & Meyers, 2007)。因为老人比其他年龄族群花更多的时间观看电视,并且电视是老年人在休闲活动中最常使用的传播媒介(陈肇男,2003;Horgas, Wilms & Baltes, 1998;Mares & Woodard IV, 2006;Signorielli, 2001)。由此来看,电视媒介不仅影响老人身体活动的类型和时间的长短,也可能影响老人的情绪及对自我价值的认知。

众多有关电视与心理健康的研究主要关注儿童(Kirkcaldy, Siefen, Urkin & Merrick, 2006)或是较年轻的族群(Anderson, Collins, Schmitt & Jacobvitz, 1996;Nguyen, Wittink, Murray & Barg, 2008;Potts & Sanchez, 1994;Sidney, Sternfeld, Haskell, Jacobs, Chesney & Hulley, 1996),这类研究皆发现,观看电视节目与阅听人群的忧郁程度(Burdette, Whitaker, Kahn & Harvey-Berino, 2003;Potts & Sanchez, 1994;Sidney et al., 1996)或负面情绪(Goodwin, Intrieri & Papini, 2005)是有关联性的。由此可知,既然电视能影响较年轻阅听族群的情绪状态,我们可合理地推断,电视也能对老人族群有同样的影响。因此,有关电视如何再现老人形象及影响老人族群的健康的议题是值得关注的。

涵化理论(Gerbner, Gross, Morgan & Signorielli, 2002)是研究大众传播媒介对老年阅听人自我认知影响的重要理论架构。此理论将媒体暴露度和自我认知意象联结起来,假设阅听人在长时间观看电视的过程中,会逐渐学习和接受电视所建构的社会真实观点,并用来理解有关外在世界的社会本质。换言之,电视作为阅听人重要的社会化机制之一,为阅听人建构、定义社会文化所认可的有关老人族群的形象、价值与规范。在长期观看的过程中,阅听人会学习、接受,并内化这些电视所建构的老人形象与其所蕴含的有关年龄的刻板印象。例如,过去许多把焦点放在由观赏电视暴力节目内容所引发的攻击性行为(Centerwall, 1995;Donnerstein, Slaby & Eron, 1994;Paik & Comstock, 1994)和电视所描绘的种族或少数族群对人们的认知产生影响(Armstrong, Neuendorf & Brentar, 1992;Ford, 1997)的研究皆显示,阅听人会从观看电视的过程中学习和模仿演员/偶像的态度和行为,并且在实际生活中复制他们在电视中所学习的行为。因此,电视暴露程度除了会影响阅听人对其他社会族群的认知和态度之外,也可能会影响到自己对于自身所处群体的认知(Armstrong, Neuendorf & Brentar, 1992; Harwood, 2000; Harwood & Giles, 1992; Korzenny & Neuendorf, 1980)。以这个观点来看,电视再现老人角色的内容不仅会影响社会大众对老人的期望与规范;相对地,也会影响老年人对自身所属的老年族群的认知和态度。由此可知,电视再现老人形象的影响不只表现在社会文化层面,也会表现在个人的认知系统中。

有关媒体再现老人形象的研究大都以内容分析法分析特定媒体(例如:电视、小说、电影)或特定节目类型(例如:广告、戏剧节目、儿童卡通)如何再现老人角色,研究变项包含性别、出现频率、角色重要性或年龄刻板印象。研究者将老人角色出现频率及所担任角色的重要性视为老人在真实社会中影响力(重要性)的两个指标。在出现频率上,以老人的电视人口结构和实际人口结构相比,来决定老人角色是否被边缘化地呈现。也就是,以人口普查资料(census data)作为对照值来检验老人族群在电视人口的占有率,作为评定老人在社会上重要性的指标。众多研究者皆发现,老人角色在总电视人口中所占的比率远低于老年人口占实际整体人口的比率(Harwood & Anderson, 2002; Lien, Zhang & Hummert, 2009; Robinson & Skill, 1995; Signorielli, 2001)。而且,这种不足的呈现以女性老人角色更为严重。比起其他年龄族群,女性老人角色较少出现在电视的黄金时段的节目中,而且比男性的老人拥有更低的曝光度(Harwood & Anderson, 2002; Vernon, Williams, Phillips & Wilson, 1990)。这样低曝光度的模式也同样出现在连续剧(Cassata & Irwin, 1997; Lien et al., 2009,)及电视广告中(Roy & Harwood, 1997)。

另一重要性的指标是指老人所饰演角色对剧情影响力的大小。研究者将角色重要性定义为主角、配角和跑龙套(不重要的)角色;或是定义为严肃的、滑稽的角色。这方面的研究皆发现,老人比起其他年龄层的角色较不常担任主角(Robinson & Skill, 1995; Signorielli, 2001)。甚至有研究者发现,与中年演员相比,老人较常扮演滑稽的角色(Signorielli, 2001)。

虽然老人的出现频率较低且较常担任非主角的结论一再被验证,但是年龄的刻板印象呈现却有不一致的研究结果。有些研究发现,老人角色是主动的、健康的、和悦的(Petersen, 1973);有些研究则发现,老人角色在电视中的形象是被动的、生病的、不和悦的(Gerbner, Gross, Signorielli & Morgan, 1980; Northcott, 1975; Robinson & Skill, 1995; Vernon, Williams, Phillips & Wilson, 1990)。这种不一致的结果,可能是因为不同研究者使用不同的刻板印象特征形容词及对老人正面或负面刻板印象的判断标准不一致。

而另一可能则是,电视再现老人角色的刻板印象随着老人在社会上位置重要性的改善而呈现不同的面貌。

研究电视广告再现老年族群是重要且有意义的,可以从三方面来陈述:首先,台湾逐渐进入高龄化的社会,有关老人的议题也逐渐受到各阶层的重视。而电视是人们重要的资讯、娱乐和教育的提供者,它更是老人在休闲时间最常使用的媒介(陈肇男,2003;Connell & Crawford,1988)。因此,学者认为电视媒介具有符号象征的(拟真)意义(蔡琰、臧国仁,2003),对老人心理健康是有影响的。电视不只影响和建构老人对自己和自己所属的老人族群的认知,也同样会影响其他年龄层阅听者对老人族群的认知和态度(Armstrong, Neuendorf & Brentar, 1992; Bliese, 1982; Korzenny & Neuendorf, 1980)。因此,正视电视媒体对老人族群的再现是有根据的。

其次,过去有关媒介再现老人形象大都局限于戏剧类的节目,广告则是被忽略的(cf.Roy & Harwood,1997;Zhang,Song & Carver,2008)。在全球化和商业主义盛行的今日,广告业应能嗅出伴随高龄化社会来临的潜在商机,而在其商品营销上有所应对。因此,广告内容在老人形象的塑造或诉求上,是否会反映如此庞大的老人消费族群的潜在消费力及需求,这是值得探讨的。

最后,研究电视再现老人形象,能将西方有关年龄刻板印象研究扩展至其他文化背景。西方研究普遍发现,老人在媒体的形象是负面的。也就是说,老人是很少出现在电视上的。即使出现,他们也是充满负面的刻板化印象的(Northcott,1975;Robinson & Skill,1995;Vernon,Williams,Phillips & Wilson,1990)。但是,与西方国家不同,我国台湾有其独特的文化背景,对老人族群的认知和态度深受中华文化的影响,特别是在孝顺(filial piety)和敬老(elder respect)等观念上(Sung,2001)。一般人大都同意,要孝顺自己的父母,并且要尊敬年长者。许多有关电视广告所蕴含的文化价值相关研究皆发现,敬老是中国大陆电视广告中(Cheng & Schweitzer,1996;Lin,2001;Zhang & Harwood,2004)及台湾电视连续剧中(周君兰,2002;雷庚玲、江美莹、杨品凤,2001)出现频率很高的重要文化价值。由此可知,在老年人口的潜在商机及传统文化对老人的尊敬传统的交互影响下,台湾广告对老人的认知和描绘可能与西方媒介有所不同。而这样的思维是否会反映在电视广告内容中是值得探讨的。

因此,本研究的主要目的是借由内容分析法来探讨电视广告如何再现老人族群,具体勾勒老人出现频率、所扮演角色重要性、代言产品类别和老人的刻板印象,并与西方的研究结果相比较,探讨台湾广告和西方媒介对老人族群的再现有何异同,借以了解中国台湾和西方国家在各自独特的文化背景下,老人的媒介形象是否反映其独特的社会文化。抑或是,在全球化商业资本主义的影响下,呈现一致性的结果。此研究结果对未来制作电视节目、广告或有关政策拟定方面应可提供参考或建言。同时,也有助于阅听众媒介识读能力的提升,培养对媒介产品讯息的批判能力。

二、文献探讨

1.西方媒介中的老人形象

内容分析法是最广泛被使用于研究媒介如何再现老人角色的方法。研究者将老人角色定义为年龄高于60岁或65岁且有口白的角色(Northcott,1975;Robinson & Skill,1995)。而研究分析的变项则聚焦于老人出现频率、角色重要性和刻板印象三大主轴。

(1)老人角色出现频率

过去对黄金时段老人角色出现频率的研究呈现相当一致的结果。与实际老人族群在全国总人口结构中所占的比率相比,老人出现在电视黄金时段的频率是偏低的(Harwood & Anderson,2002;Robinson & Skill,1995;Roy & Harwood,1997;Signorielli,2004;Vernon,Williams,Phillips & Wilson,1990)。而这样低度呈现的现象,以女性老人角色尤为严重。例如,在一早期研究中,阿罗诺夫(Aronoff,1975)使用1965-1971文化指标(cultural indicator)的研究数据,将黄金时段的演员依年龄分为小孩/青少年、年轻的成年人、稳定的成年人和老人(65岁以上)四种年龄族群。研究发现,老人角色占总电视人口的5%,和1973年人口普查老人所占总人口的10%相比,是属于不对等比率的低度呈现。同时,阿罗诺夫也发现,女性老人比男性老人角色出现的频率更低。也就是说,在黄金时段的节目中每出现2.7位男性老人,才会有1位女性老人出现。另外,在一大型研究中,格布纳(Gerbner)与其他学者们(1980)分析了1365个黄金时段的戏剧节目和周末电视节目,发现在16688个有对白的角色中,共有384个老人角色出现在黄金时段中,占总电视人口的2.3%。而在周末节目中,则有234个老人,占总电视人口的1.4%。与人口普查资料相对照,老人族群在电视中的呈现是严重不成比率的,因为当时老人人口占总人口的11%。

为了解电视再现老人角色自20世纪70年代以来是否因时间而改变,罗宾森和斯奇(Robinson & Skill,1995)在1990年从美国四大商业电视台206集连续剧中,随机抽取100集的戏剧节目进行研究,结果发现总数1446个演员中,老人演员只占总电视人口的2.4%。研究者认为,老人角色自20世纪70年代以来持续被边缘化。另一研究者也提出了相同的结论。斯格纳里(Signoielli,2001)认为,出现在20世纪70年代和20世纪80年代电视媒介中的老人角色维持相当一致的比例,并没有显著性的改变。

换句话说,老人被低度呈现的现象是固定不变的,不因时间改变而有所增减。

同样,哈伍德和安德森(Harwood & Anderson,2002)针对1999年黄金时段播出的37个情境喜剧和24个戏剧节目进行研究,也呈现一致性的结论。年龄在65岁以上的老人角色占总电视人口的2.8%。而在这些老人角色中,有61%为男性老人,女性老人只占39%。

斯格纳里(2004)曾作了一个跨年代的研究,他从1993年至2002年所播映的黄金时段节目中选取14个星期的节目内容进行研究。研究发现,和其他年龄层的角色相比,老人角色持续被边缘化。老人角色出现的频率持续下降,从1997年的4%下降到2002年的1%。值得注意的是,即使女性老年人口在真实世界超过男性老年人口,但女性老人在电视节目中的出现频率是远低于男性老人的。换言之,以2000年美国人口普查资料为参照标准,女性老年人口占总人口的14.4%,而电视却只呈现了1.7%的女性老人角色。相对地,男性老年人口占总人口的9.64%,而电视却呈现了2.3%的男性老人角色。

老人角色的低曝光率不仅发生于黄金时段或周末的戏剧节目中,也出现在日间的连续剧中。埃里奥特(Elliott,1984)分析了总共260集的13部日间连续剧节目,发现老人角色出现的频率为8%,同样远低于实际老人人口比率的14.1%。

学者认为,对老人族群的负面刻板印象可能开始于儿童时期(Isaacs & Bearison,1986),而这些负面印象会影响儿童对老人的认知和感觉,甚或会影响儿童与老人间互动的品质(Hummert、Garstka、Shaner & Shrahm,1994)。因此,有些研究者特别关注儿童动画电影如何再现老人角色。例如,罗宾森和安德森(Robinson & Anderson,2006)随机选取45小时儿童电视动画节目进行研究,发现在1356个角色中,有107个老人角色,占总电视人口的8%。排除25个重复出现的老人,在这82个老人角色中,男性老人有63位(77%),而女性老人只有19位(23%)。

同样出于关注媒介影响儿童对老人的认知,罗宾森、凯里斯特、马哥芬和摩尔(Robinson、Callister、Magoffin & Moore,2007)等学者普查分析了34部由迪士尼公司在1937年至2004年间所生产的电影,研究发现总共有93个老人角色。研究者认为,虽然老人角色在迪士尼卡通动画出现的频率有逐年上升的趋势:从20世纪40年代,每一部动画片平均有一个老人角色,到20世纪50、60、70年代,平均每部动画片有两个老人角色,到2000年则达到3.8个老人,但是研究者也发现,虽然女性老人占总体老人人口的59%,但是在迪士尼卡通动画中女性老人角色出现的频率却只有33%,严重不足。由此可见,电视戏剧节目或以儿童为诉求的动画节目和电影中,老人角色是不常出现的,特别是女性老人。

（2）老人角色的重要性

除了出现频率外，研究者也关注老人角色的重要性和刻板印象的再现。在角色重要性方面，研究者将老人分成主角、配角、背景角色/非重要角色（Northott, 1975; Robinson & Skill, 1995）。主角被定义为剧情故事发展的重心，或反复出现的角色；配角被定义成不是剧情故事发展的重心，但是有些许影响力的角色；而非重要角色则是对剧情不具影响力或只出现极短暂时间的角色，例如佣人、餐厅服务生、门房。研究者发现，老人饰演主角的几率远低于任何年龄层的演员。例如，罗宾森和斯奇（1995）发现，在总数275个主要角色中，85%是年龄低于50岁的；14%是50-64岁的；而老人角色（年龄65岁以上）只占1%。同样，卡萨塔和欧文（Cassata & Irwin, 1997）研究老人角色在日间连续剧的再现时也指出，65岁以上的老人饰演不重要角色的频率高于51-64岁的中年人。而在此研究的11个老人中，只有2个老人对整个故事发展是有重要影响力的。老人角色担任类似跑龙套这种不重要角色的现象也同样发生在电视广告中，米勒、莱耶与马萨柴科（Miller、Leyell & Mazachek, 2004）发现广告中老人角色担任主角的比率低于5%。

老人常被委于较不重要角色的情况也同样发生于儿童最常观看的动画电视节目或动画电影中。例如，罗宾森和安德森（Robinson & Anderson, 2007）发现，在电视动画节目中，高达68%的老人角色是不重要的，也就是对故事情节不具影响力的，是点缀的角色。同样，这样负面的老人角色也常见于儿童电影中。罗宾森、凯里斯特、马哥芬和摩尔（Robinson、Callister、Magoffin & Moore, 2007）分析发现，在所有迪士尼所生产的34部动画电影中，39%的老人饰演主角，而有61%的老人饰演非重要角色。男性老人主角常被塑造成具权威性的神职人员、统治者或老师，而女性老人主角（66%）则常被塑造成坏人。值得注意的是，在这34部动画电影中总共有27个坏人主角，其中有高达12个（44%）是老人。

（3）老人角色的刻板印象呈现

刻板印象（stereotype），是指社会大众对于特定群体的共同属性所抱持的认知，通常是一组简化、僵化或过度均质化的看法（李美枝，1996）。电视被批评经由文字与象征符码的运用，将对老人的观念和价值隐而不显地融入节目内容中，并通过长期且大量的传播散布，造成一般阅听大众对老人族群的特定感觉或看法。电视再现老人刻板印象大都关注老人角色的人格特质（友善的/不友善的；令人愉悦的/令人厌恶的；好的/坏的）、健康状况（健康的/不健康的；健壮的/虚弱的）、认知能力（灵敏的/迟钝的）、社会经济地位（有钱的/贫穷的）或社交能力（善于社交/社会疏离的）等方面（Aronoff, 1974; Gerbner, Gross, Morgan & Signorielli, 1980; Petersen, 1973; Robinson &

Skill,1995)。这方面的研究并没获得一致性的结论,也就是说,老人角色在电视中呈现负面和正面并陈的刻板印象。在负面老人印象的研究中,老人角色比其他年龄层角色更常被塑造成邪恶的、失败的、不快乐的(Aronoff,1974),甚至是无能的,需要被其他人拯救的(Northcott,1975)。格布纳及其同僚(1980)也发现,电视中的老人角色常是滑稽的或愚笨的,且较不被年轻的角色所尊敬。特别是,女性老人相比男性老人更常被塑造成缺乏一般常识、行为古怪或滑稽的形象。除此之外,比起年轻角色,女性老人较不可能被塑造成成功者。因为这些研究皆以黄金时段的电视节目为研究样本,所以这方面的研究者认为,在黄金时段的电视老人形象是相当负面的。

但并非所有的研究都支持负面形象的研究结果,皮特森(Petersen,1973)设计21组形容词,每一组形容词包含正面的和负面的刻板印象(例如:主动的/被动的;灵敏的/迟钝的),编码者根据电视所呈现的老人形象选择适合的形容词。研究发现,正面形容词出现的比率比负面形容词高。大约有59%的老人形象属于正面的描述,23%属于中性的描述,18%属于负面的描述。正面的老人形象包含主动的(92.2%)、健康的(82.1%)和独立的(82.1%),而负面的老人形象则是社会疏离的(39.3%)、不友善的(35.7%)。皮特森将正负形容词出现的频率相比较,得知正面刻板印象特征词出现的频率高于负面的特征词,因此研究者认为,电视中老人角色的形象是相当正面的。

使用类似的研究工具,弗农(Vernon)及其同僚(1990)使用9个正面和9个负面的刻板印象特征形容词,针对三个商业电视频道(ABC,NBC,CBS)进行研究,发现老人角色形塑较贴近于正面刻板印象的特征描述。有50%的老人被认为是主动的,只有4.7%的老人被认为是被动的。大约有33%的老人是善于社交的,而社会疏离的老人只有7.8%。因此,研究者的结论是,电视中老人的负面刻板印象已逐渐被正面的刻板印象所取代。而且,这样的观点也获得其他学者针对广告再现老人刻板印象研究的支持(Miller,Leyell & Mazachek,2004)。

但是,研究者也发现,虽然老人的刻板印象是渐趋于正面的,但是却充满性别的刻板印象。例如,男性老人角色是主动的、有创意的、健康的、高智商的、社交的;女性老人角色则是具有吸引力的、愉悦的。而这正面的形象在卡萨塔、安德森和斯奇(Cassata、Anderson & Skill,1983)的研究中同样被验证。总而言之,比起女性老人,电视中的男性老人是友善的、大方的、有趣的、有智慧的和正面的。

2.台湾电视戏剧节目中的老人形象

虽然相关研究皆指出,电视对老人形象的描绘会影响阅听人对老人族群的认知,但是台湾有关电视与老人的研究大都关注老人的收视行为(广电人,2001;刘永芷,

1987;周君兰,2002),或是以心理学的角度探讨老人观众与电视剧的关系(蔡琰、臧国仁,2003),甚少有以内容分析法分析电视再现老人形象的研究。在一个较早期的研究中,刘永芷(1987)将老人角色出现在电视的时间与总电视播出时间的比率作为老人重要性的指标之一,分析了13个小时的电视戏剧节目后发现,总共有21个老人角色,老人角色出现在电视上的时间是25.7分钟,占总电视时间(630.4分钟)的4.08%。将此比率与实际台湾老人占总人口比率(5.05%)和西方的研究相比,刘永芷认为老人角色呈现得不足。而且,在这21个老人角色中,只有3个是女性老人,占总老年电视人口的14%。以此比率来说,相对于男性老人角色,女性老人的曝光率是微乎其微的。

另外,在老人角色呈现方面,刘永芷采用和皮特森(Petersen,1973)研究中相类似的11个正面的(例如健康的、聪明的、乐观的、友善的、独立的)和11个负面的(例如病弱的、愚蠢的、悲观的、顽固的、依赖的)刻板印象特征形容词分析老人角色的健康状况、活动能力、认知能力、社会经济地位和人格特质等面向的呈现。研究发现,台湾戏剧节目中的老人角色是相当正面的。这11个负面的形容词,只有顽固和家庭不幸福是老人角色的负面形象呈现。但是,因为这篇研究并没指出为何以老人角色出现时间代替出现频率的原因,而且只针对一周的戏剧节目做了分析并且年代已久远,可能无法反映台湾节目目前对老人角色描绘的现状。

为了解台湾电视黄金时段戏剧节目再现老人形象及其沟通行为,Lien et al. (2009)对2004年台湾四大无线电视(台视、中视、华视、民视)黄金时段109集连续剧进行分析,研究发现在1720个演员中,65岁(含)以上有85人(5%),20-39岁有978人(57%),40-59岁有619人(36%),13-19岁有9人(1%),12岁以下有19人(1%)。老人的曝光率仅高于小孩和青少年族群。在性别比率上,男性老人的出现频率是高于女性老人的。这85名老人中,有51位(60%)男性和34位(40%)女性。

在角色重要性方面,研究者将老人角色分为主角、配角及非重要角色。研究发现,在台湾黄金时段戏剧节目中,在总数85名老人角色中分别有11位(13%)、71位(83.5%)、3位(3.5%)老人担任主角、配角和非重要角色。老人主角人数占总体主角人数(N=348)的3%。研究者认为,老人角色虽不常担任主角,但却有高达83.5%的老人是担任配角的。不同于西方的研究结果,此研究发现老人角色曝光率虽低,但对剧情发展具有一定的影响力。

另外,研究者也针对电视戏剧再现老人刻板印象进行研究,主要是关注老人智能与身体两方面。在智能方面,探讨剧中老人是否能清楚地表达自己的思想和情感,也就是记忆力好、头脑清楚的老人或健忘、糊涂的老人。在身体方面,探讨剧中老人是不需任何协助(例如拐杖、轮椅或他人协助),能自由行动的健康老人,或是卧病在床,需要辅具或他人协助才能行走的不健康老人。研究发现,电视剧中的老人大都是头脑清楚(男:88.2%;女:70.6%)且能自由行动、不需他人扶助(男:89.1%;女:71%)的健康老人,是呈现相当正面的刻板印象描绘的。但是有趣的是,女性老人被形塑成不健康(29%)的比率却比男性老人(11.9%)高。

3.研究问题

综上所述,本研究回顾相关研究后,拟出以下的研究问题。

首先,老人角色在电视人口结构中所占比率与实际老人占总人口比率相比,老人在电视中出现的频率是远低于其他年龄族群的(Harwood & Anderson,2002;Lien et al.,2009;Robinson & Skill,1995;Signorielli,2001)。而这种不足的呈现,女性老人角色更是严重。因此,本研究的问题一及问题二拟定如下:

研究问题一:老人角色在电视广告中出现的频率是多少?

研究问题二:女性老人出现的频率与男性老人出现的频率是否不同?

其次,西方既有的研究皆指出,老人角色出现的频率较低且常是剧中跑龙套的不重要角色,因此推论老人在真实社会中的位置是不重要的。在所有的主角中,老人担任主角的比例不到3%(Northott,1975;Robinson & Skill,1995;Lien et al.,2009),但是,检视台湾戏剧节目则会发现,虽然不到3%的老年演员饰演主角(刘永芷,1987;Lien et al.,2009),却有高达83.5%的老年演员担任配角(Lien et al.,2009)。这与西方研究呈现出非常不一样的结果,因此,本研究中的第三个研究问题拟定如下:

研究问题三:比起其他年龄层的角色,老人担任主角的比率是多少?

在电视中老人的刻板印象尚无一致的结论,既有邪恶的、失败的、不快乐的、生病的、被动的、无能的(Aronoff,1974;Gerbner,Gross,Signorielli & Morgan,1980;Northcott,1975;Robinson & Skill,1995;Vernon,Williams,Phillips & Wilson,1990)等负面的描绘,也有健康的、主动的、社交的、乐观的、友善的、独立的(刘永芷,1987;Lien et al.,2009;Roy & Harwood,1997;Vernon,Williams,Phillips & Wilson,1990)等正面的描绘。有些学者认为老人角色的刻板印象已从负面呈现渐渐转向正面的描绘(Petersen,1973;Vernon,Williams,Phillips & Wilson,1990)。但是值得一提的是,女性老人比男性老人呈现较不健康的形象(Lien et al.,2009)。这些研究大都使用人格特征形容词(例如:健康的/不健康的、主动的/被动的、社交的/社会疏离的、乐观的/悲观的、失败的/成功的)对老人角色进行形象编码,虽可获得老人角色的人格特征,但却缺少一个整体的概念。因此,本研究参照美国(Hummert,Garstka,Shaner & Strahm,1994)、中国大陆

(Zhang, Hummert & Garsta, 2002)及中国台湾(李良哲,1999)有关老人生活经验及人格特质的知觉印象研究所获的结果,作为本研究刻板印象描绘的参考,将老人形象分为传统典型、主动积极、完美耋耋、孤独沮丧、不受欢迎、不健康这六种类型。比起既有的研究,此刻板印象分类可兼顾东、西方个别的社会文化差异,不仅可获致老人人格特质的刻板印象特征描绘,更能获得刻板印象的整体概念。由此发展出第四个和第五个研究问题:

研究问题四:电视广告中老人角色的人格特征描绘与整体刻板印象如何?

研究问题五:电视广告中男性老人与女性老人刻板印象有何异同?

最后,使用老人角色为产品促销代言的主要是食品类商品(42%),其次是健康和清洁商品(25%)。换句话说,老人较常为低价的商品代言,较不常为高价值的汽车或休闲活动产品代言(Atkins, Jenkins & Perkins, 1991; Zhang, Song & Carver, 2008)。反观台湾,则缺乏此方面的资料佐证。因此,本研究的第六个研究问题是:

研究问题六:老人角色最常出现及代言的商品类别是什么?

三、研究方法

1.样本

本研究针对四大无线商业电视台(台视、中视、华视、民视)黄金时段(19:00-22:00)播出的广告进行内容分析研究。为求样本的周延性,抽样期间定为2009年10月至2010年3月,每月随机抽取一周,以数位电视棒采用隔日隔台方式侧录黄金时段节目,总共侧录127小时节目。先将节目中的广告剪辑成带,再剔除无真人出现的广告。包含重复出现的广告,本研究总计有1969则广告作为分析样本。不排除同产品重复广告是因为重复性是广告的本质,也是阅听人收视电视的真实情况(Roy & Harwood, 1997; Zhang, Song & Carver, 2008)。

2.编码员训练、编码员间信度检测(intercoder reliability test)与主研究

(1)编码员训练。以一则广告为一分析单元,两位修习过研究方法的学生逐字仔细研读编码计划书(coding scheme)的指示,并熟悉编码变项及其操作定义。如有不清楚定义或操作程序发生,则由研究者参与讨论并排除问题。接着,两位编码员同时针对20则不同广告一起进行编码作业,在此过程中研究者与两位编码员可互相讨论,借以厘清或修改研究变项定义,以确保编码计划书的信度。然后,两位编码员分别针对相同的40则广告进行独立编码作业,期间不得互相讨论,最后再进行两位编码员间的

信度检测。在获得可接受的信度（α>.9）及排除不同类目疑难后，编码员训练程序才告完成。以上这60则广告不再使用于正式的编码员间信度检测及主研究中。

（2）编码员间信度检测。完成编码员训练后，随机抽取200则广告交由两位编码员进行独立编码作业，并计算编码员间信度。本研究的编码员间信度数从.89至.96，符合内容分析信度要求（年龄=.92，重要性=.89，商品类别=.96，刻版印象=.90）。同样的，此200则广告被排除于后续的主研究中。

（3）主研究。以一则广告为一分析单元，每一则广告的编码类目包括频道、性别、年龄、角色重要性及广告商品类别。另外，针对每一位出现的老人角色分别编入整体刻板印象，勾选人格特征形容词。

频道：将广告依播出频道编入台视、中视、华视或民视。

性别：在广告中出现的每一个演员，依性别分别编入男性、女性、无法辨别等三个类别。

年龄：在广告中出现的每一个演员，依其可判断的特征分别编入小孩/儿童（12岁或12岁以下）、青少年（13-19岁）、成年人（20-39岁）、中年人（40-59岁）、老人（60岁以上）。

角色重要性：在广告中出现的每一个演员，依其角色对广告情节的重要性，分别编入主角、配角和背景角色。主角对故事情节有重要影响，是广告的焦点；配角对故事情节稍有影响，但不是广告的焦点（Robinson & Skill，1995）；而背景角色出现时间极短、对故事情节无重要影响，只有1-2字的台词或无台词，例如服务生、门房、大楼清洁工、路人。

商品类别：依广告商品类别分别编入交通工具类、食物及饮料类、服务类、家电类、医药保健类、电子用品类、服装衣饰类、卫生清洁用品、化妆品类、游憩休闲类、政令宣导、公益广告、杂货量贩和其他类，总计有14类。若归入其他类者，则需注记商品名称。

刻板印象：出现在广告中的每一个老人角色，根据其在广告中的呈现，包括外表、明显心理状态、从事的活动、说话的语气、口吻和其他演员的关系，统合出整体的形象。本研究归类出三个正面的和三个负面的老人刻板形象，每一刻板形象皆包含8-11个刻板印象特征形容词。编码员除需针对每一位老人角色进行整体形象编码外，同时也必须勾选出此刻板印象特征形容词。

A.传统典型：以家庭为重的、节俭的、保守的、自我牺牲的、感情丰富的、宗教虔诚的、容易满足的、怡然自得的。

B.主动积极：喜欢冒险的、有个人兴趣的、有活力的、有胆量的、快乐的、健康的、工作卖力的、灵敏的、注重健康的、有主见的、有自信心的。

C.完美耆耋:友好的、大方的、有爱心的、善解人意的、乐于助人的、好心肠的、有智慧的、值得信任的、经验丰富的、诚实的、有责任心的。

D.孤独沮丧:担心的、脆弱的、孤独的、被忽视的、忧郁的、胆小的、悲伤的、依赖别人的、贫穷的。

E.不受欢迎:唠叨的、爱管闲事的、爱说闲话的、贪心的、尖酸刻薄的、不随和的、固执己见的、势利的、自私的、小气的、爱面子的、倚老卖老的、爱吹牛的。

F.不健康的:疲惫的、行动缓慢的、生病的、记忆力差的、虚弱的、说话不连贯的、挂拐杖的、坐轮椅的。

四、分析结果

1.整体统计

排除编码员训练(n=60)和编码员间信度检测(n=200)所使用的样本,本研究总计分析1709则广告(台视411则、中视454则、华视421则、民视423则)。其中,有老人角色出现的广告有279则,占整体广告的16.32%。以民视79则(28.32%)最多,依序为中视72则(25.80%)、华视69则(24.73%)和台视59则(21.15%)。

2.老人角色出现频率

研究问题一与研究问题二关心的是:与其他年龄层的角色相比,老人出现在广告中的频率是多少?男性与女性老人出现的频率是否不同?分析结果显示,在1709则广告中,总共出现5340个角色人物。其中,以20-39岁的成年人(n=3362,63%)最多,依次是40-59岁的中年人(n=892,16.7%),12岁以下的孩童(n=589,11%),60岁以上的老人(n=394,7.4%),13-19岁的青少年(n=103,1.9%)。由此可知,老人的出现频率远低于成年人、中年人和孩童角色,而仅高于青少年族群。另外,就老人性别分布而言,男性老人(60.4%)出现于广告的频率明显高于女性(39.6%)。

3.老人角色担任主角频率

研究问题三关心的是:比起其他年龄层的角色,老人角色担任主角的比率是多少?由表1可知,年龄与角色重要性在分配频率上呈显著性差异,$X2(8, N=5340)=96.47$, $p=.000$, Cramer's V $=.095$。在394位老人中,有200位(50.76%)是主角,87位(22.08%)是配角,107位(27.16%)是背景角色。和其他年龄族群相比,老人最常在广告中饰演主角,相对高于中年人(50.11%)、成年人(46.10%)、孩童(33.79%)和青少年(29.12%)。同时,老人担任背景角色的频率(27.16%)也明显低于中年人(37.89%)、成年人(35.87%)、青少年(58.25%)和孩童(41.42%)。

表1 年龄与角色重要性的交叉分析

重要性 年龄	角色重要性						总和
	主角		配角		背景角色		
	n	(%)	n	(%)	n	(%)	
孩 童	199	(33.79%)	146	(24.79%)	244	(41.42%)	589
青少年	30	(29.12%)	13	(12.62%)	60	(58.25%)	103
成年人	1550	(46.10%)	606	(18.02%)	1206	(35.87%)	3362
中年人	447	(50.11%)	107	(12.00%)	338	(37.89%)	892
老 人	200	(50.76%)	87	(22.08%)	107	(27.16%)	394
总和	2426		959		1955		5340

Chi-square=97.47, *df*=8, * * * *p*<.000

4.老人角色之刻板印象形塑

研究问题四关心的是:电视广告中老人角色的人格特征描绘与整体刻板印象如何?由表2可知,在形塑老人角色的人格特征形容词中,有高达92.26%是属于正面的人格特征描述,只有7.74%是属于负面的人格特征描述。接着,再将人格特征形容词与刻板印象归类,结果可知,老人角色的整体正面刻板印象以主动积极最多(38.40%),依次是传统典型(30.65%)和完美耄耋(23.21%);负面的整体刻板印象则不常出现,其中不健康的占7.29%多,不受欢迎(0.30%)和孤独沮丧(0.15%)仅占不到1%。换言之,电视广告中主动积极型老人的人格特征是有活力的(10.27%)、快乐的(6.40%)和健康的(4.32%);传统典型的老人是以家庭为重的(13.24%)、保守的(6.7%)和容易满足的(4.46%);而完美耄耋型的老人是值得信任的(8.48%)、有智慧的(6.99%)和经验丰富的(6.85%)。至于不健康的老人则是虚弱的(2.83%)、行动缓慢的(1.93%)和生病的(1.64%),不受欢迎的老人是尖酸刻薄的(0.30%),而孤独沮丧的老人是令人担心的(0.15%)。

表 2　人格特征描绘与整体刻板印象分布频率

正面刻板印象	特征词	百分比%	负面刻板印象	特征词	百分比%
传统典型 (30.65%)	以家庭为重的	13.24%	孤独沮丧 (0.15%)	担心的	0.15%
	节俭的	0.89%			
	保守的	6.70%			
	自我牺牲的	0.45%			
	感情丰富的	1.49%			
	容易满足的	4.46%			
	怡然自得的	1.49%			
	宗教虔诚的	1.93%			
主动积极 (38.40%)	喜欢冒险的	0.45%	不受欢迎 (0.30%)	尖酸刻薄的	0.30%
	有个人兴趣的	2.38%			
	有活力的	10.27%			
	有胆量的	2.23%			
	快乐的	6.40%			
	健康的	4.32%			
	工作卖力的	3.57%			
	灵敏的	1.49%			
	注重健康的	3.72%			
	有主见的	2.83%			
	有自信的	0.74%			
完美耄耋 (23.21%)	有智慧的	6.99%	不健康 (7.29%)	行动缓慢的	1.93%
	值得信任的	8.48%		生病的	1.64%
	经验丰富的	6.85%		虚弱的	2.83%
	友好的	0.89%		退化的	0.89%
总计 92.26%			总计 7.74%		

研究问题五关心的是：男性老人与女性老人刻板印象有何异同？由表3可知，性别与刻板印象分布频率呈显著性差异，$X2(5, N = 394) = 37.74$，$p = .000$，Cramer's V $=.32$。男性老人最常被描绘成主动积极(42.02%)，其次是传统典型(27.73%)，第三是完美耄耋(23.53%)的刻板印象。女性老人则最常被再现成传统典型(50.64%)，其次是主动积极(35.90%)，第三是不健康的(7.69%)。由此可知，广告中的男性与女性老人的刻板印象虽然都偏向正面的描绘，但是相较于男性老人，女性老人的刻板印象是较有限且负面的呈现，例如较常被形塑成传统典型和不健康的。

表3 性别与刻板印象交叉分析

刻板印象 性别	传统典型	主动积极	完美耄耋	孤独沮丧	不受欢迎	不健康的	总和
男性	66 (27.73%)	100 (42.02%)	56 (23.53%)	1 (0.42%)	1 (0.42%)	14 (5.88%)	238 (100%)
女性	79 (50.64%)	56 (35.90%)	7 (0.49%)	0 (0%)	2 (1.28%)	12 (7.69%)	156 (100%)
总和	145	156	63	1	3	26	394

$Chi-Square = 37.74, df = 5, ***p = .000$

5. 老人出现在各类型商品之频率与其所代言之商品类型

研究问题六关心的是：老人角色最常出现的商品类别是什么及其所代言的商品是什么？表4显示：老人角色最常出现在食物与饮料类商品(28.9%)，医疗保健类(28.4%)次之，服务类商品居第三(14.0%)；而最不常出现在游憩休闲类(1.0%)、交通工具类(0.5%)等广告中。接着，进一步检视老人角色重要性与代言商品类别可知，角色重要性与商品类型分布频率有显著性差异，$X2(24, N=200) = 128.57, p = .000$。老人角色最常代言的商品为医疗保健类(35.5%)，食物及饮料类商品次之(30.5%)，而老人最不常代言的是游憩休闲(1%)和电子用品(0%)类商品。最后，以性别来说，男性老人代言的商品种类比女性老人代言的商品种类更多样化。所有类别的商品广告几乎都有以男性老人为主角代言的情况；而以女性老人为主角代言的商品则局限于医疗保健类(45.9%)和食物及饮料类(33.8%)。在交通工具类、服饰家饰类、游憩休闲类和政令宣导类等四类电视广告中则完全看不到女性老人代言的商品或服务。

表4 年龄与产品类别分析

年龄 商品类别	孩童 (0-12岁)	青少年 (13-19岁)	成年人 (20-39岁)	中年人 (40-59岁)	老人 (60岁以上)	总和
1.交通工具类	14 (2.4%)	0 (0.0%)	77 (2.3%)	18 (2.0%)	2 (0.5%)	111 (2.1%)
2.食物饮料类	175 (29.7%)	26 (25.2%)	1010 (30.0%)	311 (34.9%)	114 (28.9%)	1636 (30.6%)
3.服务类	74 (12.6%)	0 (.0%)	352 (10.5%)	80 (9.0%)	55 (14.0%)	561 (10.5%)
4.家电类	31 (5.3%)	12 (11.7%)	67 (2.0%)	21 (2.4%)	18 (4.6%)	149 (2.8%)

续表

商品类别 \ 年龄	孩童 (0-12岁)	青少年 (13-19岁)	成年人 (20-39岁)	中年人 (40-59岁)	老人 (60岁以上)	总和
5.医疗保健类	51 (8.7%)	9 (8.7%)	550 (16.4%)	241 (27.0%)	112 (28.4%)	963 (18.0%)
6.电子用品类	46 (7.8%)	8 (7.8%)	135 (4.0%)	10 (1.1%)	11 (2.8%)	210 (3.9%)
7.服饰家饰类	32 (5.4%)	7 (6.8%)	226 (6.7%)	20 (2.2%)	27 (6.9%)	312 (5.8%)
8.卫生清洁用品	67 (11.4%)	1 (1.0%)	216 (6.4%)	48 (5.4%)	11 (2.8%)	343 (6.4%)
9.化妆品类	4 (0.7%)	0 (0%)	415 (12.3%)	48 (5.4%)	11 (2.8%)	478 (9.0%)
10.游憩休闲	30 (5.1%)	12 (11.7%)	163 (4.8%)	4 (0.4%)	4 (1.0%)	213 (4.0%)
11.政令宣导	23 (3.9%)	4 (3.9%)	69 (2.1%)	41 (4.6%)	7 (1.8%)	144 (2.7%)
12.杂货量贩	3 (0.5%)	0 (0%)	24 (0.7%)	13 (1.5%)	5 (1.3%)	45 (0.8%)
13.公益广告	5 (0.8%)	24 (23.3%)	2 (0.1%)	0 (0%)	0 (0%)	31 (0.6%)
14.其他类	34 (5.8%)	0 (0%)	56 (1.7%)	37 (4.1%)	17 (4.3%)	144 (2.7%)
总和	589 (100%)	103 (100%)	3362 (100%)	892 (100%)	394 (100%)	5340 (100%)

五、讨论与建议

1.研究发现与讨论

经过综合比较,本研究发现台湾广告中的老人角色与既有研究结果呈现些许相同与差异。相同的是,台湾电视广告中的老人角色是低度再现的,且充满性别化的刻板印象。不同的是,台湾老人常被委以主要角色,且被形塑成相当正面的刻板印象。本研究主要发现如下:

(1)和既有的研究发现一致,台湾电视广告中老人角色的出现频率(7.4%)远低于成年人(63%)、中年人(16.7%)和孩童族群(11%)。而且,老人角色无论是出现频率还是性别比率皆未充分反映这类族群在实际总人口中所占的比率。以出现频率来说,广告中老人出现的频率(7.4%)远低于总老年人口比率(10.74%)。再以性别来看,根据"内政部"《2010年统计年报》(见 http://sowf.moi.gov.tw/stat/year/list.htm)的男、女老人比率(48.74%;51.26%)可知,电视广告中再现男性老人角色的频率(60.40%)是过高的,而女性老人(39.60%)则是过低的。换言之,虽然女性老人的真实人口结构比率高于男性老人,但是电视广告中的女性老人角色出现频率却明显低于男性老人。以角色出现频率作为社会实践中权力或重要性指标可知,如此性别不对等比率的再现充分反映出男性老人比女性老人在台湾社会里拥有较多的权力,且占有较高的社会地位。

(2)虽然广告中的老人角色是低度再现,但是却常扮演重要的主要角色。相较于其他年龄层的角色,只要广告中有两个老人出现,就有一人是担任主角的(50.75%)。这截然不同于美国的电视广告(Miller, Leyell & Mazachek, 2004; Robinson & Skill, 1995)、日间连续剧(Cassata & Irwin, 1997)、电视动画(Robinson & Anderson, 2007)和迪士尼电影(Robinson, Callister, Magoffin & Moore, 2007)普遍将老人委以对故事情节不具重要性、不具影响力的背景角色或是点缀性的角色的做法。换言之,台湾广告中的老人角色对广告剧情是具实质影响力的主要角色。这也呼应了Lien et al. (2009)针对台湾连续剧的研究结果。亦即,老人角色曝光率虽低,但对剧情发展具有一定的影响力。这样正面的老人角色再现,不只反映了传统文化尊敬老人(例如孝顺、敬老)的既定印象与期待,也似乎反映了广告主嗅出了老年人口在消费市场的潜在商机。

(3)本研究支持老人在电视广告中的负面刻板印象已逐渐被正面的刻板印象所取代的论点,但是性别刻板印象却还是反复地在广告中被建构。出现在台湾电视广告中的老人大都是以家庭为重的、有活力的、值得信任的、有智慧的、保守的、经验丰富的、快乐的,只有很少数的老人是虚弱的、行动缓慢的或是不健康的。也就是说,台湾广告普遍将老人角色形塑成相当正面的刻板形象:一是有活力的、快乐的和健康的主动积极型老人;二是以家庭为重的、保守的和容易满足的传统典型老人;三是值得信任的、有智慧的和经验丰富的完美耄耋型老人。而只有少数老人是不健康的老人。进而检视性别则发现,女性老人最常被形塑成传统典型的老人;而男性老人则常被形塑成主动积极型的老人。这也间接呼应了社会文化层面与个人认知系统的性别角色分工的刻板印象。换言之,女性普遍被形塑成以家庭为重、具有情感特征的家庭主妇(传统女性);而男性则被形塑成具有成就取向特质、高社会地位、有能力的、具冒险性的智力特征的职场工作者。

(4)广告角色的年龄及性别差异复制社会文化的年龄及性别的刻板印象。和既有的研究发现一致,台湾老人最常出现于低价位(例如食物及饮料类、医疗保健类)的商品广告中;而最不常出现于高价位(例如交通工具类、休憩娱乐类)商品中(Atkins, Jenkins & Perkins,1991;Zhang,Song & Carver,2008)。老人因身体退化而多代言医疗保健类商品,较不常代言游憩休闲、电子产品等活力或科技导向的商品。相对的,年轻族群则多代言食物及饮料类商品、化妆品类的商品。比起男性老人的全方位代言,女性老人代言商品类型被局限于少数的商品,例如医疗保健类、食物及饮料类、化妆品类。

综合以上讨论,本研究发现台湾电视广告中老人的出现频率虽远低于其他较年轻族群,但是老人在广告中的形象却是相当正面的。老人正面形象再现的原因一方面可能源于社会文化传统中敬老与孝顺的习俗与观念;另一方面则可能是广告主发现了老人族群的潜在消费能力。如此一来,电视广告在商业逻辑运作下,透过表面上的老人正面形象再现排挤了负面形象的可能性,同时也将老人都塑造成主动积极的、容易满足的、值得信任的、有智慧的、经验丰富的、应该被尊重的形象。以涵化理论的观点来看,这样过度正面形象的再现与中华文化传统父权与敬老观念的交互影响下,虽然有助于提升社会大众对老人族群正面的认知与期望,但也可能造成老人阅听众对自己所属老人族群的认知假象。此认知假象就是老人不论其个人成就或特质,只要伴随着年龄的增长,就自然晋升为社会中的权力阶级,并成为社会中被尊敬的族群。换句话说,在长期观看电视的过程中,老人族群可能将此过度正面刻板印象内化成自我对年龄的价值与认知,认为自己是社会中的权力阶级并应受到较年轻族群的尊重。但是值得注意的是,若老人这一自我认同无法在现实生活中得到实践,则可能发生自我认知不协调,进而影响到老人族群的心理及生理健康。

另外,本研究发现台湾电视广告不只是传递中华文化传统的敬老意识,也再现刻板化的性别影像。换言之,台湾电视广告中的老人角色并不因科技发展、教育提升、经济形态改变或是政治体系转型而有多样化的呈现,鼓励女性以家庭为重的传统观念仍然盛行。相较于男性老人,女性老人无论在出现频率、担任角色的重要性或是刻板印象上皆处于较不利的地位。从"内政部"《2010年统计年报》中的男、女老人人口比率(48.74%;51.26%)和电视中男、女老人角色出现频率(60.40%;39.60%)来看,电视广告再现的女性老人角色是严重扭曲的。除了曝光率严重不足外,女性老人更常被形塑成以家庭为重和具情感特征的传统家庭主妇形象。相较于具有成就取向特质、高社会地位、有能力的、具冒险性的或智力特征的职场工作者的男性老人形象,台湾电视广告呈现、复制不利于女性老人的性别形象。也就是说,台湾电视广告不鼓励女性老人挑战传统性别观点,而大力灌输女性以家为重的传统价值,不必为自己争取权利或独立自主,甚至没有必要挑战父权思想。在这样的脉络下,电视广告成为传递文化性别刻板印象的意识形态工具,不断传递传统妇女的规范与意识形态,在潜移默化中教导女性成为贤妻良母以建立美满的家庭。这阻碍了对传统性别意识的挑战。

2.建议

本研究使用内容分析法,试图描绘电视广告中老人角色的再现情况,聚焦于出现频率、角色重要性、刻板印象及代言商品种类等变项,未针对其他变项(例如文化价值、场景或镜面)进行分析。后续研究建议将这些变项纳入分析,以获得更全面的老人形象。

另外,广告对白对广告印象的形成与阅听人的认知扮演着重要的角色。亦即,广告角色间的互动与叙事结构对广告整体印象的影响甚巨。因此建议后续研究应针对广告对白进行分析,探讨广告诉求与老人形象间的关联性。

未来还可针对不同媒介类型中的老人角色进行研究,例如电视购物、广播工商服务、平面广告等。或是,以不同研究取向(实验法或问卷调查法)探讨各类型广告对个别阅听人的影响。这是广告再现老人族群与阅听人对老人族群的认知的相关研究值得探讨的方向。

参考文献:

"内政部":《2010年统计年报》,http://sowf.moi.gov.tw/stat/year/list.htm

周君兰:《电视收视与价值认同感之关联性分析——以〈飞龙在天〉为例》,华南大学传播管理学研究所2002年硕士论文。

李良哲:《成年人对中、老年人生活经验、人格特质的知觉印象》,《"国立"政治大学学报》1996年第78期。

李美枝:《性别与角色析论》,《本土心理学研究》1996年第6期。

陈肇男:《台湾老人休闲生活与生活品质》,《人口学刊》2003年第26期。

雷庚玲、江美莹、杨品凤:《"孝道困境"之重新分类及"消解模式"中动机与后果之分野:以电视连续剧中之亲子互动为例》,《中华心理学刊》2001年第40期。

蔡琰、臧国仁:《老人观众与电视剧:从老人之定义到人格心理学对阅听人研究的启示》,《中华传播学刊》2003年第3期。

刘永芷:《老人的收视行为与电视中老人角色之分析研究》,辅仁大学大众传播研究所1987年硕士论文。

Anderson, D. R., Collins, P. A., Schmitt, K. L. & Jacobvitz, R. S (1996). "Stressful Life Events and Television Viewing" [J]. *Communication Research*, (23), 243-260.

Armstrong, G., Neuendorf, K. & Brentar, J (1992). "TV Entertainment, News, and Racial Perceptions of College Students" [J]. *Journal of Communication*, (42), 153-176.

Aronoff, C (1974). "Old Age in Prime Time" [J]. *Journal of communication*, (24), 86-87.

Atkins, T. V., Jenkins, M. C. & Perkins, M. H (1991). "Portrayals of Persons in Television Commercials Age 50 and Older" [J]. *Psychology: A Journal of Human Behavior*, (28), 30-37.

Babbie, E (2004). *The Practice of Social Research* (10th ed.) [M]. Wadsworth.

Bliese, N. W (1982). "Media in the Rocking Chair: Media Uses and Functions Among the Elderly". In G. Gumpert & R. Cathcart (Eds.), *Intermedia: Interpersonal Communication in a Media World* [M]. New York: Oxford University Press.

Cassata, M. & Irwin, B. J (1997). "Young by Day: The Older Person on Daytime Serial Drama. In Al-Deen Noor & S. Hana (Eds.), *Cross-cultural Communication and Aging in the United States* [M]. Mahwah, NJ: Lawrence Erlbaum.

Centerwall, B. S (1995). "Television and Violent Crime". In R. L. DelCampo & D. S. DelCampo (Eds.), *Taking Sides: Clashing Views on Controversial Issues in Childhood and Society* [M]. Guilford, CT.: Dushkin.

Cheng, H., & Schweitzer, J. C (1996). "Cultural Values Reflected in Chinese and U. S. Television Commercials" [J]. *Journal of Advertising Research*, (36), 27-45.

Connell, C. M. & Crawford, C. O (1988). "How People Obtain Their Health Information: A Survey in Two Pennsylvania Counties" [J]. *Public Health Report*, 103(2), 189-195.

Donnerstein, E., Slaby, R. G. & Eron, L (1994). "The Mass Media and Youth Aggression". In: L. D. Eron, J. H. Gentry & P. Schlegel (Eds.). *Reason to Hope: A Psychological Perspective on Violence and Youth* [M]. Washington, D. C.: American Psychological Association.

Elliott, J (1984). "The Daytime Television Drama Portrayal of Older Adults" [J]. *The Gerontologist*, (24), 628-633, 1984

Ford, T (1997). "Effects of Stereotypical Television Portrayals of African-Americans on Person Perception" [J]. *Social Psychology Quarterly*, (60), 266-275.

Gerbner, G., Gross, L., Morgan, M., Signorielli, N (1980). "The 'Mainstreaming' of America: Violence Profile No. 11" [J]. *Journal of Communication*, (30), 10-29,.

Gerbner, G., Gross, L., Morgan, M., Signorielli, N. & Shanahan, J (2002). "Growing up with Television: Cultivation Processes". In J. Bryant, & D. Zillmann (Eds.) [M], *Media Effects: Advances in Theory and Research*. Lawrence Erlbaum, New Jersey.

Gerbner, G., Gross, L., Signorielli, N. & Morgan, M (1980). "Aging with Television: Images on Television Drama and Conceptions of Social Reality" [J]. *Journal of Communication*, (30), 37–48.

Goodwin, P. E., Intrieri, R. C. & Papini, D. R (2005). "Older Adults' Affect While Watching Television" [J]. *Activities, Adaptation & Aging*, 29(2), 55–72.

Harwood, J (2002). "Sharp!" Lurking Incoherence in a Television Portrayal of an Older Adult [J]. *Journal of Language and Social Psychology*, (19), 110–140.

Harwood, J. & Anderson, K (2002). "The Presence and Portrayal of Social Groups on Prime-time Television" [J]. *Communication Reports*, (15), 81–97.

Harwood, J. & Giles, H (1992). "'Don't make me laugh': Age Representations in a Humorous Context" [J]. *Discourse & Society*, (3), 403–436.

Harwood, J. & Roy, A (1999). "The Portrayal of Older Adults in Indian and U.S. Magazine Advertisements" [J]. *The Howard Journal of Communications*, (10), 269–280.

Horgas, A. L., Wilms, H. U. & Baltes, M. M (1998). "Daily Life in Very Old Age: Everyday Activities as Expression of Successful Living" [J]. *The Gerontologist*, (38), 556–568.

Hummert, M. L., Garstka, T. A., Shaner, J. L. & Strahm, S (1994). "Stereotypes of the Elderly Held by Young, Middle-aged, and Elderly Adults" [J]. *Journal of Gerontology: Psychological Sciences*, (49), 240–249.

Isaacs, L. W., & Bearison, D. J (1986). "The Development of Children's Prejudice Against the Aged" [J]. *International Journal of Aging and Human Development*, (23), 175–194.

Kirkcaldy, B. D., Siefen, G. R., Urkin, J. & Merrick, J (2006). "Risk Factors for Suicidal Behavior in Adolescents" [M]. *Minerva Pediatrica*, (58), 443–450.

Korzenny, F. (1980) "Television Viewing and Self-concept of the Elderly" [J]. *Journal of Communication*, (30), 71–80.

Lee, M. M., Carpenter, B. & Meyers, L. S (2007). "Representations of Older Adults in Television Advertisement" [J]. *Journal of Aging Studies*, (21), 23–30.

Lien, S-C., Zhang, Y. B. & Hummert, M. L (2009). "Older Adults in Prime-time Television Dramas in Taiwan: Prevalence, Portrayal, and Communication Interaction" [J]. *Journal of Cross-Cultural Gerontology*, 24(4), 355–37.

Lin, C. A (2001). "Cultural Values Reflected in Chinese and American Television

Advertising"[J].*Journal of Advertising*,(30),83-94.

Mares,M-L. & Woodard IV,E.H(2006)."In Search of the Older Audience: Adult Age Differences in Television Viewing"[J].*Journal of Broadcasting & Electronic Media*,50(4),595-614.

Miller,D.W.,Leyell,T.S. & Mazachek,J(2004)."Stereotypes of Elderly in U.S.Television Commercial from the 1950's to the 1990's"[J].*International Journal of Aging & Human Development*,(58),315-340.

Neuendorf,K.A(2002).*The Content Analysis Guidebook*[M].Sage.

Nguyen,G.T.,Wittink,M.N.,Murray,G.F. & Barg,F.K(2008)."More than Just a Communication Medium:What Older Adults Say about Television and Depress"[J].*The Gerontologist*,48(3),300-310.

Northcott,H.C(1975)."Too Young,Too Old-Age in the World of Television"[J].*The Gerontologist*,(15),184-186.

Paik,H.& Comstock,G(1994)."The Effects of Television Violence on Antisocial Behavior —a meta-analysis"[J].*Communication Research*,21(4),516-546.

Petersen,M(1973)."The Visibility and Image of Old People on Television"[J].*Journalism Quarterly*,(50),569-573.

Potts,R.,& Sanchez,D(1994)."Television Viewing and Depression—No News is Good News"[J].*Journal of Broadcasting and Electronic Media*,(38),79-90.

Robinson,J.D.,& Skill,T(1995)."The Invisible Generation: Portrayals of the Elderly on Prime-time Television"[J].*Communication Reports*,(8),111-119.

Robinson,T & Anderson,C(2006)."Older Characters in Children's Animated Programs:A Content Analysis of Their Portrayal"[J].*Journal of Broadcasting & Electronic Media*,50(2),287-304.

Robinson,T.,Callister,M.,Magoffin,D.,& Moore,J(2007)."The Portrayal of Older Characters in Disney Animated Films"[J].*Journal of Aging Studies*,21(3),203-213.

Roy,A. & Harwood,J(1997)."Underrepresented,Positively Portrayed: Older Adults in Television Commercials"[J].*Journal of Applied Communication Research*,(25),39-56.

Sidney,S.,Sternfeld,B.,Haskell,W.L.,Jacobs,D.R.,Jr.,Chesney,M.A. & Hulley,S.B (1996)."Television Viewing and Cardiovascular Risk Factors in Young Adults: The CARDIA study"[J].*Annals of Epidemiology*,(6),154-159.

Signorielli,N(2001)."Aging on Television: The Picture in the Nineties"[J].*Generations*,

(25),34-38.

Signorielli, N (2004). "Aging on Television: Messages Relating to Gender, Race, and Occupation in Prime Time"[J]. *Journal of Broadcasting & Electronic Media*, (48), 279-301.

Sung, K-T (2001). "Elder Respect: Exploration of Ideals and Forms in East Asia"[J]. *Journal of Aging Studies*, (15), 13-26.

Vernon, J. A., Williams, J. A., Phillips, T. & Wilson, J (1990). "Media Stereotyping: A Comparison of the Way Elderly Women and Men are Portrayed on Prime-time Television"[J]. *Journal of Women & Aging*, (2), 55-68.

Zhang, Y. B. & Harwood, J (2004). "Modernization and Tradition in an Age of Globalization: Cultural Values in Chinese Television Commercials"[J]. *Journal of Communication*, (54), 156-172.

Zhang, Y. B., Hummert, M. L., & Garstka, T. A (2002). "Stereotype Traits of Older Adults Generated by Young, Middle-aged, and Older Chinese Participants"[J]. *Hallym International Journal of Aging*, (4), 119-140.

Zhang, Y. B., Song, Y., & Carver, L. J (2008). "Cultural Values and Aging in Chinese Television Commercials"[J]. *Journal of Asian Pacific Communication*, (18), 209-224.

〔连淑锦,"国立"台湾艺术大学广播电视学系副教授；
Yan Bing Zhang,美国堪萨斯大学传播系副教授〕

企业危机公关给媒体批评性报道带来的风险
The Damage from the Businesses' Crisis Management to Media Criticism

◎ 李爱晖

Li Aihu

摘要：在批评性报道中，媒体与企业形成了一种二元对立的关系。媒体的批评往往使企业陷入危机，企业则会竭力实施一系列公关举措重塑产品口碑和组织形象，重新获得社会谅解与接受。危机公关使企业转危为安的同时，也容易产生伤害报道媒体的附加效应，尤其是在争议性危机公关和攻击性危机公关中显得更为突出。论文运用个案研究的方法，对"农夫山泉VS京华时报"事件展开跟踪，剖析农夫山泉股份有限公司的危机公关行为和策略以及如何导致《京华时报》陷入媒体公信力和美誉度受损的困境，阐明面对企业公关意识和议程设置能力不断强化的趋势，媒体应该保持清醒的认知并提高理性应对的智慧，避免重蹈《京华时报》的覆辙。

关键词：农夫山泉，《京华时报》，标准门，危机公关

Abstract: Critical headlines bring the media to the binary opposing side to the businesses. Criticism in the media often brings the related businesses public relations crisis. When the businesses try to rebuild the reputation and reconcile with the public, their actions may bring damage to the reporting media. It is especially obvious and serious in controversial and aggressive public crisis managements. Using the case study method on the incident of "Nongfu Spring VS *Beijing Times*", the author analyzes the the strategy and the behaviour of the Nongfu Spring Company and how their actions brought damage to the credibility and the reputation of *Beijing Times*. The author concludes that in a time of the businesses are in a tremendous trend to have better awareness of public relations and improving their agenda setting ability, the media should have a clear awareness and improve the rational approach of wisdom, to avoid the damage from "Nongfu Spring VS *Beijing Times*" from happening again.

Keywords: Nongfu Spring, *Jinghua Times*, standard gate, public relations in crisis

危机公关是处于危困的企业通过实施一系列应对措施从而转危为安,重塑企业组织形象,重新获得社会谅解与接受的过程。在高风险社会,危机时有发生,而危机公关在很大程度上不仅能为企业化解危困,有时还会演变为新的发展契机,所以当代企业非常重视危机公关,往往将之提升到战略的高度,许多企业不仅在企业内部设有公关宣传部门,还会重金聘请专业的公关公司为其出谋划策。在近几年发生的许多商战案例中,都活跃着公关公司的身影。

　　综观各种各类的企业危机,似乎都与媒体紧密相关,"危机"的爆发大多因为媒体的批评报道。从众多的案例中可以看到这样一条轨迹:消费者投诉→媒体批评报道→引发企业危机。对于媒体而言,"监察社会"是其天然使命,在公众利益和公共安全受到危害时,媒体有权利有义务及时发出预警并进行舆论监督。如此看来,报道媒体与被报道企业无形之中就被搁置在两个对立面,而企业的危机公关则极有可能会使报道媒体处于风险状态,本文以《京华时报》的批评性报道和农夫山泉的危机公关为例进行剖析。

一、《京华时报》对农夫山泉的批评性报道

　　从 2013 年 3 月 14 日始,21 世纪网推出了引发农夫山泉"质量门"的一系列报道,连续刊载《农夫山泉有点悬:水中现黑色不明物,5 年来屡被投诉》、《农夫山泉回应公告撒谎,黑色不明物依旧是谜》、《农夫山泉丹江口水源地上演"垃圾围城"水质堪忧》、《农夫山泉水源地调查二:藏污纳垢或因选址不佳》等文章,将农夫山泉的水质问题推至风口浪尖。尤其是丹江口水源地的调查性报道,被包括广播、电视、报纸、网络在内的众多媒体加以转载,引发消费者对农夫山泉水质的担忧。4 月 8 日,21 世纪网再次发表《农夫山泉自订产品标准,允许霉菌存在》,对农夫山泉的生产标准提出批评,成为农夫山泉"标准门"的始作俑者。针对 21 世纪网的系列报道,农夫山泉通过官方微博指出是竞争对手的蓄意策划。4 月 10 日,《京华时报》接棒,在第 48 版以约 1/2 版的篇幅刊登《农夫山泉被指标准不如自来水》,并在此后近一个月的时间里持续报道和评论,成为使农夫山泉陷入"标准门"的主要推动者,引发公众对农夫山泉标准问题高度关注的同时,导致了农夫山泉规模空前的带有攻击性的危机公关,形成企业与媒体的"战争"。

　　对《京华时报》电子版进行数据统计可以发现,从 4 月 10 日开始关注标准问题到

5月7日最后一次报道,共计约34个版面篇幅。① 报道呈现出3个高峰时段,分别是4月15日至20日,5月3日至4日,5月6日至7日,其他时间的报道所用版面篇幅均不到1个,4月28日至5月2日为0,全程报道动态如图1所示。

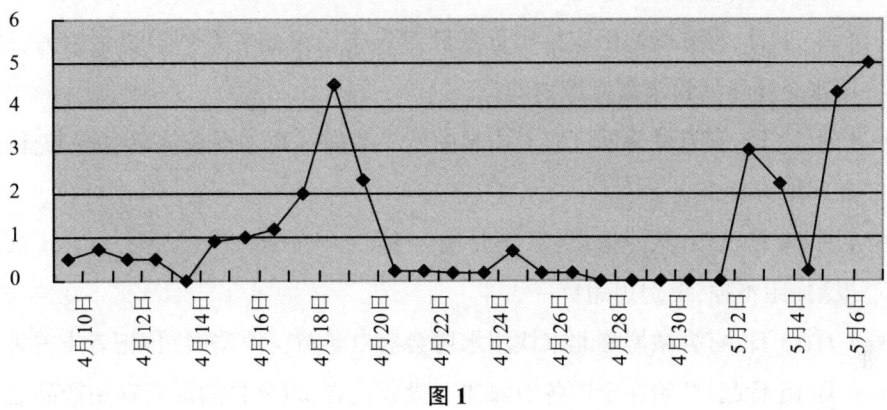

图1

《京华时报》在报道"标准门"的前5天里,只是进行了持续关注,并没有形成重点报道。除4月11日在第3版配发评论外,其他时间的报道均放在位置靠后、影响力并不大的"财经财富"上。每天版面篇幅均不到1个。农夫山泉始终通过官方微博强调其产品品质过硬,指责《京华时报》的报道为"信口开河"。这些指责似乎激怒了《京华时报》,又由于农夫山泉与另一家水生产企业华润怡宝发生纷争并被华润怡宝及一位消费者告上法庭等新闻事件相继发生,从4月15日开始,《京华时报》在5天的时间里集合了强势火力,形成第1个报道高峰。4月28日至5月2日停止报道。5月3日至4日,由于国家卫生计生委下发《关于开展食品地方标准清理工作的通知》,北京市桶装饮用水销售行业协会下发《关于建议北京市桶装饮用水行业销售企业对"农夫山泉"品牌桶装水进行下架处理的通知》,《京华时报》展开追踪报道,形成第2个报道高峰。5月6日至7日,由于农夫山泉在北京召开新闻发布会,《京华时报》报道了最新进展,全面回顾了"质量门"始末以及相关媒体的声音,并发表评论。这形成了第3个报道高峰。

综观《京华时报》对农夫山泉"质量门"的报道,正是由于一系列相关当事主体的相继介入和相关事件的发生,才使得持续报道成为可能。在这些推动力量中,最主要

---

① 由于有的版面只是标题导读,有的版面只有寥寥数字,不能一律以一个整版来计算,因此采用"版面篇幅"这一计数单位。如有的报道占1/2个版,有的报道占1/4个版,那么版面篇幅就是这二者之和,即3/4个版面篇幅。

的还是来自农夫山泉:最初把矛头引向其他企业,接着开始指责和谩骂报道媒体,并且在全国各地刊登攻击性公告,然后召开新闻发布会强烈谴责,使"发布会"变成"批斗会"和"口水仗"。正是农夫山泉一步步强硬、激烈的措施,与其他事件和主体共同推动了《京华时报》的连续报道。

农夫山泉主要应对内容摘要:

- 4月11日,官方微博回应指出近期针对农夫山泉的一系列报道是由另一家饮用水企业华润怡宝蓄意策划的。
- 4月12日,官方微博回应农夫山泉的产品品质远高于现在的国家标准、行业标准和地方标准。
- 4月14日,官方微博指责《京华时报》"信口开河的时代已经过去了,《京华时报》你跑不掉,也别想跑!"
- 4月15日,官方微博称北京饮用水协会信口雌黄,《京华时报》记者未曾采访。
- 4月16日起,开始在全国各地媒体上投放广告,以公告的形式宣扬产品品质并强烈谴责《京华时报》"报道不严谨、不科学","不仅无知,而且强词夺理","置事实于不顾,颠倒黑白","信口雌黄,成见在心","缺失新闻道德良心",等等。
- 5月6日,在北京召开新闻发布会,与《京华时报》大打口水仗。

在新浪网、人民网、中广网以及百度搜索引擎,以关键词"农夫山泉"进行搜索发现,《京华时报》4月10日刊载的《农夫山泉被指标准不如自来水》这篇文章并没有多大影响,其他媒体的大量跟进报道开始于4月12日,新闻由头是农夫山泉通过官方微博回应近期针对农夫山泉的一系列报道是华润怡宝蓄意策划的,并与华润怡宝通过微博隔空对仗。4月15日,随着怡宝和另一位消费者将农夫山泉告上法庭、农夫山泉在官方微博发表更加激烈的言辞以及《京华时报》进入第一个报道高峰,各路媒体散乱的议程集中向"标准"靠拢,持续发酵延续到19日。"4·20"芦山地震爆发,媒体迅速转移视线,对"标准门"的探讨渐渐走弱直至消失。5月3日,由于《京华时报》再次报道农夫山泉在北京被下架,随后媒体的集体议程重新回到农夫山泉"标准门"。5月6日农夫山泉在北京召开新闻发布会并且与《京华时报》记者激辩,"媒企对质"进入媒体的集体议程。由此可见《京华时报》对农夫山泉"质量门"的追踪报道发挥了议程设置的作用,并且在一定程度上影响了其他媒体的议程。但是在北京新闻发布会上,《京华时报》却陷入了与农夫山泉大打"口水仗"的旋涡,而且在发布会之后其报道动机、报道水准、记者的表现也成了舆论热点,舆论格局开始朝着不利于《京华时报》的方向转化。是什么导致了这种大逆转?寻着这一思路,农夫山泉的公关策略颇为耐人寻味。

二、农夫山泉的公关路径

从时间发展的纵轴上看概览,农夫山泉的整个公关路径非常明晰,其思路和策略亦很明显。

(一)避重就轻,采取"争议式"公关策略,消除刻板成见

一连经过了"虫卵门"、"试纸门"、"质量门"等系列事件之后的农夫山泉针对4月10日《京华时报》的报道,选择与"达芬奇的哭泣"截然不同的强势的公关策略,制造"争议",将矛头指向竞争对手华润怡宝的幕后蓄意策划,并与之隔空对战。这在一定程度上将媒体和公众的注意力转向二者之间的宿怨,但是并没有博得同情和认可,媒体反而追溯农夫山泉此前在与娃哈哈、乐百氏、康师傅等同行竞争中使用过的不正当竞争手段。21世纪网也当即发表声明指出"农夫山泉并未正视自身存在的问题,不仅未查明黑色悬浮不明物究竟为何物,还以竞争对手蓄意谋划操纵负面报道来为自己开脱,对21世纪网蓄意抹黑"。农夫山泉越过21世纪网的针对性声明,避开报道"质量门"的21世纪网几次三番的主动出击,而选择在公说公有理婆、说婆有理,标准制订混乱而且让消费者看起来无关痛痒的"标准门"展开决战,将矛头对准《京华时报》,通过官方微博斥责其"无知"、"强词夺理"、"信口雌黄"、"使消费者迷失方向"。从4月16日起农夫山泉在各地媒体上投放大量广告,刊登水质检测报告和攻击性言辞,最后选择5月6日在北京召开新闻发布会,与《京华时报》记者在发布会现场大打口水仗,将"争议"推至巅峰。这种强势的"争议性"、"攻击性"公关策略虽然有较高的风险,如果控制不好,将会累及企业本身,但是对农夫山泉来讲却极为有利。首先,农夫山泉的董事长钟睒睒是媒体人出身,比较了解媒体的习性和运作方式。农夫山泉对这一策略也驾轻就熟,浙江工业大学人文学院教授张雷(2013)认为农夫山泉曾成功使用过一系列的"争议性"公关策略,最后成为行业销售冠军。其次,农夫山泉已经有一系列丑闻在身,除"砒霜门"得到过政府部门澄清之外,对于"虫卵门"、"试纸门"、"质量门"农夫山泉都没有很好地处理,农夫山泉的品质已经在消费者心里蒙上了巨大阴影。农夫山泉通过制造"争议",一方面可以修正消费者已然形成的不利于农夫山泉品牌形象的刻板成见;另一方面将矛头指向商业阴谋和媒体的刻意打压,给消费者较多的想象空间,并能在一定程度上博取同情。

(二)借助网络媒体,发挥水军力量,制造有利舆论

与以往企业危机公关的策略不同,农夫山泉这一次将舆论主战场放在了网络媒体

上,而在传统媒体上通过投放广告的方式宣称产品质量过硬,并出言攻击《京华时报》,配合网络形成对《京华时报》的立体合围。早在21世纪网将农夫山泉推向"质量门"的关口时,记者们就发现很难联系上公司负责媒体宣传的工作人员,始终得不到正面回应。《京华时报》发表第一篇有关农夫山泉的批评性报道之前,发过去的采访提纲同样也没有得到回复。而其他媒体对"标准门"进行追踪时,同样也吃到了闭门羹。媒体想知道农夫山泉的答复和态度只能看其官方微博。从一开始农夫山泉就把媒体与公众的视线聚拢到了网络媒体,使得网络成为第一信源。而毋庸讳言,当前网络是一个相对更容易控制,信息鱼龙混杂,真假难辨,真伪不明,缺乏自律和监管困难的媒体平台。这里还潜伏着成千上万随时准备作战的水军。在对抗《京华时报》的舆论监督中,农夫山泉明显采用了"水军战术",制造有利于农夫山泉的舆论假象,形成虚假民意,影响公众视听。关于这点多个媒体记者和微博博主都有提到。譬如新浪微博用户马庆云因发表《不明真相前请向农夫山泉说不》遭到农夫山泉的水军攻击,随后他指责农夫山泉在微博上雇佣成千上万的只会谩骂的水军,是"此地无银三百两"。拥有87万多粉丝的新浪名博"五岳散人",一直关注农夫山泉"标准门"事件,并且对农夫山泉持同情态度,但受邀参加农夫山泉在北京的新闻发布会后,他在微博上指责农夫山泉不加掩饰的水军战术令人难以接受。在某网"微话题"栏目中发起的"农夫山泉VS《京华时报》,你支持哪一方"的调查,截至5月16日,在所有的投票中,显示只有一票是投给《京华时报》的,并且这唯一的支持票的内容居然是辱骂《京华时报》的。

(三)召开新闻发布会,置报道媒体于被动局面,彻底扭转舆论形势

5月6日在北京召开的新闻发布会,成了农夫山泉彻底扭转舆论形势的关键一役。

首先,制造有情绪偏向的新闻发布会现场氛围,给《京华时报》记者强大的心理压力,使其自乱阵脚。在新闻发布会现场,农夫山泉董事长在用了近半个小时的时间强烈指责《京华时报》之后,一位男记者终于忍不住打断其发言,出言反驳,会场后排观众对其高喊"滚出去",并且立即有许多照相机、摄像机向《京华时报》记者围过来,现场一度骚乱,这种声势明显给《京华时报》记者造成了一定的心理干扰。接下来让他更蒙的事情发生了,钟睒睒的发言被给予多次掌声和叫好声之后他终于忍不住当场表示出困惑:"我理解不了,这会儿为什么有这么多掌声?"在新闻发布会现场,自称"来自浙江广电但代表自媒体出席"的微博博主向《京华时报》的记者提出质疑,以及自称是《中国食品报》的记者指责《京华时报》的报道"是同意不正当竞争行为",并质疑

"来源不准确,还有什么准确?"最后断定"你这个报道肯定不准确!"这两人话音刚落,现场便响起了掌声。无论这掌声是现场自发的,还是农夫山泉安排的,可以肯定的是,均会给《京华时报》记者带来巨大的心理压力,同时这种场效应也会发挥微妙的化学反应,影响在场的其他媒体记者,以及看到视频的公众。自称来自《中国食品报》的记者在第一次斥责没有得到《京华时报》的回应之后,第二次又情绪高昂地责问《京华时报》记者:"你敢保证没有猫腻吗?能经得起新闻出版总署的检查吗?"这种强烈的指责,不知道在场记者们作何感想,公众又会如何思考。无论如何,这些也许并不代表任何刻意选择性立场的话语,在大量的碎片化传播中容易让人形成《京华时报》的报道不专业、报道动机不纯等印象。

其次,在表达策略上,《京华时报》记者没有新意的提问、执着于无谓的纠缠、占据过多的时间、拿着话筒不放等表现很容易让人产生"蛮横"、"无理"的印象。那些得不到提问机会的记者多少有些愤愤不平,当即就有人表示不满。而钟睒睒的表现可谓令对手望尘莫及。辟如在指责《京华时报》使用"舆论暴力",开创了一家媒体批评一家企业的先河时,这样表达:"我们到现在才有机会到北京来说几句……(停顿),这是我们祖国的首都……(较长停顿,默然矗立,声音嘶哑,有些哽咽)自改革开放以来绝无仅有!"这种表达背后所蕴含的悲情在听者心中恣意流淌。在指责《京华时报》所发表的声明时说道:"《京华时报》没有权利在声明中自称是党的一家负责任的媒体,党是一个伟大光荣的整体,我们认为每一个单位不能借党的名义压制被批评者,压制平等对话的权利,压制任何一家公民企业。"这种暗合许多听者"先在结构"的巧妙表述,神奇地把对《京华时报》的指责进行了一次捆绑销售,达到了"随风潜入夜,润物细无声"的效果。对于现场有关"达能公司是否有意收购农夫山泉"的回答,钟睒睒语气坚决地肯定农夫山泉永远是中国的品牌,并且要把它推到世界的高峰。这样的话语策略在娃哈哈与达能的战争中出现过,在许多企业的广告宣传或危机公关中也都出现过。根据以往经验,这样的话语策略能在很大程度上激发听者的民族认同心理和情感,从而从民族品牌和国家复兴的高度上去重新思考问题。

这场新闻发布会,成为农夫山泉彻底扭转舆论形势的关键。深蓝财经联盟在新闻发布会结束时当即进行调查,27个财经记者有20个表示支持农夫山泉,有3个支持《京华时报》,有4个表示弃权。根据调查数据显示,在新闻发布会之后民意更多地偏向了农夫山泉,而之前却是选择更相信《京华时报》。

这场饱含公关技巧的新闻发布会本来应该是农夫山泉的独角戏,在"驴唇不对马嘴"的辩论中,变成了与《京华时报》的联袂演出;本来寻求真相的众媒体,在骚乱的现场变成了围观热闹的看客;本来应该释疑解惑、经受媒体拷问的农夫山泉,在与《京华时报》记者"八问八答"的激辩中轻松解脱;本来一直在舆论监督中发挥主力军作用的《京华时报》,在此后其他媒体的报道中变成了"砸场子"的。

(四)招募媒体与消费者参观,发动专家参与,重建良好企业形象

在北京召开新闻发布会后,农夫山泉开启了共同见证优质水源的"2013年见证之旅"。从5月9日开始,农夫山泉相继邀请来自全国各地的媒体和消费者前往浙江千岛湖生产基地探访水源和生产过程。现代化的设备、清洁的厂房、清澈的湖水,给参观者留下了良好印象。工作人员还在现场用试纸和仪器进行水质测试,显示呈弱碱性,这也在很大程度上消除了"试纸门"事件所带来的阴霾。

据媒体报道,5月12日中国食品杂志社组织多名专家学者和众多媒体记者组成调查组进入千岛湖进行实地调研,考察结果肯定了农夫山泉的水质合格,并且或隐或显地谴责了《京华时报》,认为媒体应该约束自己的权利,不能成为民族品牌成长的绊脚石。

在广东,农夫山泉招募媒体、消费者一起前往万绿湖生产基地,事后媒体在报道中这样描述他们的参观体验:"'这水真清呀,真有点甜咧','今天的能见度至少3米'等惊呼声不断。"(张璇,2013;郑海帆,2013)

在湖北,农夫山泉5月17日邀请湖北媒体记者前往丹江口生产基地,记者发出了这样的报道:"水库的水体清澈透亮,视力可见度近9米","测试发现,农夫山泉饮用天然水PH值为7.3,属于弱碱性水,适合长期饮用","而基地的出货仓门前满是工作人员,不停将货仓内整箱农夫山泉饮用天然水搬往各种大小型货车上"(王大千,2013)。

目前,农夫山泉的品牌广告也有选择地在主流媒体陆续投放。这一系列的危机公关举措,正在扭转农夫山泉的被动局面,树立良好的产品品牌形象和积极正面的企业形象。而特别值得关注的是,这一次农夫山泉把舆论主战场放在了传统媒体和主流媒体上,与对质《京华时报》时充分调动网络新媒体的方式恰恰相反。

三、《京华时报》受到的影响

尽管公关界专业人士对农夫山泉的公关策略褒贬不一,但是可以肯定的是,在此次应对"标准门"危机中,农夫山泉虽然颇费心机,花费巨大,也冒着巨大的风险,但是它成功地将媒体和公众的视线从"质量门"转移到了"标准门",并针对"标准门"制造

与媒体的对质,绝地反击,反败为胜,而且最后达到了"一石多鸟"的效果。目前社会舆论正朝着有利于农夫山泉的方向加速前进,农夫山泉自己也正在为塑造良好的企业形象而努力奔走。而对于公众而言,可以喝到质量更有保证的农夫山泉也是最好的结局。可是起初只是履行舆论监督职责的《京华时报》却受到重创,用"四面楚歌"来形容也许并不过分。

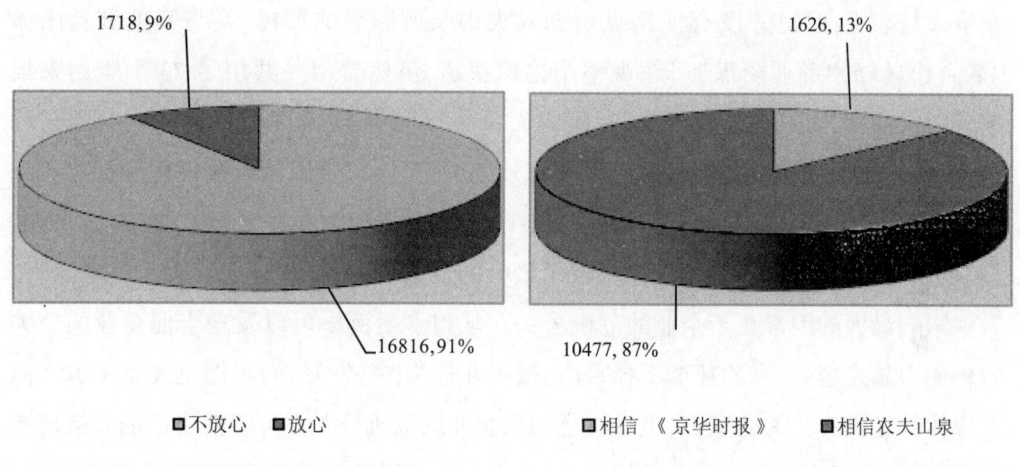

图2　4月14日调查:你对农夫山泉的水质放心吗？　　图3　5月11日调查:你到底相信谁？

以上是来源于人民网舆情频道的两组监测数据(纪新宇,2013)。从网民的投票变化中可以看出,《京华时报》的公信力遭到了严峻的挑战。"到底是在维护公众知情权、坚守媒体操守,还是如钟睒睒所言,是一起'舆论暴力'事件呢？"(纪新宇,2013)类似的批评和质疑之声不仅来自公众和媒体,不少新闻传播学者对《京华时报》的报道也展开了批评。有学者在《南方日报》上撰文,指出《京华时报》"不仅没有平衡地选择消息来源,而且没有充分地展示当事方的舆论回应,而是沉溺于大规模、高强度的倾向性报道"(麦尚文,2013;张艳丽,2013)。5月11日"中山大学传媒茶座"之"中国转型期的传媒与企业——农夫山泉与《京华时报》事件研讨会"上,学者张志安(2013)对《京华时报》的报道从消息来源的权威性、报道的准确性、报道的选择性、报道的用力程度等几个方面提出了质疑。

时至今日,类似《惊！"媒体"联手"伪专家"炮制"标准门"？》、《农夫山泉"标准门"风波,四大利益集团"幕后作怪"》等指涉《京华时报》参与阴谋策划抢占农夫山泉市场份额的各种帖子仍在各大网络论坛疯转。

四、反思

原本履行职责的舆论监督演变成了媒体与企业的对决,媒体与公众的视线亦从关注企业产品质量与标准转移到了关注媒体和企业的"对掐",矛头所指也从企业产品品质转移到了媒体的公信力。回溯整个事情的经过,《京华时报》在报道层面虽然存在争议与瑕疵,但也并没有证据显示如农夫山泉所影射的那样,是与其他利益团体"联合作局"的"商业阴谋"。综观整个追踪报道,虽然看似一共用了73个版面来报道,可是有的版面只有标题导读,有的版面只有只言片语,实际上加起来一共用了约34个版面规模,符合媒体持续报道和重点追踪的需要,符合媒体设置议程的规律。从报道的内容看,每篇新闻都有新的新闻由头,新闻事实客观存在。但是,在这场"标准门"的较量中,媒体在不知不觉中变成了最大的输家,这不得不让人反思。笔者认为,其中影响最大的因素在于企业的危机公关。从很多案例中可以发现当前企业的公关宣传能力越来越强,有的甚至不择手段,被行业称为"黑公关"的案例也屡见不鲜。但是媒体却还没有公关的意识,也没有意识到企业的危机公关有可能使自己陷入被动局面,最后导致媒介公信力严重受损。此外,农夫山泉制造舆论场的策略尤其值得注意。在制造争议、混淆视听、反击媒体战略阶段选择通过微博、论坛和社交网站,这与网络媒体尤其是微博作为对抗性话语平台的角色认同一拍即合,而网络上的水军战术与传统媒体上的攻击性公告[①]一暗一明共同合围《京华时报》。在澄清认识、重塑形象的战略转折阶段却选择传统媒体,以杭州为大本营,在全国范围内广发邀请帖,各路媒体蜂拥而至,到千岛湖参观考察,形成全国各路媒体正面宣传报道农夫山泉的热闹格局。不知各家媒体的广告部是否有算过最终帮农夫山泉省下了多少广告费?而且其效果却比投放广告还好。

舆论监督是媒体的天职,媒体也注定要在这条艰险的路上一直走下去,但是面对随时随地可能存在的刁难、狡诈、陷阱,甚至人身伤害,媒体人应当小心谨慎。在网络媒体崛起,网络信息真伪不明、真假难辨的时代,在各种各样的危机公关手段越来越高超的时代,传统媒体面对舆论监督对象,需要懂得的恐怕不仅仅是把握新闻报道的规律,也不仅仅是如何把新闻做得更加专业。那么还需要什么?媒体面对强势的对抗性危机公关应该保持怎样的清醒?这些问题不仅让媒体思考,也让社会思考。

[本文系天津市文化艺术规划项目阶段性成果,项目编号 A08016]

---

① 媒体刊登攻击性公告的合理性和合法性让人质疑。

参考文献：

纪新宇：《从质量门到标准门——谈农夫山泉危机公关的得失》，http://www.people.com.cn.

麦尚文、张艳丽：《浮躁舆论更需媒体"克制"精神》，《南方日报》2013年5月12日A07版。

张璇、郑海帆：《到万绿湖亲证农夫山泉水质》，《深圳晚报》2013年5月16日C10版。

王大千：《记者见证：农夫山泉严格取自丹江口水库》，《武汉晨报》2013年5月21日A08版。

〔李爱晖，天津师范大学新闻传播学院讲师，主要研究领域为新闻传播与电视传播〕

关于全媒体传播观的审视与批判
The Review and Criticism of the Concept of Omnimedia Communication

◎ 付玉辉

Fu Yuhui

摘要：本文对我国新闻传播学研究领域关于全媒体研究中所存在的现象和问题进行了梳理和分析，提出关于全媒体的讨论应在其适用性的基础上进行，不应忽视其特定含义而随意加以使用，同时还认为，既不能忽视全媒体概念的积极影响，也不能在媒体发展战略和业务转型等方面过度使用全媒体概念。

关键词：全媒体，新媒体，媒介融合，移动互联网，全媒体战略

Abstract: This article outlines and analyzes the existing phenomenon and issues in omnimedia studies in the field of journalism and communication research in China. Moreover, it proposes that the discussion about omnimedia should be conducted on the basis of their applicability, other than ignorance of its specific meaning and using it randomly. At the meantime, we can't ignore the positive impact on the concept of omnimedia, nor excessive use of the concept when the media proceed to strategy development and business transformation.

Keywords: omnimedia, new media, media convergence, mobile internet, omnimedia strategy

随着以互联网传播平台为依托的新型传播媒介形态的兴起，对于新媒体和传统媒体之间关系（涉及新媒体业务形态与传统媒体业务形态在媒介组织内或媒介组织之间的关系）的探讨应运而生。基于新媒体环境的媒介融合和全媒体传播等概念也颇受关注。何谓全媒体？顾名思义，全媒体就是其传媒业务范围涵盖新媒体业务形态和传统媒体业务形态的媒体组织，是一个在媒体业务领域具有大而全特征的媒体组织概念，是一个无所不能的全能型媒体业务选手，是一个企图在媒体产业链上赢者通吃的全价值链运营者，而所谓的全媒体运营者则主要以报业等传统媒体业务作为其传播运营的主体或主导力量。

全媒体，作为最初在我国产业界广泛使用的新闻传播范畴的概念，是一个并未经过深入学术梳理和规范的概念，是一个尚未找到自己真正历史位置的概念。全媒体概

念的产生有其技术和产业的大背景,这个大背景在于围绕互联网传播而兴起的媒介融合、产业融合的出现及演进,以及在此基础之上以传统媒体为主体所进行的或被动或主动的转型行为;其具体根源则在于以纸媒为代表的传统媒体传播力和影响力的不断衰落,在于以传统互联网门户网站为代表的固定互联网应用传播力和影响力的不断削弱,在于新媒体和传统媒体在组织和业务转型过程中由于难以下定战略决心而出现的观望和徘徊心态。

一、全媒体概念出现的时代背景

所谓"全媒体"的概念,其实比"新媒体"的概念更为模糊。栾轶玫认为:"全媒体这个词不知何时被广泛地应用在不同层面的语境下,最终形成了一种'语焉不详''所指不清'的情形。何谓'全媒体'?'全媒体'在英文中为'omnimedia',经过搜索国外的 Elsevier(SDOL)数据库、EBSCO 全文数据库以及 Springer 外文期刊,发现'omnimedia'只以专有名词形式出现,即一个名为 Martha Stewart Living Omnimedia(MSO)的公司。作为一个新闻传播学术语的'全媒体'并未为国外新闻传播学界所提及。"(栾轶玫,2012)唐润华、陈国权也指出:"现在业界和学界所说的'全媒体',是一个既涉及载体形式,又包括内容形式,还包括技术平台的集大成者。如此一个'大而全'的东西,显然无法给出一个确切的、内涵和外延都很清晰的定义。这从另一个角度说明,'全媒体'的概念并不科学。"(唐润华、陈国权,2011)由此可见,在大部分关于全媒体相关内容的探讨方面,其实人云亦云、以讹传讹、跟风从众的成分更多一些。

回溯历史,观照现实,可以发现,全媒体概念出现在以互联网传播为基础的新媒体传播语境下,是传统媒体对于新媒体发展的一种回应。伴随着媒介融合语境的出现,一般观点认为媒介融合的出现必然会促生全媒体的出现。伴随着大媒体环境的出现,一般观点认为大媒体就应该是全媒体。从现有的文献来看,诸多文献充满着对"全媒体"概念的误读和媒介融合现象的错会,因此在批判和构建的维度上对全媒体概念进行梳理十分必要。对于全媒体概念的误读,学界自然有一定的责任。诸多学者并未从根本上及时对全媒体概念进行反思和梳理,而是人云亦云,跟着业界的论说奔跑,没有在深刻批判的前提下对信息传播产业现象进行充分考察,并对此现象提出具有说服力的理论支撑。对于全媒体的误导,传媒业界也有其责任。虽然业界创造并推出了这个概念,并在不断完善丰富,具有一定的探索意义,但是这个概念本身却没有充分的学术理论的基础,而传媒业不加区分予以过度使用,在一定程度上也助长了理论界的跟风潮流。

二、全媒体概念的实践价值和理论逻辑

全媒体概念的提出,表明传统媒体急于在向新媒体传播转型的进程中找到突围的方向和突破口。但是,对于这个复杂而沉重的转型过程而言,全媒体并非是包治百病的灵药。不管是学院派的研究者,还是产业界的实践者,基本上都颇为一致地认识到全媒体概念的先天不足,但是也都未加界定就展开了对于全媒体的深入探讨。

来自各方的探讨者为全媒体概念添加了各不相同的理解,并将其作为在媒介融合发展语境下重要的理论抓手加以使用。刘长乐认为:"全媒体不是一个既有传媒完整模式,它召唤所有媒体在现有新媒体形式和还将开发出的新媒体形式前改变自己,必有革命性思维,才能促成跨越式大发展。传统媒体与新媒体之间必然的融合,将使媒体界限打破,迎来一个信息自由共享、交流互动的全媒体时代。"谷虹认为:"'全媒体'建设必须以整体的平台化再造为依托,只有建立了平台化运作机制的'全媒体',才是数字网络时代的'全媒体',才真正实现了传统媒体的升级转型。"可见,诸多探讨者主要是在媒介融合语境下使用全媒体概念,这主要是因为全媒体概念和媒介融合密切相关,更和传统媒体的以新媒体业务发展为方向的升级转型有关。其实,媒介融合现象是存在的,新媒体的发展是存在的,大媒体的发展是存在的,但是大媒体却不是这三者发展的必然方向。媒介融合不会催生唯一的媒介融合运营者。媒介融合的目的并非为了实现一体化运营,而是进行产业生态调整,为了在融合的基础上实现更为合理、高效、人性的分离。如果没有后者,融合的意义也会大打折扣。新媒体的发展无所不在,但是新媒体和传统媒体也没有绝对的角色之分。新媒体如果固步自封、固守已有领域,新媒体也会变成传统媒体。传统媒体勇于开拓,不断进取,传统媒体就是新媒体。如果传统媒体既贪恋新媒体业务市场,又恋战传统媒体领域,那么这种鱼与熊掌兼得的心态将必然导致媒介运营管理实践的分裂。大而全和包打天下的媒介经营思想是难以形成可持续的发展格局的。

三、全媒体传播的业务方向和理想指向

全媒体概念及理论所指向的理想就是要构筑一个无所不在、无所不能的囊括所有媒体业务领域的媒体运营主体。这对于移动互联网时代大多数媒介组织而言,几乎是一个不可能完成的任务。当然,探讨者都强调了全媒体对于用户、业务和营销层面的重要性,并赋予全媒体以理想化的色彩。刘长乐认为:"对于全媒体的解释仍然莫衷一是,但其终极必然是传统媒体与新媒体的融合之路,其取向很明确:用户为上。"(刘

长乐,2011)黄升民认为,中国报业经营已进入一个新的历史阶段,从以销售版面、获取广告费为主的广告经营阶段,到以广告、会展、活动等多种渠道获益的多元经营阶段,建立了一种全新的营销方式——全媒体营销(黄升民,2011)。巢乃鹏等研究发现,报业在由浅入深逐步推进新媒体转型的过程中,彻底地重组采编业务流程才能切中媒介融合的关键。其中,"发布优先"观念的树立是采编业务流程重组的起点,完善采编业务流程的创新模型成为报业全媒体转型的重点,而实现融合报道则是采编业务流程重组的目标(巢乃鹏、刘欣,2012)。这些观点都将全媒体作为传统媒体全方位变革的一个切入点来审视。笔者认为,以纸质媒体为核心的传统媒体经营者要密切关注传播平台的转移、转型和变迁,及时进行传播内容体系的整合,及时向新的传播平台迁移,将媒体发展的战略和资源倾注到能够为自身发展带来长远利益的方向上,而不是仅仅采取观望的心态,做出两驾马车甚至三驾马车的结构,边走边看,那样到最后只能是旧的传播优势消失殆尽,新的传播优势也非常脆弱。这种徘徊犹豫的发展心态在当前媒介融合发展进程中尤为明显,应该引起我国新闻传播研究领域和传媒业实践者的注意。

四、全媒体人才的业务需求和教育培养

在市场或战场中,具有超强业务能力的全能型选手容易受到人们的青睐。但是对于媒介经营而言,更需要的是"全能型选手"的指挥者和协调者。虽然全媒体的概念和媒介融合的概念密切相关,但是,是不是媒介融合就要意味着全媒体的出现和盛行呢?笔者认为,这其中没有必然的关联性。媒介融合时代给新闻教育带来了很多挑战和压力。要么是新闻媒体认为新闻学院所培养的人才过于脱离现实,要么是新闻媒体认为新闻学院所培养的人才技能过于单一,不能适应新媒体传播环境的要求。

郜书楷认为:"从2001年'全媒体'概念浮出水面到现在已十年时间了,报业全媒体记者和全媒体新闻生产渐入佳境。"(郜书楷,2011)有观点认为,全媒体时代是一个传统与新技术、新模式共存的时代。媒体人只有适应环境需要,不断提高自身的媒介素养,培养多媒体传播能力、信息选择与整合能力,并以批判性思维坚守事实叙述和新闻职业道德,才能成为当今时代所需要的新闻人(尹靓,2012)。一般认为,全媒体记者应该是掌握所有媒体表达语言,具备突破所有不同媒体界限的思维与能力,并适应多种复合媒体岗位的工作要求,集所有新闻业务能力及新媒体技术应用能力于一身的人才。但是,对于当前的媒介发展环境而言,全能型的人才存在吗?新闻媒体要求新闻学院培养全能型的传播人才,这本身就是一种脱离实际的要求。基于融合环境,新闻传播专业人才应该具有融合素养,但并不需要什么都专业,而是要在一专多能的基础上有所深入。"一专"是核心,"多能"是基础和素养。如果没有一个足够强势的专业方向,新闻专业的业务能力就无法体现;如果没有多能的素养和视野,就无法适应媒介融合的环境。但是需要提醒的一点是,融合并非是为了大而全,融合是为了在"合"的基础上更好地"分"。因此,对于新闻传播专业人才的培养而言,也存在这样一个问题,那就是要在媒介融合教育的基础上培养出更具有竞争力的专业人才,这种专业人才的竞争力就在于能够在融合传播环境下成为一个善于明确方向、整合资源、提升效率的专业管理型人才,即单兵作战能力要强,小组协同能力也要强,而不是纯粹需要一个全能型选手。

五、全媒体战略的适用性和针对性

在人类交往的历史上,战略选择甚为重要。只有正确的战略得以正确执行,才能带来清晰的未来。而方向模糊的战略,只能引向混沌的结局。对于全媒体的战略问题,不是不可以谈,而是要具有实施全媒体战略的客观基础和现实可能。李从军认为,实施战略转型的目的就是将新华社建设成为世界性的现代国家通讯社和国际一流的现代全媒体机构(李从军,2012)。谷虹认为:"以《南方都市报》全媒体集群最为典型,从 2009 年《南方都市报》开始提出构建'全媒体集群'以来,与当地的广电已经开始了三档常态化播出节目的合作,而且实现了内容和经营捆绑。"(谷虹,2012)与此同时,其他研究者却对全媒体的发展提出了质疑。王刚认为,大多数报纸媒体融入互联网的方式没有太大成效,其最大的失误就在于简单的报纸数字化根本解决不了由采编为中心向受众为中心转变的问题。报纸内容的物理位移,只是形式上的全媒体化,唯有从发展理念、体制机制到生产、传播、营运全系统进行一场深刻变革,才能让传统媒体真正收复失地(王刚,2012)。陈国权认为,全媒体集团只适用于极少数资金雄厚、市场覆盖面广,业务、技术和人才资源比较丰富的大型传媒集团,譬如美国的新闻集团、德国的贝塔斯曼集团以及国内的新华社、上海文广集团、南方报业传媒集团等。而对于绝大多数媒体或媒体集团,特别是一些地县级报社来说,实现"全媒体化"是不现实、不可行的,也是完全没有必要的(陈国权,2012)。栾轶玫认为:"'全媒体'这一非科学的提法,在媒介实践中显然已带来了误导,这种误导首先来自对'似是而非'概念的误读与误解,而误读与误解又被进一步深化成很多媒介机构的新媒体发展纲略,从而进一步将误读与误解放大,最终形成了误导。'全媒体'的这一词之'误'应该纠正并更新之。"(栾轶玫,2012)

由此可见,全媒体战略对于媒体运营者而言,并不是一个放之四海而皆准的概念。蔡雯就传统媒体的全媒体战略进行了更为深入的思考,她认为,传统媒体向"全媒体"的战略转移,关键不是拥有了多少新的媒体形态或者传播渠道,而是在新闻传播的新格局中,媒体是否还能继续创造出最有价值的内容。在"全媒体"的探索中增强核心竞争力,需要重新回到原点,回到对新闻的重新认识上(蔡雯,2012)。她还认为,"全媒体战略"的精髓并不在于媒体发布渠道和采用终端的多样化,虽然渠道和终端是这场变革中非常重要的一部分,但是更重要的是,媒体集团如何借助这些渠道和终端,使原有的资源优势更好地转化为竞争优势,为自己的用户提供他们最需要的内容产品(蔡雯,2012)。大媒体集团,未必就是全媒体的典范。大媒体集团的意义不在于什么都做,而在于凝聚竞争优势,整合优势资源,形成具有竞争力的融合型、多业务型的媒介运营集团。媒介融合未必就是全媒体的基础,媒介融合在于各种媒介形态之间固有的边界开始模糊,这意味着单一的媒介经营者将很难独善其身。媒介融合对于媒介经营者而言,更多的是一种能力和一种意识。但是具有媒介融合的能力并非什么业务都要做,这是不同的两个概念。

六、突破全媒体迷思的屏障,奠定具有适用性的探讨基础

对于当年关于全媒体概念的误读和误用,唐润华、陈国权认为:"这股疯狂的'全媒体'热,是中国传媒界面对新媒体带来的挑战压力与机遇诱惑陷入的一个集体迷思。它从根本上错误理解了媒介融合的含义及影响,完全无视不同媒体机构的差异,无视不同媒体业态的特殊性。如果不走出'全媒体'的集体迷思,中国媒体就有可能在传媒格局大变革中走入歧途,付出不必要乃至惨痛的代价。"(唐润华、陈国权,2011)以上观点发人深省,令人警醒。的确,不问适用性与针对性,机械套用全媒体,会勾画一个没有明确未来的战略幻境。不管对于新媒体,还是传统媒体,未必一定都要做着一统新闻传播江湖的梦。传统媒体,曾经是高居新闻传播价值链顶端的江湖盟主,但是如今新闻传播江湖险恶,对手迭出,令传统媒体有些不知所措。新媒体急速膨胀,自以为无所不能,因此从其互联网传播的核心业务不断扩张,希望能够扩张到足够多的业务领域,以实现垄断的梦想。仅仅从现象来看,不管是新媒体还是传统媒体,似乎都在努力向着"全"的方向迈进。但是,仅有外在形态的全媒体是没有意义的,只有真正找到符合自身发展方向并使其战略符合新闻传播发展规律的媒体组织,才能成为真正的赢者。

在新媒体传播环境下,新闻传播经营者如何根据现实来修正自我的定位和方向?

郭全中认为："全媒体是传统媒体打破制约传媒业发展的区域化分割和行业化分割等主要制约因素的有效利器，但是全媒体只能是时下的应景之策，全面彻底转型为新媒体的全媒体探索才是传统媒体的方向和最终归宿。"（郭全中，2011）笔者认为，传统媒体的创新转型其实可以选择两种发展方向：一是传播生态系统中的内容基地模式，即纯内容提供者模式。其可能的方向就是认可新时代的传播生态系统分工，专注做好内容平台的建设，根据自身资源，将自己打造成一个内容基地。简而言之，具有独特传播价值的原创内容基地模式就是在传播生态系统中专注于具有独特传播价值的原创内容的生产和传播，成为基础内容提供者。在这种模式下，传播者将传统的内容生产和传播环节作为新传播生态系统的补充环节和支持环节，从前台退到后台，成为新媒体传播平台的基础部分或支撑部分。二是传播生态系统中的转型模式，即新媒体转型模式。所谓转型模式就是传统内容提供者完成向新媒体传播者的彻底转型，而不是徘徊观望、脚踩两只船的"全媒体运营者"，也不是形式上实施传统媒体和新媒体发展双核战略而实质上只是将新媒体战略作为补充、辅助部分的传统媒体主导型的传播者。从这个层面来看，非新非旧、以旧为主或新旧兼顾、以旧为主的全媒体发展模式不会是信息传播发展的主要方向，最多只是一种转型期的过渡状态。总而言之，笔者认为，对于全媒体传播现象而言，一方面应客观来看待该概念和实践的存在，不能对其予以全盘否定；另一方面，研究者和从业者可在明确其概念内涵和外延的基础上，对其适用性和针对性进行更为深入、有效的探讨和研究。

参考文献：

栾轶玫：《全媒体之"误"》，《中国传媒科技》2012年第9期。

唐润华、陈国权：《走出"全媒体"的集体迷思》，《新闻记者》2011年第4期。

刘长乐：《全媒体时代的思维转变与战略实施》，《中国记者》2011年第5期。

谷虹：《全媒体转型必须以平台化再造为核心》，《媒体时代》2012年第4期。

黄升民：《报业转型：从"全媒体"到"全媒体营销"》，《中国报业》2011年第5期。

巢乃鹏、刘欣：《媒介融合时代采编业务流程重组研究——以南京某报媒人员的深度访谈来展开》，《新闻记者》2012年第5期。

郜书楷：《全媒体记者：后报业时代的记者先锋》，《青年记者》2011年第3期。

尹靓：《全媒体时代新闻人应具备的媒介素养》，《青年记者》2012年第1期。

李从军：《认识和把握新媒体发展带来的机遇和挑战》，《中国记者》2012年第11期。

谷虹：《报业与广电融合发展的四个阶段》，《新闻记者》2012年第3期。

王刚：《报业集团全媒体转型的路径选择》，《传媒》2012年第2期。

陈国权:《贪大求全的全媒体集团》,《中国报业》2012年第1期。

蔡雯:《在全媒体探索中增强核心竞争力——对报业集团转型的一点思考》,《传媒观察》2012年第2期。

蔡雯:《需要重新定义的"专业化"对新闻媒体内容生产的思考和建议》,《新闻记者》2012年第5期。

郭全中:《当下全媒体——难下金蛋的鸡》,《新闻与写作》2011年第2期。

〔付玉辉,中国联通集团综合部高级编辑,传播学博士、博士后〕

2012中国在线视频产业的规模、格局与趋势
2012 China's Online Video Industry: Size, Patterns and Trends

◎ 周 逵

Zhou Kui

摘要: 2012年,是中国视频行业并购、重组、整合的一年。中国的视频行业在广告收入、用户规模、内容合作方面都实现了爆发性增长。在行业格局方面,经过收购、重组、合并、淘汰等惨烈竞争,市场集中度进一步提高,整合与竞争依然是整个市场行业的主旋律,差异化的竞争路线已经形成。

关键词: 在线视频产业,格局,趋势

Abstract: 2012 is the year of merge and acquisitions, restructuring, integration for China's video industry. Advertising revenue, subscribers, content cooperation have achieved explosive growth. Through acquisitions, restructurings, mergers, and other fierce competition, market concentration degree further improved. Integration and competition remains the main theme of the entire market sector, differentiated competitive route has been formed.

Keywords: online video industry, pattern, trends

2012年,是中国视频行业并购、重组、整合的一年。中国的视频行业在广告收入、用户规模、内容合作方面都实现了爆发性增长。在行业格局方面,经过收购、重组、合并、淘汰等惨烈竞争,市场集中度进一步提高,优酷土豆、爱奇艺、搜狐视频、迅雷看看、腾讯视频等网站占据行业主流位置。版权市场的形势在2012年发生重大逆转,版权价格战已经阶段性结束,视频行业的竞争进入品质与内容之争,影视剧等长视频内容进一步丰富,台网联动更加密切,自制视频等部分优质内容已经能够输出到电视频道,同时积极探索付费视频模式。在硬件方面,OTT成为在线视频产业新的热点,硬件制造商试图通过技术革新绕过传统规制的制约,而政府相关职能部门通过不断的"再管制"的修正,继续维持了对市场的监管和控制。总体上,市场和职能部门之间呈现出"管制——技术解管制——再管制"的动态博弈过程。整合与竞争依然是整个市场行业的主旋律,差异化的竞争路线已经形成。

一、在线视频产业的规模和格局

根据中国互联网络信息中心(CNNIC)2013年1月发布的第31次《中国互联网络发展状况统计报告》,截至2012年12月底,我国网民规模达5.64亿,其中,网络视频用户达到3.72亿,较上一年底增加了4653万人,增长率为14.3%。网络视频已超越搜索,成为互联网第一大应用。

在行业收入构成方面,视频网站的收入来源一般为广告收入、版权分销、付费服务、移动互联网增值业务和视频增值业务。从2012年的网络视频市场来看,广告收入仍然占据绝对优势。来自易观智库的数据显示,2012年全年在线视频市场规模达到88亿元,较2011年增长了82.7%,2012年整体恢复了快速的增长。

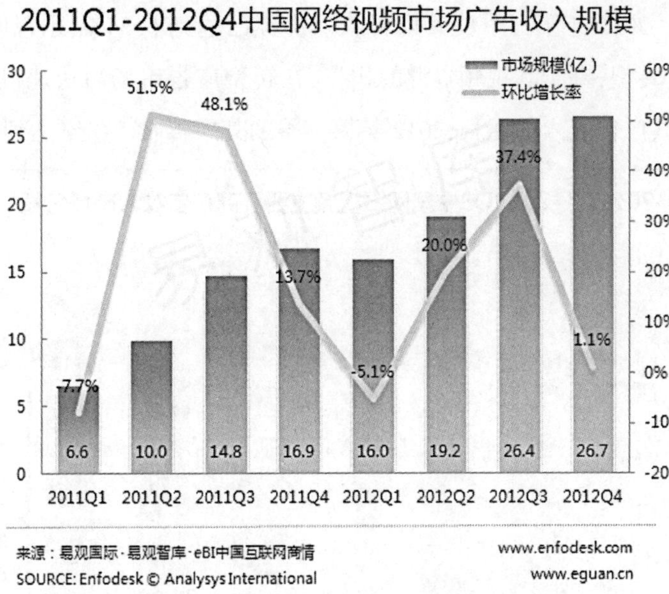

2011Q1-2012Q4中国网络视频市场广告收入规模

季度	市场规模(亿)	环比增长率
2011Q1	6.6	-7.7%
2011Q2	10.0	51.5%
2011Q3	14.8	48.1%
2011Q4	16.9	13.7%
2012Q1	16.0	-5.1%
2012Q2	19.2	20.0%
2012Q3	26.4	37.4%
2012Q4	26.7	1.1%

来源:易观国际·易观智库·eBI中国互联网商情
SOURCE: Enfodesk © Analysys International
www.enfodesk.com
www.eguan.cn

图1　2010Q4—2012Q3中国网络视频市场广告收入规模及环比增长率
(数据来源:易观国际)

由于行业整合和内容合作起到了巨大的作用,版权分销收入在总收入中所占比例明显下降。比如优酷和土豆合并后,腾讯、搜狐结为版权联盟后,版权购买的议价能力得到提升,并且通过版权的分享,促进版权分销收入比例进一步萎缩。根据艾瑞咨询2013年1月发布的中国在线视频行业的数据,版权分销收入份额下降比较明显,占总收入的12.8%。同时,受用户付费习惯和盗版等因素影响,整个行业的用户付费收入都还比较低。

根据易观国际 2012 年中国网络视频行业前三季度的市场数据显示,目前整体市场份额排名前五家的视频网站为优酷土豆、爱奇艺、搜狐视频、PPS、腾讯视频。前八家视频网站收入份额总和占据市场总规模的 75.55%,在线视频产业集中度进一步提高。其中前三家优酷、爱奇艺和搜狐视频占据了市场总额的 41.57%,形成领跑态势。

从企业来看,优酷网虽然近年来市场份额萎缩,但仍旧稳占其市场第一的位置;土豆网受到上市与并购的连续影响,市场份额下滑较为明显,从 2011 年第一季度的 16.78% 下滑到 2012 年第三季度的 7.92%;搜狐视频不断细化其运营体系,并在第三季度顺利将其销售团队独立出来,在稳固其销售资源的基础上,相继推出了美剧等优势资源,收入得到显著增长,稳定其市场第一阵营的位置;爱奇艺在长视频领域得到了市场认可,其广告收入份额也从 2011 年第一季度的 4.69% 升至 2012 年第三季度的 10.33%;腾讯视频自 2011 年下半年推出至今,在其社交体系的带动下,市场份额得到了有效的提升,2012 年第三季度其广告收入份额已达到 6.54%;乐视网在 2012 年逐步向广告市场转型,基于其视频资源的积累,在转型广告市场后快速得到了广告客户的认可,促进其广告收入的增长,2012 年第三季度其广告收入份额达到 6.49%。①

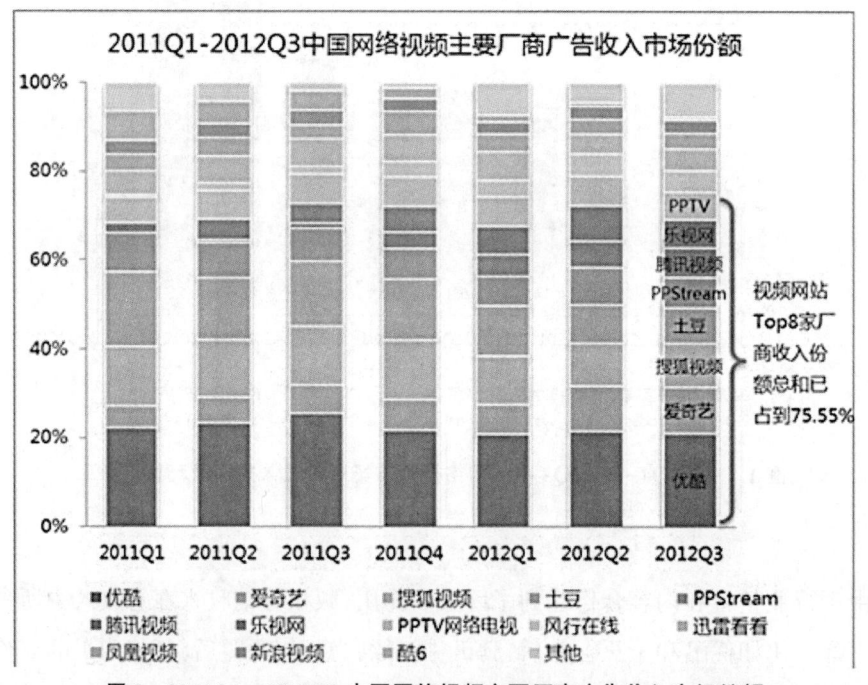

图 2　2011Q1—2012Q3 中国网络视频主要厂商广告收入市场份额
(数据来源:易观国际)

---

① 易观智库:http://www.enfodesk.com/SMinisite/maininfo/articledetail-id-339716.html

二、2012年在线视频产业特征

(一)产业格局:分拆与重组

2012年,两大巨头优酷、土豆的闪电合并震撼了整个业界,也迅速引起了马太效应,加速了整个视频行业的整合。搜狐视频、爱奇艺、腾讯视频等劲敌出人意料地组建了视频联盟,之后百度全资收购爱奇艺,迅雷看看分拆搅局,搜狐视频IPO信号明显。中国网络视频市场在日益白热化的竞争中迎来新一轮的格局大洗牌。

1.优酷土豆正式合并,拉开视频整合大幕

2012年初,引发中国视频行业"地震"的第一件大事莫过于优酷土豆的闪电"联姻"。3月12日,优酷网和土豆网共同宣布双方已签订协议,优酷和土豆将以100%换股的方式合并,新公司名为优酷土豆股份有限公司,土豆网将退市。视频行业老大和老二的合并,让行业集中度陡然提升,也加速了视频网站新一轮洗牌。优酷土豆合并效应凸显,据艾瑞数据显示,优酷土豆双平台覆盖近80%的中国视频用户,周覆盖用户数超过3.1亿,相当于美国的总人口数。

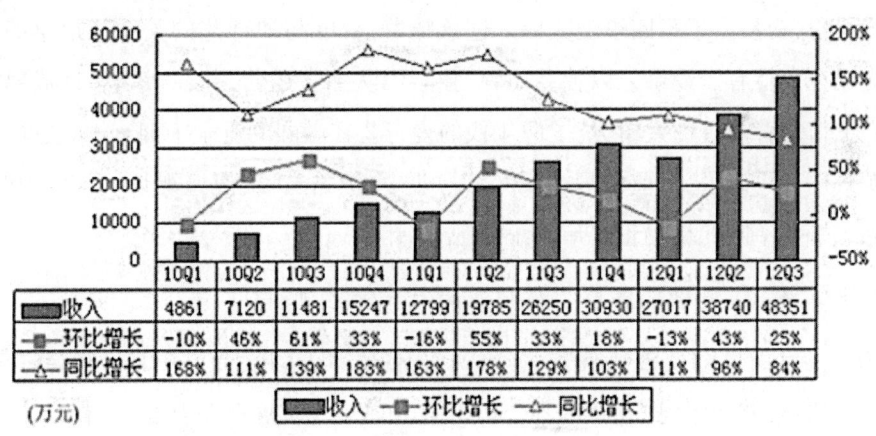

图3 优酷2012Q3收入4.835亿元 同比增84%

优酷土豆合并后公布的首份财报显示,2012年第三季度优酷土豆总净收入达5.022亿元,其中来自于优酷的净营收为人民币4.835亿元,比去年同期增长84%。净收入增长主要来自广告商平均广告投入从每位100万元增长到每位170万元,而广告商数目从296个增长到316个,两者较2011年同期分别增长70%及7%。优酷土豆战略合并完成后至今,优酷行业领先的位置愈加稳固,而土豆也保留了品牌和平台的独立性。

2.视频"富二代"闹独立潮　行业寡头垄断格局渐形成

在优酷土豆合并之后,搜狐视频、腾讯视频和爱奇艺这三个视频行业的"富二代"正背靠"富爸爸"在搜索、门户等领域的庞大用户和平台优势,发起新一轮攻势,挤占优酷和土豆的市场份额。

2012年搜狐视频动作频频,分拆、内部架构重组、品牌独立、IPO信号强烈。目前,搜狐视频的主干业务架构已搭建成形,必然要用独立的品牌打响用户争夺战。2012年2月,搜狐视频总部正式落户天津市滨海新区,4月启动销售分拆。此前,张朝阳曾经表示,公司会考虑对部分优质业务分拆上市或者进行资本运作。搜狐视频分拆上市预期走强,一方面是基于搜狐集团整体矩阵战略的需要,另一方面也是基于业务的增长已具足够规模。

而作为视频行业典型的"富二代",腾讯视频从2011年3月发力视频行业以来,用了短短一年的时间就迅速跻身视频行业第一阵营。腾讯的优势是拥有庞大的流量资源,但在用户黏性偏低的情况下,如何让巨大的流量变现,这是困扰腾讯视频的最大难题。

2012年11月2日,百度正式宣布收购私募股权投资公司Providence所持的所有爱奇艺股份,交易将于第四季度完成。这意味着,百度与爱奇艺的关系从最早的资源投资变成全资持有。爱奇艺以独立品牌、独立团队独立运营,并在市场条件成熟的时候独立上市。背靠百度大树,烧了两年钱的爱奇艺在激烈的竞争中拥有了足够的资本和资源筹码。可以说,目前中国视频网站行业中,优酷土豆、搜狐视频、爱奇艺和腾讯视频四大寡头垄断的格局正在形成。

3.搜狐、腾讯、爱奇艺联盟　视频业两大阵营显现

2012年4月24日,搜狐视频、腾讯视频、百度旗下的爱奇艺在北京联合宣布,三方已达成协议,共同组建"视频内容合作组织(VCC)",实现资源互通、平台合作,在版权和播出领域展开深度合作。此次三大最具实力的视频网站在内容领域的深度合作,对稳定版权价格、使版权价格进一步回归理性起到了重要作用,三大视频网站的联合也将视频行业前几位明显分成了"优酷+土豆"和"搜狐+腾讯+爱奇艺"两大阵营。

4.影视剧版权价格竞争回归理性

从2011年开始,影视剧版权价格居高不下,动辄几千万的版权支出使得视频网站入不敷出。搜狐视频、腾讯视频、爱奇艺联合组建了"视频内容合作组织"后,在版权和播出领域展开合作。三家视频网站的联合采购版权,有效降低了版权成本,使版权

价格竞争回归到理性区间。

根据CNNIC的最新数据显示,2012年第二、三季度中国网络视频版权价格急速下降,截止到2012年第三季度,视频网站剧目价格与2011年同比普遍下降了六成多。版权市场的形势在2012年发生的重大逆转,与整个行业的整合兼并洗牌的格局密不可分。随着版权成本的快速下降,版权价格战已经结束,视频网站趋近盈利的速度要高于营收增长的速度。

(二)内容生产:自制视频与台网互动

2012年,随着视频网站影视内容同质化的态势日趋严重,自制内容成为各大视频网站差异化竞争角逐的焦点。在广电总局对卫视"限娱令"的利好条件下,视频网站的娱乐节目迎来了"春天":栏目剧、真人秀、脱口秀、综艺晚会、明星访谈等各种类型节目纷纷上马。各大视频网站纷纷启动"台网联动"模式,在综艺自制方面持续发力,形成了影视出品自制、综艺节目自制和外购影视剧三方面的竞争格局。

1. 自制节目热播　成功逆袭实现"台网同播"

在自制节目方面,搜狐视频的脱口秀节目《大鹏嘚吧嘚》因起用赵本山弟子主持,颇受关注;奇艺网推出《小姐爱旅行》、《浪漫满车》等多档新节目,欲打造"综艺大本营";优酷网自制真人秀节目《让梦想飞——中国最牛人》点击率居高不下;乐视网推出了《魅力研习社》、《我为校花狂》和《可以说的秘密》等娱乐节目。2012年9月,优酷自制节目《晓说》在创造6000万播放量后首次登陆浙江卫视黄金档,实现台网同播,在传统的"台网联动"模式上有了突破和创新。《老友记之Mr.Pan》、《我是传奇》等网络自制节目反向输送电视台,也表明网络自制已转向以内容、观点拼输赢。

目前,自制节目已成各大视频网站差异化竞争的着力点,从搜狐视频推出9档微栏目的反响来看,自制节目走电视台栏目化细分的路线是可以深耕的趋势。不难看出,除了在内容上的差异化外,视频网站越来越重视突出自己的品牌特色,优酷的《晓说》用电视专栏的形式突出节奏快、互动性强的特点,爱奇艺的自制节目娱乐性强,评论犀利、有趣,搜狐重推微栏目和打造"个人8分钟电视台"的概念,网络综艺节目越来越正规化,微电影越来越大牌化。自制节目不为赚钱,为的是打品牌,通过培养稳定的用户群体,最终将用户群转化成盈利。

2012年主要视频网站自制栏目一览

序号	网站名称	自制栏目剧	综艺节目	脱口秀	真人秀
1	优酷网	《幸福59厘米》	《我是传奇》、《优酷牛人盛典》	《晓说》、《老友记之 Mr.Pan》	《让梦想飞——中国最牛人》
2	土豆网	《爱啊哎呀,我愿意》、《乌托邦办公室》、《欢迎爱光临》	《哈林哈时尚》《世界 WE 记录》、《明星斗地主》		《土豆玩出味》
3	爱奇艺	《奇异家庭》	《小姐爱旅行》、《浪漫满车》、《美人心计》、《娱乐猛回头》、《综艺大嘴巴》	《以德服人》、《青春那些事》	《吃货掌门人》
4	乐视网	《东北往事之黑道风云20年》、《女人帮·妞儿》、《青春大爆炸》、《大学那点事儿》、《英雄联盟》	《魅力研习社》、《可以说的秘密》、《星月私房话》、《影视风向榜》、《美女运动会》	《午间道》	《我为校花狂》
5	搜狐视频	《猫人女王》、《屌丝男士》、《钱多多嫁人记》、《疯狂办公室》、《夏日甜心》、《秘密天使》	《NewFace 向上吧,少年!》、《综艺马后炮》、《明星在线》、《先锋人物》、《中国好声音对战最强音》	《大鹏嘚吧嘚》	
6	凤凰视频	《甄嬛后纪》、《楚汉群英会》	《娱乐高高手》、《诚人之美》、《娱乐深喉》、《凤凰看片室》	《锵锵80后》、《全民相对论》	
7	PPS	《无懈可击之蓝色梦想》	《职面良机》、《PPS独家P录》	《PPS全播爆》	《妈妈咪呀》、《顶级厨师》

2.台网互动栏目迭出　电视名嘴进军视频网站

2012年5月,各大视频网站纷纷看到了台网互动模式的巨大价值,都在寻求和电视台的合作。凤凰视频推出网台互动栏目《甄嬛后纪》,每晚紧跟热播剧《后宫甄嬛传》播出,上线仅一个月访问累计就达到900万次,PV总量超过5000万。搜狐视频签约欧弟,携手湖南卫视推出的新节目《NewFace 向上吧,少年!》,在内容定位上与湖南卫视栏目《天天向上》打通。乐视网也力挖电视人加盟,打造自制节目,《魅力研习社》、《我为校花狂》、《可以说的秘密》这三档节目的幕后制作团队均来自星空卫视。优酷网携手国内十大卫视、十大唱片机构共同打造了《我是传奇》,将台网互动升级为"产业联动"。其他的合作还包括:56网与浙江卫视合作,乐视网与湖北卫视合作,PPS与东方卫视合作等。

另一方面,在广电总局"限娱令"的影响下,卫视娱乐节目缩水,众多电视台综艺节目主持人转战网络视频市场开辟新栏目。比如,土豆网推出时尚潮流生活节目《哈林哈时尚》,由哈林庾澄庆担任主持人和制片人,节目在大陆播出两个月内就有累计

1.2亿人次的浏览量,该节目还于6月3日开始在台湾TVBS欢乐台42频道播出。在台湾综艺节目《康熙来了》中插科打诨的主持人陈汉典加盟了爱奇艺推出的综艺节目《爱够了没》,成了正经的主角。以自制综艺节目为契机,各大视频网站进入了瓜分各大卫视知名综艺主持人的时代。

3.奥运战视频竞争激烈　自制内容成杀手锏

面对举世瞩目的奥运会"红海",各大视频网站之间的内容营销战也被推向白热化。除了从CNTV购入奥运节目版权外,2012年各大门户和视频网站的奥运战主打的是自制原创节目。伦敦奥运会期间,各大视频网站先后推出了众多有品牌特色的自制节目,助推视频网站的差异化竞争。

2012年伦敦奥运会期间主要视频网站自制原创节目一览

序号	网站名称	节目内容及名称	数量
1	新浪视频	《冠军面对面》、黄健翔脱口秀《奥运三健客》及《健翔读报》、郭德纲综艺节目《奥运大郭饭》	4
2	搜狐视频	《西游伦敦记》系列、《奥运早新闻》、搜狐"7电影"系列、奥运人生故事系列、大话系列、《前方·背后》、《奥运背后的故事》、《解码奥运会》	8
3	腾讯视频	《中国茶馆》、《品蔚英伦》、《全球探营》、《金牌第一时间》、《奥运父母汇》等10档节目;由奥运冠军参与的奥运微电影	11
4	网易视频	《奥运晨报》、《伦敦十日谈》、《高端访谈》、《网易伦敦实力榜》、5集系列《奥运微电影》	5
5	优酷土豆	《大话奥运》系列、《英伦观察站》、《一起奥林匹克》、《361°伦敦行动》	4
6	爱奇艺	奥运资讯《你是我的英雄之奥运金牌榜》,脱口秀《你是我的英雄》,策划类节目《你是我的英雄之奥运也疯狂》、《熬夜那点事儿》,娱乐节目《看着比赛唱着歌》	5
7	乐视网	《奥运梦》系列访谈、《奥运金牌榜》、《奥运午间道》、《美女奥运会》、《五环星宾乐》、微电影《跑出你人生》、奥运音乐MV	7
8	凤凰视频	《锵锵五环行》、《伦敦下午茶》、《伦敦直播间》	3

从奥运战绩来看,根据零点研究咨询集团发布的报告显示,按用户获取奥运信息的来源排序,拥有数量庞大的视频用户的搜狐以32.7%的市场占有率排在首位,紧随其后的是新浪和腾讯,分别为28.3%和28%。搜狐自制视频节目一直是其强项,此次奥运会期间,搜狐在这方面的优势也较为明显,数据显示超过86%的网民曾在搜狐观看相关视频。

4. 海外影视版权购买大比拼　差异化竞争内容为王

2012年，搜狐视频在海外影视版权上持续发力，利用美剧的差异化营销赢得了收视率和口碑。9月12日，搜狐视频宣布将陆续提供包括《摩登家庭》《生活大爆炸》、《绯闻女孩》等热门大片在内的31部美剧，实现全球同步首播，同时还使用媒体矩阵进行全方位互动营销。据搜狐视频美剧收视排行显示，搜狐视频国庆期间仅美剧的播放量就迎来点击的高峰，其独家引进的《生活大爆炸》第六季在10月6日当日的播放量近40万次，总播放量更是达到了7.55亿，创下美剧在国内视频网站上的播放量之最。

在电影方面，搜狐视频与优酷一起对海外影视版权发起了进攻。2012年，搜狐视频与美国影业公司米拉麦克斯签约了近200部好莱坞大片，而优酷则与索尼签订了300余部电影版权协议，海外资源成了视频网站新的争夺点。数据显示，每月有超过3亿中国网民在线上观看美、日、韩等国家影视剧。国内视频网站在海外版权引入方面呈现出了明显的差异化，改善了网站内容的同质化问题，有利于提高用户的黏性。

5.《中国好声音》火爆荧屏　视频网站成最大赢家

2012年中国最火爆的综艺节目《中国好声音》不仅在电视屏幕上创下了5.036%的收视率纪录，也让视频网站网络点击率猛增，成为最大赢家。优酷、爱奇艺、腾讯等几大视频媒体播出两天即纷纷创下过千万的播放量，而《中国好声音》在爱奇艺平台的累积播放量超过4亿，位居视频网站之首。

统计数据显示，2012年累计全网《中国好声音》播放量超过15亿，其中有80%的受众来自网络。各大网站也迅速反应，与"好声音"展开互动推广。以爱奇艺为例，每逢周五除了调动站内资源全力支持外，还打通百度视频、hao123、360、Q+等平台的首页入口，并根据网络特性进行深度挖掘，推出拥有独家网络版权的《中国好声音后传之酷我真声音》，一经上线便受到热捧，有效点燃了"好声音"在互联网上的收视热潮。

2012年12月，搜狐视频豪掷1亿元买下《中国好声音》第二季的视频独播权，超亿元的投资令人咋舌。据悉，搜狐视频联合《中国好声音》出品方灿星制作并共同推出的《中国好声音对战最强音》已于2013年1月4日登录搜狐视频，预计又将迎来新一波收看热潮。视频网站与浙江卫视《中国好声音》的互动合作是网络视频与电视的合作的成功探索。

(三) 技术突破：OTT成热门

随着网络带宽等基础设施不断完善以及三网融合的大背景的形成，网络电视正成为互联网巨头新的必争之地。在国内,截至目前通过广电总局验收的互联网电视(即OTT TV)运营平台有7家,分别是CNTV、百视通、南方传媒、华数传媒、中国国际广电电台的CIBN、湖南广电以及中央人民广播电台的CNBN。OTT(Over the Top TV)业务产业链随着互联网电视业务牌照的发放,在2012年已经基本成型。众多网络视频公司和运营商从中嗅出了盈利的味道,纷纷出手圈地,试水与OTT业务的融合,让互联网电视成为竞争的热点。

2011年底,百视通获得了200万端国内最大规模OTT牌照序列号审批。2012年3月,腾讯与CNTV旗下的未来电视达成合作,通过支付方式和电子商务等业务的引入,未来电视把腾讯的互联网增值服务引入其平台。在硬件合作领域,腾讯也在8月与TCL联手推出互联网电视。马化腾多次表示,互联网电视已经成为PC互联网、移动互联网之后的第三大网络新兴产业。

(四)政府规制与产业影响

1.《关于进一步加强电视上星综合频道节目管理的意见》实施

2012年1月1日,广电总局颁布的《关于进一步加强电视上星综合频道节目管理的意见》正式实施,简称"限娱令"。此次"限娱令"的核心内容是:全国各上星综合频道在晚上7:30-10:00的黄金时间,每天各类娱乐节目总数不能超过9档,每个上星综合频道每周播出娱乐节目总数不超2档,此外各台须设一档道德建设类节目。

"限娱令"的出台对中国的互联网尤其是在线视频行业产生了深远影响。各大卫视不得不对热播而又备受争议的婚恋交友类、情感故事类、综艺娱乐类节目作出了重大调整,娱乐节目开始另寻生存空间,纷纷转战网络。视频网站形势利好,各大网站自制娱乐节目纷纷上马,迎来了发展的春天。

2.视听管理新规定,自制节目自审自播,网络剧和微电影先审后播

2012年7月9日,广电总局正式出台《关于进一步加强网络剧、微电影等网络视听节目管理的通知》,此次新规定要求开办网络剧、微电影的视频节目服务机构首先需持有《信息网络传播视听节目许可证》和《节目制作许可证》,并进一步明确了规范发展的措施:一是互联网视听节目服务单位按照"谁办网谁负责"的原则,对网络剧、微电影等网络视听节目一律先审后播;二是网络视听节目行业协会组织开展行业自律;三是政府管理部门依法对业务开办主体进行准入和退出管理。新规定的最大变动是将播出前的审核权下放给播出机构"自审自播",网络剧和微电影先审后播。

此次出台的规定受到视频网站和影视制作单位的欢迎,业界普遍认为这一政策是

对自制内容的鼓励,是有效积极的引导。尤其是对微电影、自制节目等内容采取了不同于传统影视的严格管理,是在鼓励优秀人才、优秀机构不断做出好的内容。

3.OTT 市场准入

尽管 OTT 市场垂涎者众多,但所有的加入者都不得不面临政策门槛。11 月 14 日,在机顶盒市场信心满满的小米正式推出了售价 399 元的小米盒子。但在广电部门严厉的监管政策之下,小米盒子上线不到 10 天就被叫停服务,业内戏称其为"最短命"的盒子。小米盒子所面临的最大政策障碍,是广电总局颁发的《持有互联网电视牌照机构运营管理要求》。根据该文件,要想做机顶盒只能选择连接广电总局批准的互联网电视内容服务机构设立的合法内容服务平台,而目前通过广电总局验收的平台只有 7 家。

三、2013 年在线视频产业发展趋势

(一)行业整合加速,视频行业新一轮洗牌

经过 2012 年的整合,视频行业逐步形成了新的市场格局,优酷土豆、爱奇艺、搜狐视频、乐视网、腾讯视频等几家主流视频网站,烧钱竞赛走不通,市场集中度的提升也加速了视频行业的洗牌,整合趋势正在加剧。爱奇艺、搜狐视频、迅雷看看能否独立上市是竞争点。新一轮的重组并购即将开启,2013 年将会是关键的市场集中年,合纵连横的戏码可能进一步上演,市场份额还将发生大的变化。

(二)2013:视频网站盈利年?

2013 年可能是视频网站的盈利元年,最有可能的盈利点是成本下降、广告增长、付费模式和移动终端。首先在成本方面,随着 2012 年中国视频业巨头的并购整合和内容合作联盟的建立,版权价格战已经结束,未来影视剧版权采购成本大幅度降低,视频网站大批优质的自制节目已经开始反向输出电视,视频网站的盈利空间将会增加。在广告收入方面持续高速增长可期,预计视频网站广告市场 2013 年会在今年 85 亿至 100 亿元的规模上继续提升,仍然还存在 50%-60% 的增长空间。视频网站对收费模式的大力推广已经初见成效,以优酷为例,目前优酷院线已拥有超过 200 万名用户使用,收入规模较去年增长 300% 以上,而土豆、搜狐、PPS 等视频网站都已推行优质内容付费观看。随着广告主对网络视频媒体价值的认识不断深化、市场规模继续扩大、集中度不断提高,中国视频行业有望在新一年迎来盈利曙光。

(三) 自制节目精细化、品牌化、高端化

各大视频网站在拼成本、拼带宽、拼版权、拼融资后,开始拼内容。自制内容差异化竞争仍是焦点。搜狐视频《猫人女王》和优酷《晓说》等众多在市场和口碑方面取得成功的网络自制节目向电视台"逆向"输出,视频网站自制节目已经逐渐走出"低成本、低质量"的粗放发展阶段。在新一轮的差异化竞争中,瞄准细分市场,栏目精细化、品牌化、高端化是必然选择。这是视频网站提高用户黏性和品牌影响力的重要砝码,这也将在行业中带给它们更多的话语权。

(四) 移动视频商业化

截至 2012 年底,我国在手机上在线收看或下载视频的网民数为 1.3 亿,在手机网民中的使用率为 32%,相比 2011 年增长了 9.5 个百分点。随着 3G、WiFi 等高速网络接入,智能手机的普及和手机高清视频 APP 的推出,手机视频用户规模进一步加大,手机网民使用手机替代电脑观看视频的倾向更加明显,手机视频与社交网站、微博和门户网站等相互间的互动分享和应用合作也极大地推动了手机视频服务的发展。目前来自移动终端的日视频播放量(VV)超过 1 亿。截至 2012 年底,优酷来自移动终端的流量贡献已超过整体流量的 20%,爱奇艺已经达到了 28%,而乐视网的移动端流量也已超过总流量的 20%。随着移动视频播放量的走高,移动视频广告市场有望出现爆发式增长,移动视频在 2013 年的商业潜力令人遐想。

〔周逵,中国传媒大学电视与新闻学院讲师,清华大学博士〕

新媒体评论

创新采纳者主观认知研究的模型构建
　　——以农村地区互联网扩散为例　　　　　　　　　　　　　　叶明睿

The Impact of Social Media Use on Afghan Youth Self-esteem and Social Activism
　　　　　　　　　　　　　　　　　　　　Qingwen Dong, Mustafa Barak

使用社交媒体对阿富汗青年自尊和社会活动的影响研究
　　　　　　　　　　　　　　　〔美〕董庆文　Mustafa Barak，张　为译

我国手机媒体健康传播的得失探析　　　　　　　　　　　孟群　王丹

美国驻华大使馆新浪微博的公共外交实践研究　　　　　霍文利　曹莉

在线的身体隐喻与情色象征
　　——优酷视频网的内容分析与编辑框架　　　程素琴　沈新烨　马晓蓉

创新采纳者主观认知研究的模型构建
——以农村地区互联网扩散为例

In What Situation? Two Case Studies of Individual Adoption of Internet in Rural China

◎ 叶明睿

Ye Mingrui

摘要： 在对数字鸿沟现象的大量研究中，一系列阻碍互联网在信息弱势人群中扩散普及的社会经济指标被不断发现。然而，这些因素如何影响个体对互联网的主观认知和采纳动机方面的研究却相对匮乏。

作为对创新扩散理论在具体环境中的修正和拓展，本文以互联网在中国农村的扩散作为研究对象，通过运用符号互动理论构建起新的研究模型，帮助发现客观环境下影响扩散进程的客观因素与采纳个体主观认知和行为动机之间的关联。结合传统创新扩散理论提供的五项主观属性指标，通过对这一研究模型的初步应用发现了影响互联网在中国农村地区扩散的新认识。

关键词： 符号互动论，创新扩散，中国农村，互联网，主观认知

Abstract: For rural individuals, their attitudes towards the Internet vary due to the different situations they find themselves in. A wide range of indicators has been found as responsible for the lower rate of Internet diffusion in underdeveloped areas. The factors, however, including those directly impacting the attitudes of rural residents would not necessarily be applied equally and concurrently to each potential adopter, and normally they would have effects on rural individuals in diverse combinations. Two early rural adopters in North-Eastern China were selected for case studies, through which actual personal situations related to their adoption are going to be illustrated. These case studies are based on interviews and observations conducted through field investigations (and telephone in three instances) from 2011 to 2013, in which the major interviewees were followed up for further inquiry.

Keywords: Internet, rural China, diffusion, symbolic interactionism, digital divide

一、引论

信息通讯技术的发展在全球范围内对社会经济的转型与发展产生了史无前例的巨大推动作用。以信息化、网络化和全球化为基本特征的网络架构下的知识经济的诞生与衍变,普遍被认为代表着未来全球经济与社会发展的必然走向。在中国,信息化同样被视为实现社会经济跨越式发展的重要手段之一。然而,在信息通讯技术被广泛运用到社会经济各个领域的同时,伴随着中国城乡间社会经济发展水平差异的存在,数字鸿沟也成为城乡差异的一个显著表现。比照中国互联网络信息中心(CNNIC)和国家统计局发布的城乡总人口及网民数量可以发现,城乡网民占各自人口总数的比例分别约为56.7%和22.2%[①],这一数据反映出了当下互联网在中国城乡间扩散程度上存在的显著差距。与城市地区相比较,可以说互联网作为技术创新在中国农村地区的扩散尚处于相对早期的阶段。长期存在的城乡二元结构造成今天城乡间在社会经济发展上极大的差异性,继而使得农村居民在消费心态、认知习惯、生活需求、生产行为特征等诸多方面形成了区别于城市人群的固有特征,而城市与农村之间在社会环境上的这些差异也使得互联网在农村地区的扩散进程呈现出其自身的特殊性。

通过对现有的数字鸿沟研究的相关文献进行分析可以看到,一系列因素都使数字鸿沟在不同层面和区域范围内构成互联网扩散的屏障。自上世纪末,在相对早期的数字鸿沟研究中便有大量研究认为,收入、年龄、教育、基础设施等因素普遍制约了互联网在信息弱势人群和地区中的普及(Chinn & Fairlie, 2006; Fong, 2009; Harwit, 2004)。在亚洲地区,部分研究学者还特别强调了行政监管和政治体制(Quibria, Ahmed, Tschang & Reyes-Macasaquit, 2003; Wong, 2002)在缩小数字鸿沟的努力上形成的障碍,而在发达国家,部分学者针对相对高普及率的互联网接入条件下存在的社会内部的数字鸿沟问题,指出了由于族群、文化传统、职业和性别等方面的差异所造成的信息资源不对等的现象(Cullen, 2001; Notley & Foth, 2008; Willis & Tranter, 2006)。具体到中国社会环境,一方面大量研究在发现上述抑制性因素存在的同时,也发现在发达国家互联网接入实现基本覆盖之后所呈现出的新的信息不对等也同样出现在中国互联网扩散的进程之中,在互联网用户中因为个体的传播技能、信息需求、

[①] 根据中国互联网络信息中心2012年7月发布的《第30次中国互联网络发展报告》,中国城市和农村网民数量分别约为3.92亿和1.46亿;根据中国国家统计局2012年2月发布的《中华人民共和国2011年国民经济和社会发展统计公报》,中国城乡人口数量分别为6.9079亿和6.5656亿。

网络信息选择和使用范围、频率以及使用行为对网络技术未来发展的影响力上的差异也都逐渐有所显现（Modarres,2011；邵培仁、张健康,2003）。

罗杰斯（Rogers,2003）认为，传统的创新扩散研究相对缺乏对于创新采用的主观动机的有效研究，并强调这类研究本身存在一定难度。正如他所指出的那样，"不能仅仅因为通过常用的收集手段难以获得有关采用动机的有效数据而放弃对潜在采用者主观动机的研究"。在对农村互联网的扩散进程进行研究的过程中我们发现，现有的文献尽管发现了一系列影响互联网在信息弱势人群中扩散的社会经济指标，却鲜有学者对这些影响因素如何作用到个体的意识并进而影响潜在用户的采纳动机加以解释。客观条件下的诸多现实因素通过怎样的机制与采纳个体的主观动机发生关联，就成为本文研究讨论的重点。

罗杰斯在总结了大量创新扩散研究的基础之上认为影响创新扩散速率的决定性变量主要存在于可感知属性（perceived attributes of innovation）、创新决策类型（type of innovation-decision）、传播通道（communication channels）、社会系统属性（nature of the social system）以及创新推动者的推广范围（extent of change agents' promotion effects）等几个方面。在传统的创新扩散理论中，对于创新本体在采纳者主观认知中的反映主要集中在创新事物的可感知属性这一方面。罗杰斯将这一属性总结为五项最具显著影响的指标，即相对利益（relative advantage）、复杂程度（complexity）、兼容度（compatibility）、可试性（trialability）和可观察性（observability）（Rogers,2003）。这五项指标既包括对创新事物客观属性的考量，也强调其在潜在采用者主观意识中的反映，作为考察影响创新事物扩散速率的重要依据，这些指标被广泛应用在对于创新扩散的大量实证研究中。

然而，作为对当时已有扩散研究的总结性理论，囿于当时既有研究在时间、地域范围以及社会文化背景等方面的差异，以上这五个指标在指导中国具体环境的扩散进程研究上也存在一定的局限性，作为普遍性原理和研究架构难以囊括所有具体环境下的影响变量并对其加以有效解释，这就要求对现有的创新扩散理论进行必要的补充，尤其是对现有理论尚未充分讨论的有关采纳者主观动机研究加以进一步拓展。

此外，传统的研究将创新扩散进程中的变量多集中在外部环境的客观变量之上，相较之下一些难以直观测量的软性指标则多被忽略。在现有的数字鸿沟研究中，诸如素养、语言、社会资源以及个体环境对潜在用户心理的影响指标多数未被纳入影响互联网扩散因素的考察对象。同时，对于正在扩散进程中的创新事物，尤其在处于扩散相对早期阶段的农村互联网而言，有限的已采纳样本数量也难以支持基于大规模数据采集基础之上的定量研究。正是基于这样的分析，社会心理学体系之下的符号互动理论被引入到该研究的模型构建之中,以此来获得对采纳者主观认知和对动机研究更加准确、全面的理解。

二、前提假设:符号互动理论

从一般意义而言,创新事物的扩散必须以客体的采用作为最终实现途径。正如罗杰斯的经典理论所指出的那样,主观意识上对创新事物所形成的可感知属性对于扩散速率具有相当重要的影响。理解创新事物的可感知属性并对其加以研究,首先需要解决的问题是这类可感知属性在目标扩散对象主观意识中的形成机制。

它根源于实用主义哲学,在米德(Mead)等人的学说的基础之上发展而来,并被以布鲁默(Blumer)为代表的众多社会心理学家所确立的符号互动理论作为现代社会心理学的一个分支,其核心观点在于人的一切行为源于持续的社会性互动过程,人类所特有的主观能动意识决定了人在行为过程中会不断定义其所处的情境(situation),在其所处情境中所发生的事情构成了人行为和动作的起因,同时人与外部环境之间的关系也因为人的主观能动意识而不再简单地建立在直接的"刺激—反应"模式基础之上,人的一切行为都是在与外部环境互动过程中主观意识不断运动的结果(Charon,2010:28-29)。基于这一系列核心思想,作为创新扩散研究中对于创新事物本体的讨论,符号互动论中的部分基本观点被借用到本研究中,以此作为构建研究模型的理论基础与前提。

(一)客体与社会性互动

在符号互动理论看来,世界是由一切客体(object)所构成的。布鲁默认为既包括环境中的实体对象,也包括建立在社会关系或是抽象意识之上的一切可被意识所反映的客体(Blumer,1969:10)。人根据客体的有用性作出主观的价值判断并对客体加以选择,继而依照自身现有的经验与知识来解读出客体的意义(meaning)。主观意识中被选择的所有客体在经过解读之后所产生的意义共同构成了人对自身所处情境的定义,在这一定义的基础上人最终作出针对外部世界的行动决定。

一切客体都具有社会互动属性。符号互动理论的观点认为客体对于人的一切意义都源于社会性互动交往,客体也因此从本质上来说被认为是社会性客体。一旦客体的某一项意义被互动双方同时接受并达成一致,这一客体的意义便具有符号性质。人的行为以自身对客体所解读出的意义作为行动导向,并在与外部世界的互动过程中不断调整自身对于客体的选择和解读,因此,客体的意义及其对人的行为所产生的影响也始终处于动态的变化之中(Blumer,1969:10-12)。

(二) 自我与他人

符号互动理论强调的另外一个观点在于将"自我(Self)"定义成为一个在社会化互动过程中发展形成的客体。从这个意义上说,自我在人的主观意识上被设定为"在他人看来的一个客体"(McKinney,1955:6)。这一设定的意义在于,一方面自我作为个人与外部环境互动过程中同时存在的一个内在的互动对象,对外部客体的解读所形成的意义被用来与自我进行交流,继而最终构建起对外部环境所采取的行动;另一方面,当人在和外部世界进行互动时,自我与其他外部世界的客体一样都会被加以解读并赋予特定的意义,而自我的意义也作为一个重要部分参与到构建人对自身所处情境的定义之中。

然而,人并不会天然地将自我设定为一个客体的对象,如米德所认为,自我是人的自身社会化过程以及在这一过程中与他人发生关系的最终结果(Mead & Morris,1967)。在人的主观意识中,自我作为一个客体的实现必须通过对他人角色的扮演(role-taking),并以他人的视角来审视自身。人必须间接地通过某些特定的社会群体成员的视点,或是通过其所属的社会群体整体的概化视点来最终完成这一自我客体化的过程。由此,在自我的形成中不可避免地出现了两个重要的外部客体,即所谓的"重要他人(significant others)"和"概化他人(generalized others)"。"重要他人"指的是对个人而言具有至关重要的影响,并借以获得重要支持的特定的具体他人(Shibutani,1961)。个人与其自身的"重要他人"之间的关系构成其最主要的人际关系,这一关系与个人的能力、价值以及观念的养成都有着直接关联(Sullivan,2012)。"概化他人"被米德理解为个人所在的有组织的社会群体,这一群体赋予了个人与其所处群体在价值观念、行为规范等方面的一致性。来自于"概化他人"的态度反映的事实上是个人所处的社会群体整体的态度(Mead,1967:154)。在社会交往过程中,自我的形成正是依赖于个人在主观意识上通过这两类"他人"的视点对自己所完成的审视。

(三) 行为动作的四个阶段

符号互动理论认为人的动作是永续且无从中断的,单一的动作只存在于对人类行为的讨论、研究和日常指代之中(Charon,2010:115)。在米德的观点看来,人的动作过程由刺激(impulse)、感知(perception)、操控(manipulation)和终结(consummation)四个阶段构成(Hewitt,2002;Mead & Morris,1967:7-25)。

1. 刺激阶段。作为动作的起因,刺激的出现打破了个人对于所处情境既有的定义,并且破坏了建立在这一定义基础上的人们在构建行为时的平衡,于是一个"有问题的情境"继而产生。

2. 感知阶段。为了使动作的构建重新恢复平衡的格局并解决其中出现的问题,人们在这一问题的情境中开始重新选择目标客体加以解读并得出关于这一情境新的定义。

3. 操控阶段。经过前两个主观意识上的动作阶段,人们继而做出对外部世界的实际行动。在这一阶段中,所处情境内的所有可利用客体都可能被人们使用并以此来实现对问题情境的修复。

4. 终结阶段。以动作的结束为终点,"有问题的情境"得以修复,在此基础上构建行为的平衡被重新恢复。但需要指出的是,由于人的动作处于永续的过程中,新的刺激不断接续于上一个动作,因而这一阶段在实际中并不会经常出现。

三、研究模型:基于问题与互动的视角

借用来自符号互动理论的以上观点,对创新扩散的研究也由此获得更深一步的理解。根据米德对于行为过程四个阶段的阐释,采用者对于创新事物的采用行为起始于自身既有的行为构建平衡被某种刺激因素所打破,继而意识到自身处于一个"有问题的情境"之中时。罗杰斯认为"创新事物的发展过程最初起始于对一个问题或需求的识别",而创新事物的出现目便在于解决这一问题或需求(Rogers,2003:137)。解决问题于是成为采用者行动的目标,围绕这一目标相关客体被重新选择和解读,继而形成对自身所处情境新的定义。在创新扩散过程中,针对问题而出现的创新事物被作为解决方案提供给目标采用者,但这并不足以保证他们对创新事物的最终采用,这些潜在采用者还需要根据自身对所处情境的重新定义最终作出是否采用的行为决定。因此从这一意义上说,研究创新事物在采用者主观意识中的反映需要从创新事物是如何被感知继而被解读这样两个步骤来加以理解。

(一) 创新:解决问题的方案

从创新事物的产生过程来看,其自身在背后暗示出的是一个有待解决的问题。因此,以解决这一问题作为目标而出现的创新事物同时反映着问题和解决方案这两个侧面。问题的存在是创新事物产生的前提,对于创新事物来说,解决方案的意义依赖于现实存在或潜在的问题,这一方案对于问题的解决效力直接影响着创新事物本身的价

值。米德认为,人们根据自身的利益和喜好来选择在他们看来有用的事物作为客体并在此基础上建立起自身与客体之间的联系(Mead & Morris,1967)。对于问题的解决构成潜在采用者的利益需要,正是这一需要使得潜在采用者有可能在自身与创新事物之间建立联系。所以,创新扩散的前提在于使潜在采用者意识到问题的存在,只有在此基础上,创新事物才有可能顺利进入采用者主观意识考量的范围。

另外,由于潜在采用者与创新事物之间的联系建立在创新事物对解决问题的功用基础之上,所以问题的解决效力注定成为影响创新事物本身发展和扩散的重要因素。一方面,解决针对的问题时所体现出的效力大小直接决定着潜在采用者对于创新事物有用性的判断;另一方面,对这一效力的追求也是直接构成提升研发和推进创新事物发展的一个重要动力。

然而,尽管解决问题的功能及效力构成了创新事物得以扩散的前提,是其重要影响因素,使得创新事物得以进入扩散对象的主观考量之中,但对创新事物在解决问题的功能和效力上的认知还不足以促使潜在采用者最终作出决定。在实际情境中,潜在采用者的行为决定需要建立在对于自身所处情境的整体定义之上,其他客体在其情境中被解读出的意义对最终是否采用具有极为重要的影响,这也就决定了对于创新事物在主观认知中的反映研究还需要被置于更为广阔的社会互动环境下加以考量。

(二) 创新:社会性互动的结果

创新事物是一种社会交互环境下的产物。一方面,创新事物背后所指向的问题来自一定的社会群体,解决这些问题的需求来自该群体内的大多数成员,成员之间在相似问题上的需求通过积累提供了创新事物被创造出来的可能。另一方面,创新事物的出现与发展也有赖于社会成员之间的互动,最直接的例子就是创新事物的出现本身就是创造者在一定程度上通过角色扮演来尝试以目标采用者的立场和态度去看待创新事物,进而使得创新事物能够最大限度地帮助潜在采用者解决问题。

此外,更为重要的是,潜在采用者对于创新事物意义的解读也是一种社会性互动的结果。布鲁默强调,客体意义的形成与转化是通过发生在社会交往中不断定义的过程来实现的(Blumer,1969:67)。围绕着客体对人所具有的有用性,人们在与"自我"和"他人"的社会性互动过程中实现对客体意义的解读。对创新扩散而言,一旦创新事物被采用者感知并被当作客体加以解读时,创新事物在采用者主观意识中的意义便通过社会性互动的过程得以形成,而这一社会性互动事实上由发生在三个不同层面上的互动过程共同构建而成(见图1)。

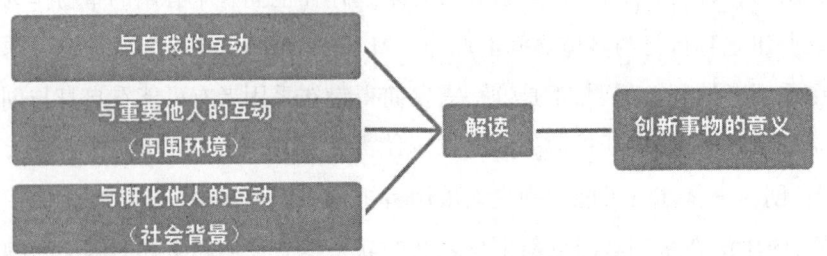

图 1　创新事物意义在互动过程中的生成

首先,作为社会性互动的前提,采用者将自我作为客体来互动交流。围绕解决问题的目的,创新事物被感知并继而通过与自我的交流构建起自身与创新事物之间的联系。同时,与自我的交流互动也构成意识活动的基础平台,包括能力、身体条件、性格喜好等个人因素与其他外部因素都需要通过与自我的互动交流来加以解读并形成具体的意义。

其次,采用者与其"重要他人"之间的互动。这一层次上的互动在现实中更多地表现为采用者与自身直接关联的个体环境相互之间的互动关系,与采用者自身利益关联最为紧密的"重要他人"和行为参考对象大多数都生活在这一环境之中。同时,更为重要的是,多数创新扩散所针对的问题也都产生于这一层面的互动交流环境中,这也决定了在这一层次上的互动中所解读出来的创新事物的意义具有相当大的现实价值。

第三层次的互动发生在采用者与"概化他人"之间。作为"概化他人"在现实中的体现,采用者所处的社会环境及背景构成了这一互动的主要对象。一般来说,采用者同时在不同层次和范围上的多个社会群体中拥有成员身份。作为群体成员,群体内部在观念、意识、法律、政策、制度以及行为规范等方面形成的集体共识在提供给采用者以有利资源的同时也给予了采用者一定的约束和限制。

需要指出的是,将采用者对于创新事物的解读分解到以上三个层次的互动过程中加以理解只是出于研究需要,在实际环境下,三个层次的互动过程之间是互为联系且互相依托的。通过问题导向和社会性互动两个视角来分析,先将问题与解决方案相联系,再将采用者在三个层面上的互动加以整体性考虑,最终,一个对于创新事物在采用者主观意识中的反映的研究模型也因此建立起来(见图2)。

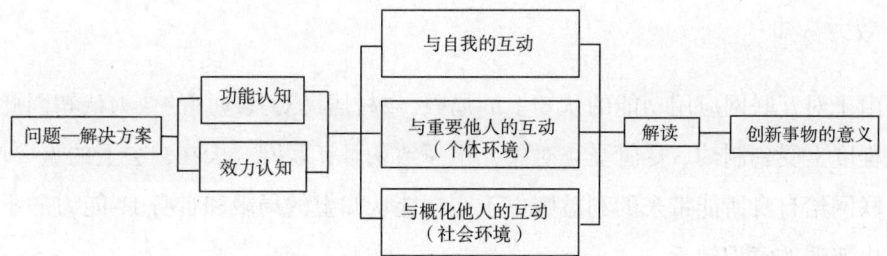

图 2 采用者对创新事物主观认知研究模型

四、模型应用：互联网在农村地区的扩散

作为对互联网在中国农村地区扩散研究的一部分，一项针对农村地区居民主观意识中互联网的可感知属性的调查分析尝试使用了这一模型。吉林舒兰、江西九江和四川宣汉三地的 47 位农村居民和 29 个当地农村家庭分别被作为深度面访和日常行为观察的对象，在参考罗杰斯提供的五项可感知属性指标的基础上，该研究主要围绕农村居民对于互联网的功能认知、效力认知、自身条件、个体环境以及社会环境等五个方面展开调查。通过对结果进行综合性整理分析，初步获得以下发现：

(一) 功能认知

农村居民对于互联网的功能总体上具有较高的认可度，但在认知上则显得程度偏低。一方面，受访对象普遍认同互联网(包括无线互联网)的功能性，尤其在农业物资价格、产品销售以及农村劳动力外出就业等方面的功能意义被显著强调；但另一方面，受访对象对于互联网所提供的具体功能的认知不足且具有一定的模糊性。在农村群体中对互联网应用功能的认知大多数集中在信息搜索、QQ 聊天、在线游戏、音乐下载和网络购物等少数几项功能之上，且熟悉程度偏低。

就互联网与自身的关联性来看，多数受访者并未能在自身与互联网之间建立必要关联。作为解决方案，让互联网这一技术创新与采用者之间发生联系的"问题"来自信息沟通的数量、质量以及效率上的不足。然而，调查中多数受访者在其日常生活和生产中对于信息在数量、质量及效率上的需求表现极低，从而使得互联网这一技术创新所试图解决的"问题"并未在农村居民的主观意识中有效形成，这成为互联网这一创新技术试图被农村用户采用的直接障碍。

(二) 效力认知

由于对互联网应用功能的认知上的局限,农村居民对其应用的效力认知因此也在很大程度上受到制约。尽管受访对象几乎一致认可互联网今天在社会上的重要性,但就互联网给自身所能带来的利益则由于在功能认知上的局限和自身 IT 能力的不足而显现出普遍的意识缺乏。

通过对已接入互联网的家庭受访者调查发现,即便对于已经采用互联网的农村用户而言,互联网在对诸如获取新知、与外界沟通以及新闻浏览等基本需求的满足效力也因为缺乏足够的电脑操作技能而难以被充分感知。另外,对于部分农村专业示范户家庭而言,互联网的使用对这部分人群所带来的积极影响也由于显著性不足和人际互动方面的原因而难以被农村社区中其他潜在采用者意识到。

(三) 自身条件

作为主观意识形成过程中自我互动的交流对象,对自我的认识和在群体中的定位构成了考察的重点。在过去已有的大量社会互动基础上,采用者在将"自我"设定为客体加以看待和交流的同时,也对自身在生理和心理上的能力和条件,包括知识、经验以及喜好等形成了基本认知。具体到互联网这一创新技术,由于对它的使用要求采用者具备一定的 IT 技能和相关基础知识,这使得当下中国农村社区内的多数居民在采用上有一定的困难,而这一障碍的影响程度也与采用者的年龄呈现出正相关联的变化趋势。

此外,更为重要的是,在自我的互动过程中所形成的认知还在极大程度上影响着采用者自身与创新事物之间联系的建立。自身在操作技能方面的局限和对互联网功能及效力上的认知不足,两者的共同作用阻碍了农村居民对于自身与互联网之间联系的建立,同时这一"无关"的意识又会通过时间的积累成为潜在采用者既有知识和经验的一部分,从而影响农村居民对自身社会角色的定位并使其与互联网之间的鸿沟进一步加深。

(四) 个体环境

作为潜在的互联网采用者,针对互联网这一创新事物,农村居民所需要解读的大量客体对象都存在于这一与个体联系最为紧密的直接环境之中。这一环境由农村居民与其自身周围相关客体之间的社会性联系所组成,这也进而构成了其所需定义的个人所处情境的主体部分。个人对于是否采用互联网的决定很大程度上受到这一环境的影响。

调查结果显示,在这一环境下对于农村居民关于互联网的认知最为显著的影响来自于父母和子女之间,以及同村同龄人之间与外出打工返乡者之间的三个主要关系的互动,而在过去研究中大量被提及的来自个体经济收入与支付能力方面的影响显著性则大大下降。通过对人际互动形态的观察与分析,农村社区中一些具有特定身份和社会定位的个体,包括专业示范户和村干部在内的特定人群对其他村民在日常生活及生产方面能产生较为显著的影响,但这一影响是否同样对互联网在农村居民主观意识中的反映产生效果还有待进一步的研究。

就传统创新扩散理论所提出的可观察性和可试用性而言,这两者在农村社区的个体环境中的体现程度普遍偏低,一方面互联网的功能及效力显现缺乏一定的直观性,效果不易在农村环境中传播;另一方面,在农村地区以家用电脑为代表的互联网终端数量极为有限,学校的网络资源无法对公共开放,现有网吧数量的稀缺加之农村居民主观意识中对网吧的负面认知使得互联网在农村潜在采用人群中的可试性也大大降低。

(五)社会环境

采用者与来自社会环境中客体之间所进行的互动交流对于农村个体在互联网的认知上产生的影响最明显地体现在两个方面:一方面,在中国目前城乡间信息化水平呈现明显差距的环境下,以电视为代表的传统媒体在农村社会的信息传播构成中依然占据极为重要的地位,这在一定程度上有利于农村居民对于互联网功能及效力的认知提升,对于互联网在农村地区潜在采用者中扩散的第一阶段,即知晓(Knowledge)阶段具有极为重要的促进作用;但另一方面,传统的大众媒介在对互联网相关信息的传播过程中,使一部分与之相关的负面新闻,包括青少年网瘾、网络欺诈等相关内容在农村社区的人际传播过程中被一定程度地放大,继而造成一种对互联网的普遍性负面认知。

需要指出的是,来自社会环境中的政策、制度以及法律方面的因素对农村地区居民在互联网的主观认知都会产生极其重要的影响。虽然现有的大量文献已经就这些因素对农村地区互联网的创新扩散所产生的影响进行了分析,但在个体层面,这些来自社会环境中的因素如何被农村居民解读,以及对这些因素解读出的意义如何与其他层面上互动的结果相联系都还有待于未来更进一步的研究。

五、结论

在传统创新扩散理论中,创新事物在采用者主观意识中所反映出的可感知之属性对于其扩散速率具有显著的影响,罗杰斯基于普遍性原则所提出的有关可感知属性的五个主要指标对具体研究环境下的研究设计存在一定的局限。作为对个体的社会化行为的一种分析思路与解释途径,符号互动理论提供了一个对于创新事物在主观意识中的感知属性加以重新认识的视角和方法。

基于符号互动理论的一系列观点,创新事物被看作集特定问题与其解决方案于一身的特殊载体,对问题、解决方案以及解决效力的感知构成了采用者认知创新事物的前提条件。在这一前提被满足的条件下,采用者通过与自我以及来自个体环境和社会环境中的其他客体之间的社会性互动最终形成对于创新事物的主观认知。

出于对这一研究模型在实际运用中的验证,在中国农村处于中早期扩散阶段的互联网被作为对象加以研究。分析结果显示,互联网作为一种技术创新所要解决的问题,及其实现效力在农村居民主观意识中的认知程度低下是目前在农村地区推广互联网的前提性障碍,互联网在农村居民个体环境中对子女因素的考量,在社会环境中对于网络的负面认知都成为初步研究结果中最主要的发现。

总之,符号互动理论的引入帮助建立了用以研究采用者对创新事物主观认知的一个新的模型。通过利用这一研究模型对互联网在农村居民中主观感知属性的研究,发现了在中国农村信息化推进过程中阻碍互联网扩散的最主要原因,同时也给予这些发现以有力的理论解释和支撑,从而进一步验证了这一研究模型在实际创新扩散研究中所具有的可行性。

参考文献

Blumer, Herbert (1969). *Symbolic Interactionism*; *Perspective and Method*. Englewood Cliffs, N. J.: Prentice-Hall.

Charon, Joel M. (2010). *Symbolic Interactionism*: *An Introduction, an Interpretation, an Integration* (10th ed.ed.). Boston: Prentice Hall.

Chinn, Menzie D, & Fairlie, Robert W (2006). "The Determinants of the Global Digital Divide: A Cross-country Analysis of Computer and Internet Penetration". Oxford economic papers, 59(1), 16-44. doi: 10.1093/oep/gpl024

Cullen, Rowena (2001). "Addressing the Digital Divide". *Online Information Review*, 25(5), 311-320. doi: 10.1108/14684520110410517

Fong, Michelle W. L (2009). "Digital Divide Between Urban and Rural Regions in China". EJISDC: *The Electronic Journal on Information Systems in Developing Countries*, 36.

Harwit, Eric (2004). "Spreading Telecommunications to Developing Areas in China:

Telephones, the Internet and the Digital Divide". *The China Quarterly*, 180(180), 1010−1030. doi:10. 1017/s0305741004000724

Hewitt, John P (2002). *Self and Society : A Symbolic Interactionist Social Psychology* (9th ed. ed.). Boston :: Allyn and Bacon.

McKinney, John C (1955). "The Contribution of George H. Mead to the Sociology of Knowledge". *Social Forces*, 34(2), 144−149.

Mead, George Herbert, & Morris, Charles William. (1967). *Mind, Self and Society : From the Standpoint of a Social Behaviorist*. Chicago : University of Chicago Press.

Modarres, Ali. (2011). "Beyond the Digital Divide". *National Civic Review*, 100(3), 4−7. doi:10. 1002/ncr.20069

Notley, Tanya M., & Foth, Marcus. (2008). "Extending Australia's Digital Divide Policy: An Examination of the Value of Social Inclusion and Social Capital Policy Frameworks". *Australian Social Policy*, 7, 87.

Quibria, M. G, Ahmed, Shamsun N, Tschang, Ted, & Reyes−Macasaquit, Mari−Len. (2003). "Digital Divide: Determinants and Policies with Special Reference to Asia". *Journal of Asian Economics*, 13(6), 811−825. doi:10. 1016/s1049−0078(02)00186−0

Rogers, Everett M. (2003). *Diffusion of Innovations* (5th ed.ed.). New York :: Free Press.

Shibutani, Tamotsu. (1961). *Society and Personality: An Interactionist Approach to Social Psychology*. [S.l.] : Prentice−Hall.

Sullivan, Harry Stack. (2012). "Conceptions of Modern Psychiatry: The First William Alanson White Memorial Lectures". 1940. *Psychiatry*, 75(1), 3.

Willis, Suzanne, & Tranter, Bruce. (2006). "Beyond the 'Digital Divide'". *Journal of Sociology*, 42(1), 43−59. doi:10. 1177/1440783306061352

Wong, Poh−Kam. (2002). "ICT Production and Diffusion in Asia Digital Dividends or Digital Divide?" *Information Economics and Policy*, 14(2), 167−187. doi:10. 1016/s0167−6245(01)00065−8

邵培仁、张健康:《关于跨越中国数字鸿沟的思考与对策》,《浙江大学学报(人文社会科学版)》2003年第33期。

〔叶明睿,中国传媒大学电视与新闻学院讲师〕

The Impact of Social Media Use on Afghan Youth Self-esteem and Social Activism

◎ Qingwen Dong   Mustafa Barak

Abstract: A sample of 358 Afghan college students found that Afghan youth, who use Internet and social media for information seeking, tend to engage in social activism. The study also found that Afghan youth who use social media for socialization purpose are more likely to have high self-esteem. This empirical study suggested that the Afghan youth strive to bring about civic awareness and social and political change in their country through the Internet and engaging on social media platforms. The study also showed that Afghan youth are having relatively high self-esteem and self-efficacy. It is believed that with a wider Internet accessibility and utilization, Afghan youth can contribute a great deal to building a unified national identity and development of their country.

Keywords: social media, Afghan youth, self-esteem, socail activism

Introduction

Afghanistan stories have remained in the news headlines for over a decade. After the collapse of the Taliban regime, international community have exhausted myriad of strategies and approaches to help bring stability in Afghanistan. These strategies have included deployment of foreign military force to fight terrorism and insurgency, investment of billions of dollars in both military and humanitarian aid to help build a strong Afghan Security Force and carry out reconstruction by building schools, clinics, roads and bridges, and help the government of Afghanistan to provide basic services to its people. While there have been gains in many sectors (Mh. Osman, Najla & Fazil, 2011), many factors continue to jeopardize the social and political stability of the country including increasing insecurity, unemployment, weak governance, public mistrust and lack of rule of law.

Most of the scholarly discussions and commentary on this fragile state have focused on what is going wrong in Afghanistan. Scholars and experts on Afghanistan have kept a vigilant focus on shortcomings and weaknesses of the Afghan government, international community, foreign military forces and their approach to deal with Afghanistan. This has often been done through highlighting the wrong and suggesting the right course of action. While these efforts are significant in suggesting course corrections towards stability in Afghanistan, little or no work has been done to highlight potential opportunities that could be capitalized for a long-term stability and nation building in the country. Civic society is indeed about improving security, building infrastructure, and providing services to the public, however, one key aspect that has been neglected is about empowering the ordinary citizen (Sidhu, 2012), who collectively form a nation and set the path for a country's future. It is critical to study how the social media in particular, empower the ordinary citizens to participate in the civic discourse and move the country forward. In this study, we would like to examine how social media shape Afghan youth self-concepts as well as their social and civic activism.

Literature Review

Young Afghans are significant actors for building a stable and developed Afghanistan. Afghan youth represent 68% of their population, a significant majority who will inevitably shape the future of their country. In what ways they would coin the future depends on the opportunities and challenges facing them, their perception of the status quo and the kinds of alternatives accessible in their communities. While challenges remain threatening, young Afghans have proven that they can change things. They have made striking achievements in sports, education, political consciousness and participation, and online social activism. This study primarily focuses on online social activism as one such development Afghan youth have demonstrated. More specifically, this research paper seeks to deconstruct the factors that have created an interest for online social activism and understand the potential impact of social media on their voluntary behaviors and self-esteem.

Online social activism has generated an extensive wealth of literature in the recent years. Social Networking Sites (SNS) such as Facebook and Twitter have changed the way online users make contacts, socialize and construct their identity (Hunt, Atkin & Krishnan, 2012). This evolution fomented social media to go even beyond making mere contacts or facilitate socialization. It is defining how opinions are shaped, information is shared and made available (Ray, 2011).

As the social media use grew exponentially both in terms of users and geographic spread, its potential in changing and shaping social and political dynamics was left unexplored until the world stood surprised when the Arab Spring happened in 2011. Despite prevailing disagreements among scholars such as Malcolm Gladwell, many believe that social media had a key role to play in facilitating the uprising (Ray, 2011, Aouragh, 2012, Al-Jenaibi, 2011, Cohen, 2012, Joseph 2012). In order to better assess and analyze the dynamics of social media, it is required that we develop an understanding of Internet and its usage in Afghanistan.

Internet Use

While social media help spread information rapidly across the world, some countries lagged behind. Afghanistan is one such country where Internet accessibility has been limited due to protracted years of war in the country coupled with high illiteracy rate (26%). In the last decade, the government has put both time and investment to gradually build the infrastructure for both telecommunication and Internet access across the country. Currently, Afghanistan is being connected through an integrated Fiber Optic Network connecting major cities and provinces with high speed Internet through DSL cable, satellite and mobile phones. With such development underway, a media survey conducted in 2010 found that among those with Internet access in the country only 20% connect at home, 37% at Internet cafes, 28% at offices and workplace and 9% through sharing same connection or using Internet at each other's house or workplace. Internet usage through mobile phone was low at 6% (Afghan Media, 2010).

While no latest independent data are available, Afghanistan's Ministry of Communication and Information Technology (MCIT) estimates that the number of users connected to the Internet has reached 2 million users. This is a 200% increased compared to 2011 (one million users) and a 270% increase compared to 2010 (700,000 users) with an annual average increase rate of 35%.[①] It's worth noting that this increase does not include a significant number of users in the country who access Internet through Internet cafes in urban centers where users pay an average of $1 per hour to check e-mails or log in to SNS.

[①] Afghanistan Ministry of Communication and Information Technology website. Retrieved on October 20, 2012: http://mcit.gov.af/Content/images/Eng%20-%20Internet%20Users.png

Those who usually connect to the Internet are government and non-government employees who use the Internet for work, and youth who are usually university students and connect to the Internet several times a day through Internet cafes and a limited number of them at home. A significant number of those who connect to the Internet for work are young professionals who work during the day and attend university in the afternoon. These young employees have jobs with a monthly salary that allows them to afford using Internet through their phones. These young adults are the most active Internet users who are mostly connected 24 hours a day.

There are no data available indicating the number of Internet users through mobile phones. However, observations showed that private telecommunication companies are strongly competing to secure a dominant market share in mobile Internet revenue. Ad campaigns on Mobile Internet access through GPRS and 3G technologies are observed on TV, radio, billboards, posters and digital screens throughout mains cities, campuses, airports and boarder entry points. Young Afghans mostly prefer using Internet through mobile phones due to its mobility and relatively higher speed compared to DSL phone lines or Internet Cafes. Those who do not have a consistent income mostly use Internet in university campuses and Internet cafes. Internet use at home is not very popular due to its slow speed as well as limited coverage.

Since scholarly literature work on the use of social media in Afghanistan is very limited, close observation of online social activism among Afghan youth on SNS such as Facebook and Twitter and review of news articles provided the main motive for this study. In addition, increased online behaviors, youth voluntary initiatives and self-expressions as well as the increasing desire to keep up with those who are online, made a significant case for this study. There are sufficient research findings that support the observation (Dong, Wu & Gu, 2011).

Social Networking Sites (SNS)

Social Networking Sites (SNS) or social media sites, as it is often called, is a contemporary phenomenon. We are still trying to understand and explore what it really is due to its evolving characteristics. Scholars are struggling to keep up with the new characteristics of SNS; however, there is a great deal of scholarly work available that will help us define it.

SNS acts as a facilitator and helps individuals interact faster and better (Manovich, 2001; Infante, Rancer & Womack, 1997; Scott 2007). Interaction on social media platforms give way for individuals to socialize with friends, make new contacts and construct their identity (Dong & Day, 2009; Hunt, Atkin & Krishnan, 2012). While interaction and socialization are some of its main features, SNS also serves as a platform that facilitates content creation and sharing (Kaplan & Haenlein, 2010; Kietzmann, Hermkens, McCarthy & Silvester, 2011). Kietzmann, Hermkens, McCarthy and Silvestre (2011) provide a solidified framework for the use of SNS and its impact on individuals and groups. These are identity, conversations, sharing, presence, relationships, reputation, and groups. Furthermore, some of the main motives for using SNS are keeping in touch with friends, making new friends, peer pressure, information seeking and sharing, liking and commenting on content friends share, creating content and seeking validation (Li & Bernoff, 2008; Ray, 2011; Miller, Parsons & Lifer 2009). With these emerging characteristics, online platforms with the plethora of ever changing human interaction has profound consequences that go beyond mere friend seeking, maintaining contacts or sharing information. It has far reaching implication on self-reflection, aspiring and creating motives, shaping perceptions, self-esteem development and social and political activism.

Afghan youth are no different in terms of adopting and using new media. Over the years, their motives to use new media have created an atmosphere among young Afghans where maintaining online profiles and engaging in conversations and exchange information on Facebook has now become a trend. The popularity of SNS, especially Facebook, is now considered a key element to judge one's social status ranking. If one doesn't have a Facebook account then he or she is not considered Internet savvy or is not part of the elite and modern cohort of young This trend puts peer pressure a definite factor encouraging youth to engage in online activities and engaging on Facebook. Peer pressure has lead some to engage in hypocrite online behaviors.

While conducting the survey in Nangarhar University, an interesting behavior was observed among male students. Most students were maintaining Facebook accounts with fake IDs. When asked during a focus group discussion, students described this trend as a "double-peer-pressure". On one hand, social pressure from friends who are already using Facebook encouraged them to maintain an active account. On the other hand, dominant social and cultural values discourage these young students from openly maintaining Internet presence, leading them to maintain Facebook accounts with fictitious name and profile photo. Under the Taliban rule, which was very strong in Nangarhar province, use of Internet and social media were considered socially and culturally taboo. According to these students, Internet is considered taboo in their community because it includes taboo content such as pornography and anyone using Internet is considered a bad Muslim or a bad citizen.

This development is a clear indication that Afghan youth are exploring favorable opportunities for self-identity, self-expression and self-empowerment. When individuals feel empowered, they tend bring about social awareness and engage in creative activities that could bring about change.

Online Social Activism

Having experienced many years of war and destruction, Afghan youth have increasingly become socially conscious about their country and are willing to bring in positive change in their communities. They use social media as an effective tool to raise awareness and organize groups about a wide range of social and political issues. Afghan Freedom Loving Youth Group is one such Facebook group page that is inspired by the Arab Spring and describes itself as bringing the "Afghanistan Spring" for a better Afghanistan.[①] In April 2012, the group started an unprecedented campaign against the country's former warlords by putting up posters and spraying graffiti slogans defaming warlords and current government power holders (Bezhan, 2012).

Similarly, in January 2012 a group of young Afghans created a Facebook group page to fight against "number 39", which is associated with prostitution and scandal in the country (Glasse, 2012). This prompted a national move by thousands of young Afghans to make the number acceptable among the population by changing their Facebook profile page to number "39" and displaying posters in their cars condemning such an absurd belief.

Others use Facebook to plan, coordinate and hold social events. One groups called "Paymaan" is formed by a group of committed male and female young adults with the aim of providing free education to street kids in Kabul province. The group is registered as a non-profit organization and does not have an office or any operational expenses. It raises money in Netherlands from parents in order to pay school fees for these kids. Paymaan depends

---

① https://www.facebook.com/AfghanYouthGroup/info

entirely on Facebook to raise donations and organize events to gain support from other youth groups. Another social group called "The Helping Hand Society" follows a very similar operational trend. Using Facebook, It raises money from other young Afghans employed by private companies, Foreign Embassies, UN and other organizations, to buy food supplies and other amenities for displaced and needy families.

With SNS gaining momentum and penetrating young communities, Afghan politicians and Taliban alike are strategically tapping on this resource to maintain presence where most Afghan are now spending their time to seek information and engage with each other. Politicians are creating Facebook and Twitter accounts to communicate and discuss political issues with their constituents (AFP, 2012). Taliban, who once banned technology and deemed it anti-Islamic are increasingly using SNS to communicate to people and media and answer questions (Latifi, 2012). They often create Facebook accounts using female photos to attract foreign expatriates and military and collect information (Salimi, 2012).

Constructing National Identity

Identity is the uniqueness of self and all the meanings that a person relegates to oneself, which is constructed through a process of reflexivity and being aware of oneself (Gecas & Burke, 1995). This self-reflection could be established by individual's behavior, relationships, conversation, group membership and the kind of activities one participates. When shared in public, these meanings and behaviors not only become an individual's identity, but also frame the public identity through which people outside oneself come to see us. In other words, self-identity that individuals strive to construct becomes a public identity for outsiders (Gecas & Burke, 1995). The notion of national identity follows a similar pattern where individuals within a nation collectively form an identity through shared, values, meanings, and behaviors.

Building a national identity for Afghans has been a challenge. Afghanistan has been at the crossroads of diverse civilizations for centuries. It is located at the crossroads of invading armies, traders and explorers connecting western Asia with Indian subcontinent. Some came to Afghanistan and passed it through to India. Others came and decided to settle and since then have remained to construct a country with diverse ethnicities. This diversity has challenged the creation of a national identity among a tribal structure that stretches over a dozen of ethnicities (Hyman, 2002). However, sense of national identity has only been observed in the face of an outsider invasion or threat where diverse ethnicities have left their differences and fought together to defeat outsider invasions (Dupree, 2002).

While intra-ethnic diversity of Afghanistan's population has restricted the development of a national identity, SNS as an emerging tool and platform for self-expression and socialization among young Afghans is helping online users with sense of patriotism and national identity in recent years. These expressions are formed individually through Facebook and Twitter by sharing news articles and links about Afghanistan, liking pages associated with Afghanistan or organizations that individuals feel associated with or simply engage in conversations about variety of issues.

SNS is also helping Afghans praise unified values and things that make them proud as a nation. Cricket, for example, a sport gaining tremendously attention in the country has helped young Afghans express their sense of patriotism through social media. Despite diverse ethnic and linguistic differences, social media users are continuously posting status updates praising their national cricket team, posting photos of cricket players and spectators holding Afghan flag during cricket matches. With many enthusiasts, Afghanistan Cricket Board now maintains a Facebook page with over 12,000 members. The page posts upcoming matches, updates on cricket players and posting cricket scores when Afghanistan is playing another country. Similarly, Afghan Culture, a page promoting cultural values and posting photos and videos is helping bring Afghans together. With many diverse cultural values and customs in the country, the page has managed to reflect ethnicities and their cultural values and thus has managed to get over 72,000 likes on its page.[①]

Social media has become a platform that promotes construction of individual identity and collectively national identity among Afghans despite their differences. Young Afghans share content, like pages and build relationships based on their preferences and through this establish an identity that tells the public who and what they are.

Self-esteem

Self-Esteem is defined as how individuals perceive themselves positively, neutrally and negatively. When people view themselves positive, they tend to feel good and empowered to

---

① https://www.facebook.com/AfghanCulture/info

do more things for themselves and society. For example, when Afghan youth have high self-esteem, they are expected to make more efforts to help society by donating money for a social group or encourage others to do things for a better society. However, when individuals view themselves negatively, they are more likely to feel incompetent or lacking an ability to do things for themselves and others. Researchers have found that self-esteem is one of the most popular variables shaping individuals' behaviors. According to Rosenberg (1965), one of the leading authors in measuring self-esteem, people tend to develop respect toward others when they have high self-esteem while they tend to develop self-rejection, self-dissatisfaction and self-contempt, they will have low self-esteem. Gecas (1971) measured self-esteem by using bipolar adjectives: powerful or powerless, good or bad, strong or weak and honest or dishonest. Research showed that there is a significantly positive correlation between high self-esteem and various positive results. It is expected that people with high self-esteem will get more involved in social activities, helping each other and helping neighbors and community.

Homans (1974) provided a social exchange theory, suggesting that people's behavior is shaped by people's motivation of seeking reward and avoiding punishment. Homans also proposed the "Value Principle" which indicated that "the more valuable to a person is the result of his action, the more likely he is to perform action" (p.25). Based on the review of literature, we proposed two hypotheses and two research questions for this study based on the review of literature. The first hypothesis is that "the more individuals positively evaluate Internet use, the more likely they will engage in social activism." The second hypothesis is that "the more individuals positively evaluate Internet use, the higher self-esteem they will develop."

The two research questions are: "What motives of Internet use affect individuals' social activism?" "What motives of Internet use affect individuals' self-esteem?"

Method Sample

The research was conducted in Afghanistan across three state universities: Kabul, Balkh and Nangarhar universities. These three state universities were selected based on the locations of regional representation of the country. Following the selection of universities, a stratified random sample procedure was adopted to decide sampling elements. It is critical to note that sampling biases were avoided in order to develop adequate representation of the population through this sampling procedure.

A self-administered survey questionnaire was given to 408 college students. The aim of this cross-sectional study was to examine the youths' values, ideals, attitudes and behaviors about social participation and voluntary behaviors in Afghanistan. Questions covered a range of issues including Internet usability and accessibility, social media engagement, voluntary behaviors and motives behind using social media as well as opportunities, challenges and issues facing social participation in the country. It took three days to conduct the survey in each province.

Procedure

In Nangarhar University, the survey was conducted in the University Internet Café, which offered the best location to reach out to students for such a survey. A total of 143 students were surveyed as they were coming to take advantage of free Internet connection. In Kabul and Balkh Universities, the survey was conducted in classrooms with prior coordination with professors in each university. A total of 152 students were surveyed in Kabul University and 113 in Balkh University. In total, 408 students were surveyed but the number of completed questionnaires without any errors has come down to 358. This means, a total of 50 questionnaires filled in all three universities were incomplete and had to be excluded from data analysis.

The official languages in Afghanistan are Dari (Persian) and Pashtu. English Questionnaire was translated into Dari for Balkh and Kabul universities, where Dari is the dominant language, and in Pashtu for Nangarhar university, which is a dominantly Pashtu speaking province. After translation, the questionnaires were translated back to English to assess the quality of translation and sent to Dr. Dong for approval. At the same time, the questionnaires were pre-tested in both languages in order to assess translation quality and accuracy. After the pre-test, it was realized that students had difficulties following the sequence of Likert scale numbering from left to right. Since writing in the local language is from right to left, Likert scale numbering (1 - 7) was expected to correspond to the same text direction. Therefore, changes were made to better serve the Afghan student participants.

Female participation was relatively higher in Kabul and Balkh and very low in Nangarhar province. Kabul, as the capital and a hub for education, trade, politics and entertainment in the country, has been able to attract a considerable number of female in its educational institutes. Balkh is located in the North of the country and borders with central Asian country of Uzbekistan. It hosts one of lucrative trading ports in the country and has not been under strict traditional restrictions on female education. In contrary, Nangarhar remains highly traditional and has been conservative towards female education and employments, limiting female enrollment in high schools and universities. Nangarhar University, however, does have a separate female campus to which I was not granted access.

Measurement

Social activism was adapted from Activism Orientation Scale (AOS) developed by Corning and Myer (2002). It is a measure that assesses an individual's propensity to engage in social and political action. The original AOS begins with presentation of the question stem, "How likely is it that you will engage in this activity in the future?" followed by 35 items completing this stem. For example, "display a poster or bumper sticker with a political message" and "engage in an illegal act as part of a political protest." Respondents indicate their likelihood for each behavior using a scale with points of 0 (extremely unlikely), 1 (unlikely), 2 (likely), or 3 (extremely likely). In the current study, 12 questions were selected and revised from the original scale in order to better serve the study and fit the situation in Afghanistan with a focus on people's voluntary tendency to engage in various social and political activities such as "organize a social event" or "participate in discussion groups designed to discuss a particular social issue." The self-esteem measure listed 11 bipolar adjectives investigating how individuals evaluate themselves as being honest/dishonest, good/bad, worthy/worthless. The measure was adapted from Gecas (1971) semantic differential scale.

The measurement of Internet Motive Scale was adapted from Ray (2007) scale including socialization (e.g., to get peer support from others), entertainment (e.g., to kill time when I have nothing else to do), self-status seeking (e.g., because I feel peer pressure to participate), and information seeking (e.g., to get academic information or do research).

Positive evaluation of Internet use measurement was created by the authors. The six statements focused on the positive impact of Internet use on the Afghan context. For example, "Internet is a great tool to unite Afghan youth," and "Internet provides a dialogue venue for Afghan youth to discuss peace-building initiatives.

Data Analysis

Collected data were entered manually into Statistical Package for Social Sciences (SPSS) and they were used to analyze the data and generate results. First, descriptive statistics was conducted to get demographic information of the participants. A reliability test was conducted for Internet Motive Scale, self-esteem, social activism, positive evaluation of Internet use. Estimates of internal consistency for each of the subscale were calculated. The alpha coefficients were calculated for the key variables.

Results

The descriptive analysis result showed that the Afghan youth depended heavily on Internet to learn about Afghanistan with 41% of respondents ranking Internet as the top source for information Afghanistan, followed by television (28%), radio (17%), print media (5%) and word of mouth (4%). When asked about how often people use Internet for news about Afghanistan, 20% of respondents said that they used Internet daily, 27% people used it once a while, 13% people used it four times a week and 17% people used it every other day. There were close to a quarter of people (23.2%) of students who never used the Internet for getting news about Afghanistan. It is important to note that these figures only represent Afghan collage students and could change significantly with a much larger representative and geographic sample.

Table 1 Descriptive Analysis

Variables	N	Mean	Standard Deviation	Range
Self-Esteem	358	5.58	1.17	6
Social Activism	358	2.94	0.69	3
Socialization	358	3.94	0.64	4
Entertainment	358	2.81	0.97	4
Self-Status	358	3.19	0.93	4
Info Seeking	358	4.26	0.79	4
Pos Evaluation of Internet Use	358	3.15	0.84	3

Table 1 showed that Afghan college students tend to have relatively high self-esteem with a mean of 5.6 in a seven-point scale. The respondents indicated that they were likely to engage in social activism for advancing the country. The respondents tended to agree that Internet use play a critical role in helping to build Afghanistan. Among the Internet Motive Use scale, the respondents ranked information seeking as the highest motive followed by socialization, self-status seeking and entertainment. It seems that people have a mixed feelings of using Internet for entertainment purpose.

The correlation analysis of the key variables (Table 2 in Appendix) showed that social activism is highly correlated with positive evaluation of Internet use as well as all four Internet use motives. Self-esteem showed no significant correlation with social activism. On the other hand, self-esteem is positively corrected with socialization as the only Internet motive.

In testing hypotheses, a step-wise regression analysis was conducted. The Hypothesis one said that "the more individuals positively evaluate Internet use, the more likely they will engage in social activism." The results, showed in Table 3, supported the hypothesis. In other words, people's positive evaluation of Internet use directly link to their active participation in social activities.

The Hypothesis two said that "the more individuals positively evaluate Internet use, the higher self-esteem they will develop." The results, showed in Table 4, failed to offer support to the hypothesis.

In order to answer the first research question, "What motives of Internet use affect individuals' social activism?" Based on the results showed in Table 3, those people who are using Internet for seeking information tend to engage in social activism. However, other motives such as self-status seeking, socialization, and entertainment do have a significant impact on social activism.

Table 3 Regression analysis for Variables Predicting Using Social Activism (Stepwise Regression Analysis)

Predicting Variables	B	SE	t	Beta
Pos Evaluation of Internet Use	.39	.04	10.53	.48**
Information Seeking	-.14	.04	3.64	.17**

Note: Dependent Variable = Social Activism; N = 358;

The second research question was, "What motives of Internet use affect individuals' self-esteem?" According to the results presented in Table 4, those people who are using Internet for socialization tend to feel good about themselves. The most interesting finding is that those who use Internet to seek fun or entertainment, in fact, tend to have low self-esteem.

Table 4 Regression analysis for Variables Predicting self-Esteem (Stepwise Regression Analysis)

Predicting Variables	B	SE	t	Beta
Socialization	.41	.10	3.97	.22**
Entertainment	-.15	.07	-2.30	-.13*

Note: Dependent Variable = self-Esteem; N = 358;

Discussion

The major contribution for this study is to use an empirical data approach to study the most under-studied Afghan youth who are the future of this war-torn country. This country has been covered by the Western media so often, but most of the news report covered killings, bombing, and disasters. This research offered some value information about Afghan youth who depend heavily on the Internet to learn about their country, to express themselves and learn about others. They have relatively high self-esteem and they do have a strong tendency to participate in social activities.

Results indicated that those people who use social media and Internet for information tend to engage in social activism. This shows that these Afghan youth could get information from the Internet for empowering themselves and making an effort to help their own country. Results also suggest that people who positively evaluate Internet use also engage in social activism, indicating that social media and Internet use play a critical role in people's lives and in their way to help build this country.

The study also indicated that people who use social media and Internet for socialization purpose tend to have higher self-esteem. This finding suggests that people's dependency on social media for getting to know others is critical to today's Afghan youth. It is very interesting to find that the motive of entertainment of using social media is significantly negatively affect on people's self-esteem. This poses a large question for further investigation.

The study has several limitations. The first is the non-random nature of data collection. Though the researchers made strong efforts to avoid selection bias, it is important to note that generalization should be cautious due to the convenient sampling characteristics. Second, social activism measurement only reflects one dimension of Afghan youth social engagement and social activities. A broader measurement could have helped this investigation for investigating individuals' volunteerism and activism. Third, this quantitative measurement showed a standardized way of examining people's attitudes and behaviors, which may not capture the context and detailed information of how and why Afghan depend on social media for information and socialization. Fourth, women generally do not enjoy equal access to education and thus Internet in the country due to cultural and social restrictions on women's participation in different aspects of social life. In this research, women represented 30% of respondents, which is relatively a higher number due to limitations of the sample representation. When we are explaining the results, we should consider that women in Afghanistan have lower access to Internet and social media. There are three suggestions for future research. First, a qualitative study with detailed interviews with these Afghan youth can offer rich data to better understand Afghan youth and their values, beliefs, and attitudes. Second, a multi-dimensional scale to measure how Afghan youth use mass media is critical to help us understand efforts of Afghan youth in building their country. Third, a nationally representative sample of universities students and young professional to reflect higher generalizability of research results.

In conclusion, this study offered some significant empirical data to understand the Afghan college students' self-esteem, social activism and their relationship with various Internet use motives. This study showed some strong evidence that the Afghan youth are depending on social media and the Internet to gain information and engage in social activism for social change in the country. They are confident and strong, good and honest through their online socialization process. It is believed that with a wider and broader Internet penetration and utilization, Afghan youth can play a solid and constructive role in advancing Afghanistan towards stability and development.

Works Cited

AFP. (2012, July 27). "Afghans Embrace Social Media after Taliban". *Gulf News*. Retrieved from http://gulfnews.com/news/world/afghanistan/afghans-embrace-social-media-after-taliban-1. 1054271

Aouragh, M. (2012). "Social Media, Mediation and the Arab Revolutions". *Open Access Journal for a Global Sustainable Information Society*, 10(2), 518-536.

Bezhan, F. (2012, April 27). "Afghan Youth Group Targets Former Warlords Ahead of Contentious Holiday". *Radio Free Europe*. Retrieved from http://www.rferl.org/content/afghanistan_antiwarlords_campaign_youth_group_mujahedin/24561960.html

Cook, K., Fine, G., & House, J. (1995). *Sociological Perspectives on Social Psychology*. Massachusetts: Allyn and Bacon, 41-68

Corning, A & Myers, D. (2002). "Individual Orientation toward Engagement in Social Action". *Political Psychology*, 23, 703-29

Dong, Q., Wu, Y., & Gu. E. (2012). "The Impact of Cultural Values and Gender on Chinese Young Adults in Using Social Networking Site" (Renren). *Human Communication*, 15(2), 193-265.

Dupree, N. (2002). "Cultural Heritage and National Identity in Afghanistan". *Third World Quarterly*, 23(5), 977-988.

Gecas, V. (1971). "Parental Behavior and Dimensions of Adolescent Self-evaluation". *Sociometry*, 34, 466-82

Gladwel, M. (2010, October 04). "Small Change: Why the Revolution Will not be Tweeted". *The New Yorker*. Retrieved from http://www.newyorker.com/reporting/2010/10/04/101004fa_fact_gladwell

Glasse, J. (2012, January 03). "Associated with Prostitution, An Online Campaign Now Aims to Make the Number Acceptable Again". *Al Jazeera*. Retrieved from http://www.aljazeera.com/video/asia/2012/01/2012131130126662873.html

Hunt, D., Atkin, D., & Krishnan, A. (2012). "The Influence of Computer-mediated Communication Apprehension on Motives for Facebook Use". *Journal of Broadcasting & Electronic Media*, 56(2), 187-202.

Hyman, A. (2002). "Nationalism in Afghanistan". *International Journal of Middle East Studies*, 34(2), 300-301.

Homans, G.C. (1974). *Social Behavior: Its Elementary Forms* (rev. ed), New York: Harcourt Brace Jovanovich.

Infante, D. A., Rancer, A. S., & Womack, D. F. (1997). *Building Communication Theory* (3rded.). Prospect, Heights, Ill.: Waveland Press, Inc., 387-393.

Joseph, S. (2012). "Social Media, Political Change, and Human Rights". *Boston College International & Comparative Law Review*, 135, 145–188.

Kaplan, A. M., & Haenlein, M. (2010). "Users of the World, Unite! The Challenges and Opportunities of Social Media". *Business Horizons*, 53, 59–68.

Kietzmann, J. H., Hermkens, K., McCarthy, I. P., & Silvestre, B. S. (2011). "Social Media? Get Serious! Understanding the Functional Building Blocks of Social Media". *Business Horizons*. 54 (3), 241–251.

Latifi, A. (2012, October 17). "Afghanistan's Online War of Words". *Al Jazeera*. Retrieved from http://www.aljazeera.com/indepth/features/2012/10/2012101510373939539.html

Li, C., & Bernoff, J. (2008). *Groundswell, Winning in a World Transformed by Social Technologies*. Boston: Harvard Business Review Press.

Manovich, L. (2001). *The Language of New Media*. Cambridge: MIT.

Miller, R., Parsons, K., & Lifer, D. (2009). *Students and Social Networking Sites: The Posting Paradox*. (Vol. 29, p. 378). Ashland: Taylor & Francis. Retrieved from http://www.informaworld.com

Ray, T. (2011). "The 'Story' of Digital Excess in Revolutions of the Arab Spring". *Journal of Media Practice*, 12(2), 189–193.

Rosenberg, M. (1965). *Society and the Adolescent Self-image*. Princeton, NJ: Princeton University Press.

Salimi, A. (2012, September 09). "Taliban Hide Behind Female Photos to Collect Information". *BBC Persian*. Retrieved from http://www.bbc.co.uk/persian/afghanistan/2012/09/120909_l72_taliban_vid.shtml

Scott, J. (2007). *Social Network Analysis*. London: Sage.

[Qingwen Dong, Ph.D, Professor at the Department of Communication, University of the Pacific, California, United States of America.

Mustafa Barak, Postgraduate student at the Department of Communication, University of the Pacific, California, United States of America.]

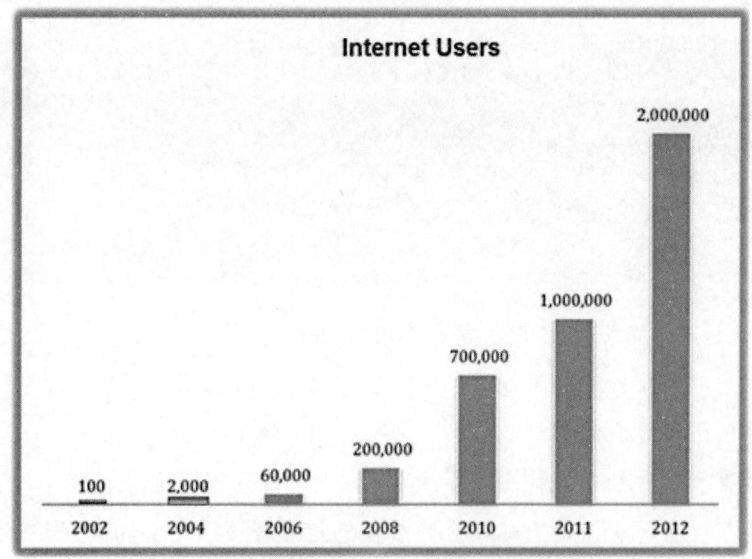

Figure 1　Internet Use by Year

Figure 2　Survey Sites

使用社交媒体对阿富汗青年自尊和社会活动的影响研究

◎ 董庆文　Mustafa Barak，张为 译

摘要： 本文选取了358名阿富汗大学生进行调查，结果发现使用互联网和社交媒体获取信息的阿富汗青年更愿意参加社会活动。调查还发现，以社交为目的使用社交媒体的阿富汗青年具有较强的自尊心。这项实证研究表明，阿富汗青年正在努力通过互联网和社交媒体平台带来公民意识、社会与政治上的变革。此外，研究还表明了阿富汗青年的自尊和自我效能感相对较强。笔者相信，随着互联网越来越高的普及率和使用率，阿富汗青年将为建立统一的民族认同感和促进阿富汗的发展作出巨大贡献。

关键词： 社交媒体，阿富汗青年，自尊，社会活动

一、引言

近十多年来阿富汗总是登上各大新闻报道的头条。塔利班政权瓦解后，国际社会用了各种办法希望给阿富汗人民带来稳定，包括派遣外国军事力量进驻阿富汗对抗恐怖主义和暴动，投资数十亿美元增强阿富汗军事力量并提供人道主义援助，从而帮助阿富汗建立一支强大的安全部队，重建学校、医院、道路和桥梁，并且帮助阿富汗政府为其民众提供基础服务等。虽然不少行业取得了进展（Mh.Osman, Najla & Fazil, 2011），但仍旧存在一些因素继续危害着阿富汗的社会与政治稳定，诸如安全形势日益恶化、失业率不断增加、政府管理不力、公信力及相关法律法规缺失等。

阿富汗这个饱尝战乱之苦的国家一直以来都是学术研究与评论的热点，其中大部分都是围绕着同一个问题展开：阿富汗究竟哪里出了问题？长期以来阿富汗问题的专家学者们密切关注阿富汗政府的缺陷和弱点、国际社会、外国军事力量以及其处理阿富汗问题的方式。学者们会指出错误的处理方式同时提供正确的解决方案。虽然这些努力对于探寻阿富汗的稳定之路具有重要意义，但是几乎没有做出任何实质性的工作去探寻阿富汗得以长足稳定、建设发展的契机。公民社会实质上是指完善社会保障、建设基础设施、为民众提供服务的社会，但是，赋权于普通公民这个关键因素却被

忽略了（Sidhu,2012）。是普通公民共同组成了一个国家,也正是普通公民铺设出一个国家的未来发展道路。因此,研究社交媒体如何赋权于普通民众并让他们参与公众话语、推动国家向前发展就显得尤为关键。本文将重点探讨社交媒体如何塑造阿富汗年轻一代的自我意识及其社会与公民的行动主义。

二、文献综述

年轻一代的阿富汗人是建立一个稳定而发达的阿富汗的主要行动者。阿富汗青年占阿富汗总人口的68%,毋庸置疑,这个庞大的群体决定着阿富汗的未来。不过他们将以何种方式创造未来则取决于他们当下所面临的机遇与挑战,他们对国家现状的看法以及对国家的理解方式。虽然迎接挑战也会带来风险,但年轻的阿富汗人已经证明他们可以带来改变。他们在体育、教育、政治意识和政治参与及在线社会行动方面已经取得了令人瞩目的成就。本文的研究视角主要是在线社会行动所取得的成就。具体来说,本文旨在解构在线社会活动兴趣氛围得以营造的要素,探究社交媒体对阿富汗青年的自愿行为及自尊的潜在影响。

近几年出现了大量研究在线社会活动的文献著作。社交网站(SNS)如脸谱网(Facebook)与推特网(Twitter)已经彻底改变了在线用户交往、社交及寻求自我认同的方式(Hunt, Atkin & Krishnan, 2012)。这一变革在促进了社交的同时也促使社会媒体超越了纯粹的人际交往。观念如何形成、信息如何分享和获取则是起决定性作用的几大要素(Ray, 2011)。

虽然社交媒体的用户与覆盖面在成倍地增长,但人们对其改变和塑造社会与政治动态的可能性仍旧一无所知,直到2011年震惊世界的"阿拉伯之春"事件的爆发。尽管学者们普遍持反对态度,如马尔克姆·格拉德威尔(Malcolm Gladwell),许多人依旧坚信在国家繁荣昌盛的道路上社交媒体将会起到关键作用(Ray, 2011; Aouragh, 2012; Al-Jenaibi, 2011; Cohen, 2012; Joseph 2012)。为了更好地了解和分析社交媒体的动态,我们就要对互联网及其在阿富汗的使用情况有所了解。

(一) 互联网的使用情况

正在全球通过社交媒体向外快速散播信息的时候,有一些国家却远远地落在了后面。阿富汗即是其中之一,旷日持久的战争加上高文盲率(26%)导致阿富汗的互联网普及率极其有限。在过去十年里,阿富汗政府已经逐步开始建设覆盖全国的电信与互联网基础设施。到目前为止,阿富汗已建成一套集成光纤网络系统,通过DSL电缆、卫星与移动电话利用高速因特网连接各大主要省市。伴随着阿富汗电信与互联网业的不断发展，2010年的一次媒介调查显示，只有20%的互联网用户在家里使用网络，37%在网吧使用，在办公室及工作场所上网的比例是28%，9%通过相同的网络接口使用互联网，手机网络用户仅占6%（Afghan Media，2010）。

虽然目前尚无最新独立数据可供使用，但据阿富汗通讯和信息技术部（MCIT）估计，互联网用户已经攀升至200万。与2011年（100万的互联网用户）相比，增长了200%，与2010年（70万的互联网用户）相比，增长了270%，而年平均增长率为35%（阿富汗通讯和信息技术部网站，2012）。值得注意的是，上述增长不包括在市中心网吧使用网络的用户，这些用户在网吧使用网络查收邮件或登录社交网站每个小时需要支付1美元的平均费用。

需要经常使用互联网的人群包括政府工作人员和因工作需要的非政府工作人员，也有年轻的大学生，这些大学生在网吧一天使用几次互联网，他们当中的极少数在家使用网络。使用网络的绝大多数都是年轻的专业人才，他们白天工作下午去学校学习。这些年轻的工薪阶层每月领取薪水，因此可以支付手机上网费用。这些年轻人的手机大多一天24小时都处于连接状态，他们是最活跃的互联网用户。

目前还没有数据能够表明手机网络用户的具体数量。但是，观察结果显示，手机网络市场竞争激烈，各家私营电信公司都在积极抢占先机，希望占有更多的市场份额。在各大城市、大学校园、机场和入境点的电视、收音机、广告牌、海报和电子屏幕上，随处可见手机网络技术GPRS和3G的宣传广告。与DSL电话线或网吧相比，阿富汗青年更喜欢使用手机网络，因为手机网络具有可移动性并且速度也相对更快。而绝大部分在大学校园和网吧使用网络的人一般没有稳定的收入。由于家用网络速度较慢且覆盖率有限，因此家用互联网不太受年轻人的欢迎。

关于阿富汗社交媒体使用情况的学术著作极为有限，因此对阿富汗年轻人在社交网站（SNS）如Facebook与Twitter的在线社会行动的密切观察以及相关的新闻评论为本次研究提供了素材。此外，逐步增多的在线行为、青年自愿行动及自我表达与不断增强的在线愿望也为本次研究提供了重要案例。大量的研究发现足以证实我们所观察到的现象（Dong，Wu & Gu，2011）。

（二）社交网站（SNS）

社交网站（SNS）或社交媒体网站，正如其名称一样，是一种同时代现象。我们在尝试着去理解和探索其演化特征，学者们也在努力跟上社交网站的发展脚步。不过，大量的学术研究工作有助于我们了解社交网站或社交媒体的发展变化。

社交网站作为一种助推器促使人与人之间的交往变得更为便捷和密切（Manovich，2001；Infante，Rancer & Womack，1997；Scott 2007）。通过在社交媒体平台上互动，可以和自己的朋友取得联系、结交新知、实现自我认同（Dong & Day，2009；Hunt，Atkin & Krishnan，2012）。不过互动和社交只是社交网站的主要功能之一，社交网站还能为内容创建和分享提供平台（Kaplan & Haenlein，2010；Kietzmann，Hermkens，McCarthy & Silvester，2011）。人们愿意使用社交网站主要是因为希望与朋友保持联系，结识新朋友，感受同伴的压力，获取和分享信息、喜好以及点评朋友的分享，创建新内容和寻求别人的肯定（Li & Bernoff，2008；Ray，2011；Miller，Parsons & Lifer 2009）。有了这些新特征，在线平台上过多的不断变化的人际互动已经远远超出了仅仅是结交朋友、保持联系或分享信息的初衷。社交网站已经对自我反省、实现抱负、创造动机、认知与自尊心的形成以及参与社会与政治活动产生了深远影响。

阿富汗青年也在适应和使用新媒体。多年以来，阿富汗青年使用新媒体的目的在不断地发生变化，随时保持 Facebook 账号处于在线状态、聊天、交换信息如今已成为年轻的阿富汗人的一种时尚。社交网站尤其是 Facebook 的人气，已经成为评判一个人社会地位高低的关键要素。如果一个人没有 Facebook 账号，那么这个人绝对不是网络专家或者精英，甚至算不上是现代年轻人。在这种氛围里，同伴压力成为驱使年轻人参加在线活动、登录 Facebook 的一大推手。当然，同伴压力也会导致一些人参与到虚假的在线行为中。

我们在楠格哈尔大学做调查时，在男性学生身上注意到一个有趣的现象：大部分男学生的 Facebook 账号都是编造的身份。在一次专题讨论会上被问及该问题时，男学生们解释说这是一种"双重同伴压力"产生的现象。一方面，那些已经在使用脸谱网的朋友给他们带来了社交压力，从而刺激着他们保持账号处于活跃状态；另一方面，主流社会与文化价值观却又不允许年轻学生公开在线，这就导致他们在登录 Facebook 账号时使用虚假的用户名和头像。在塔利班政权统治时期，楠格哈尔省的这种现象非常普遍，因为在当时不论是社会法令还是宗教文化都明令禁止使用互联网和社交媒体。根据这些学生所说，他们国家禁止使用互联网是因为网络上有禁忌内容比如色情，任何人使用互联网都会被视作是坏穆斯林或不良公民。

显而易见，这种变化说明了阿富汗青年正在寻求良好的机遇实现自我认同、自我表达以及自我赋权。当个人获得授权后，他们将带来社会意识的变革，参与创新活动从而带来革新。

(三)在线社会活动

经历了多年的战争与破坏,阿富汗青年已逐渐具有社会意识并开始关注他们的国家,希望能够为国家带来积极的变化。阿富汗青年认为社交媒体能够有效提升人们的意识,并且他们特别成立了几个组织,专门讨论当前所面临的一系列社会政治问题。"阿富汗热爱自由青年组织"就是一个受"阿拉伯之春"启发而创建的 Facebook 主页,他们的口号是为阿富汗带来"阿富汗之春",让其成为一个更加美好的国家。2012 年 4 月,该组织发起了一次空前的反国家前军阀的游行,他们高举着反对军阀及当权者的海报,并在墙上喷涂口号(Bezhan,2012)。

同样地,2012 年 1 月,一个阿富汗青年组织创建了一个 Facebook 主页,专门反对使用暗指卖淫和丑闻的"数字 39"(Glasse,2012)。这激起了另一些阿富汗青年的不满,继而演变成一场全国性的运动,几千名阿富汗青年参与了此次运动,他们将 Facebook 的个人资料页改为数字"39",在汽车上张贴海报谴责这一荒谬可笑的暗义,希望人们能够接受"数字 39"。

其他组织利用 Facebook 策划、协调并支持社会活动。有一个组织名叫"Paymaan",其成员是一些意志坚定的男女青壮年,目的是为喀布尔省的街道儿童提供免费教育。该组织为非营利组织,没有办公室,也没有运转经费。他们在尼德兰向家长们募捐以支付街道儿童的学费。"Paymaan"完全依靠 Facebook 募捐善款和组织活动,以获得其他青年组织的支持。另一个社会组织名叫"The Helping Hand Society",其运行模式与"Paymaan"非常相似。他们通过脸谱网向其他受雇于私营企业、外交使馆、联合国及其他组织的阿富汗青年募捐善款,为无家可归的人和贫困家庭购买食物及其他生活必需品。

随着社交网站迅速发展并逐渐渗透到青年群体中,阿富汗的政治家们和塔利班组织在其战略上转而开始利用网络资源,因为他们发现大部分阿富汗人都已通过网络查找信息以及和朋友保持联系。政治家们也开始注册 Facebook 和 Twitter 账号,并在网页上就政治问题与其支持者展开交流和讨论(AFP,2012)。曾经认为科学技术是反穆斯林并禁止使用的塔利班,如今也开始使用社交网站与人民和媒体进行交流和问答(Latifi,2012)。他们通常将 Facebook 的账号设为女性头像,用来吸引外国移民和军人前来访问和搜集信息(Salimi,2012)。

(四)建立民族认同感

自我认同是指自我的独特性和一个人赋予自身的所有含义,自我认同是通过对自我的反省和建立自我意识而形成的(Gecas & Burke,1995)。自我反省则是建立在个人行为、关系、对话、成员关系以及参加活动的种类的基础之上。在公众之间,这些含义和行为不仅成为个人身份的标识,也勾画出一个人的公众身份,有了这个公众身份旁人才能够知道我们是谁。换句话说,一个人努力实现自我认同对于外人而言就是一种公众身份(Gecas & Burke,1995)。民族认同的含义与此类似,即一个国家的每个人通过统一的价值观、意义和行为共同形成一个集体身份。

要让阿富汗人具备民族认同感实非易事。阿富汗人站在多元文化的十字路口已经好几个世纪了。在这个十字路口,入侵的军队、商人和探险家将西亚与印度次大陆联系了起来。一些人穿过阿富汗进入印度,另一些则决定在阿富汗定居,从那以后,阿富汗这个国家的种族就开始变得多样化。这种多样性给一个包含十几个民族的部落结构建立民族认同感增加了难度(Hyman,2002)。不过,在面对外来入侵者与威胁的时候其民族认同感就凸显出来了,这个多民族国家会摒弃差异、团结一致对抗外来入侵者(Dupree,2002)。

然而,阿富汗的内部民族多样性严重限制了民族认同感的建立。近几年来,在阿富汗青年之间社交网站作为一种新兴工具和平台为其提供自我表达和社交活动的空间,也帮助在线用户树立爱国主义和民族认同感。通过在 Facebook 和 Twitter 上分享与阿富汗有关的新闻报道和链接、分享页面或探讨各种问题的聊天页面使得个人感知并树立起民族认同感这一概念。

社交网站也帮助阿富汗人认识到统一价值观的好处,让他们为自己的国家感到骄傲。比如,阿富汗青年中非常流行板球运动,通过社交媒体,板球运动帮助他们树立起爱国主义价值观。虽然民族不同、语言不同,但社交媒体的用户都在不停地更新状态,称赞他们的板球国家队,上传板球运动员和在比赛中挥舞国旗的观众的照片。正因为有如此之多的热心人,Facebook 上"阿富汗的板球"页面好友数量已经超过了 1.2 万。当阿富汗板球国家队与别国比赛时,该页面会贴出赛程安排,更新板球运动员的信息和比赛得分。作为一个推广阿富汗文化价值的页面,"阿富汗文化"上传了不少相关照片和视频,希望将阿富汗人民团结起来。阿富汗是一个具有多元文化价值和多样民族习俗的国家,"阿富汗文化"的页面上反映出了民族划分及其文化价值,因而该网页的分享次数也超过了 7.2 万次。

社交媒体俨然已成为一个可以促进阿富汗人寻求自我认同和建立统一民族认同感的平台,尽管他们之间存在着各种差异。年轻的阿富汗人根据自己的喜好分享内容、分享页面、建立关系,实现自我认同并告诉公众他们是谁、他们是干什么的。

(五)自尊

自尊的定义是一个人如何积极、理性和消极地看待自己。当人们积极地看待自己的时候,一般都会感觉良好,能为自己、为社会做更多事情。比如,如果一个阿富汗青年自尊心较强,他们期望通过努力让这个社会变得更加美好,于是他们会向社会团体募捐或者鼓励其他人也投身到建设更美好的社会中去。相反,如果一个人消极地看待自己,他就会产生很强的挫败感,也没有能力为自己和别人做些什么。研究人员发现自尊是最能影响个人行为的变量之一。罗森伯格(Rosenberg,1965)是一位以测量自尊而闻名的心理学专家,他认为当人的自尊心较强时总能对别人表示出尊重;而如果人倾向于表现出自暴自弃、自我不满或自我轻视等行为,即为缺乏自尊的表现。杰卡斯(Gecas,1971)通过几对形容词来测量一个人的自尊:行之有效或无济于事,好或坏,强或弱,诚实或虚伪。研究表明较强的自尊一般都会产生积极的结果,即两者之间存在显著的正相关性。自尊心强的人会更多地参与社会活动,他们互相帮助或向邻居和社区中需要帮助的人伸出援手。

霍曼斯(Homans,1974)提出了一种社会交换理论,就是说人们做出何种行为是由人们寻求奖励和避免惩罚这一动机所决定的。霍曼斯还提出了"价值定律",即"一个人的行为结果所产生的价值越大,他就越可能做出该行为"。立足于文献综述,在本次研究中我们提出了两种假设和两个研究问题。假设一:一个人越是对使用互联网持积极态度,他就越愿意参与社会行动。假设二:越多人对使用互联网持积极态度,他们的自尊就会越强。两个研究问题是"什么样的互联网使用动机会影响个人参与社会活动?什么样的互联网使用动机会影响个人的自尊?"

三、研究方法

(一)样本数据

本次调查研究在阿富汗的三所国立大学进行:喀布尔大学、巴尔克大学和楠格哈尔大学。之所以选择这三所国立大学是因为其地理位置具备区域代表性。选择好学校后,采用一套分层随机抽样程序来选取样本。在抽样时应避免出现抽样误差以获得足够的样本代表性。

这次研究一共向408名大学生分发了自填式调查问卷。该横断面研究的目的在于调查阿富汗青年大学生的价值观、理想、对参与社会活动所持的态度和自愿行为。问题涉及互联网的可用性及可达性、社交媒体、自愿行为以及使用社交媒体的动机,参与社会活动所面临的机遇、挑战和问题。该调查在每个省均持续了三天。

(二)样本数据的获得方法

在楠格哈尔大学,调查主要在学校网吧进行,这是调查的最佳地点。一共有143名来网吧使用免费网络的大学生接受了调查。在喀布尔大学和巴尔克大学,经过前期与教授们的协调,调查在教室里进行。喀布尔大学共有152名学生接受了调查,巴尔克大学则有113名。总计有408名学生接受了调查,其中正确完成问卷调查的为358人。也就是说,三所大学共有50份调查问卷未能完成且不会用于数据分析。

阿富汗的官方语言为达里语(波斯语)和普什图语。在巴尔克大学和喀布尔大学,英文调查问卷被翻译成当地通用的达里语,在楠格哈尔大学问卷则被翻译成楠格哈尔省的主要语言普什图语。问卷在翻译完成后再次被翻译成英语,其翻译质量交由董博士进行审批。同时,调查问卷将在两种语言状态下进行预测以评估翻译质量和准确度。初测完成后,发现学生难以理解从左到右编号的李克特量表的排序方式。由于当地是从右往左书写,李克特量表编号(1—7)应与文本方向一致。因此,为适应阿富汗学生的情况做出了一些调整。

在喀布尔大学和巴尔克大学接受调查的学生中,女性学生相对较多,而楠格哈尔大学接受调查的女性学生则较少。喀布尔作为阿富汗的首都,是教育、贸易、政治和娱乐中心,已经吸引了相当数量的女性进入当地教育机构学习。巴尔克位于阿富汗北部,与中亚国家乌兹别克斯坦接壤。阿富汗经济效益最好的贸易港口之一位于巴尔克境内,巴尔克也没有严格地按照传统限制女性接受教育。相反,楠格哈尔对于女性接受教育和就业仍旧持高度传统和保守的态度,严格限制女性进入高中和大学学习。但是,楠格哈尔省有一家独立的女子学校,只是笔者未获准进入。

(三)变量的测量操作

社会活动由行为导向量表[AOS,由康宁(Corning)和迈尔(Myer)于2002年编制]变换而来,用于测量个人参与社会和政治活动的倾向性。最初的行为导向量表以"今后你参加社会活动的可能性有多大"这一问题开始,完成该问题后还有35个问题,例如:"是否会张贴带有政治信息的海报或在车尾贴上政治信息?"以及"是否会加入政治抗议行列参与非法行为?"受访者用数字表明其参与每种行为的可能性,即0(绝对不可能),1(不可能),2(有可能),3(极有可能)。在此项研究中,笔者选择了12个问题对其进行了一定改动以契合本次调查的初衷以及阿富汗的现状。

测量自尊是以11对双向形容词列表来调查个人如何评价自己,有诚实/虚伪、好/

坏、高尚/卑微等。该测试方法由杰卡斯(1971)语义区分量表变换而来。

互联网使用动机量表改编自雷(Ray,2007)的量表,涉及社交(如获得同伴支持)、娱乐(如无聊的时候打发时间)、自我定位(如因为感受到同伴压力才参与)以及查询信息(如获取学术信息或做调查研究)。

笔者创建了一套互联网使用的积极评价体系,其中六种表达集中体现了互联网对阿富汗所产生的积极正面影响,例如"互联网是一种团结阿富汗青年的有效工具"、"网络为阿富汗青年提供了一个倡议和平的对话平台"。

(四)数据分析

收集到的数据手动输入至社会科学统计软件包(SPSS),用于分析数据、获取结果。首先,描述性统计资料用于获得受访者的人口统计信息。对互联网动机量表、自尊、社会活动及对互联网使用的积极评价均进行了可靠性测试。此外,对各种子量表的内部一致性也进行了估算,关键变量的系数 α 也计算出来。

四、研究结果

描述性分析结果表明阿富汗青年主要通过互联网获取信息,受访者中有41%优先使用互联网,居于首位,其次分别是电视(28%)、收音机(17%)、平面媒体(5%)、口头相传(4%)。当问及使用网络收看阿富汗新闻的频率时,20%的受访者表示每天都会收看,27%的受访者表示偶尔会收看,13%的受访者一周收看四次,17%的受访者选择隔天收看。而近四分之一的受访者(23.2%)表示从不使用网络获取阿富汗新闻资讯。需要注意的是,这些数据只代表阿富汗大学生的情况,如果抽取更多更具地域代表性的样本,这些数据可能会发生很大变化。

表1 描述性分析

变量	N	平均值	标准偏差	范围
自尊	358	5.58	1.17	6
社会活动	358	2.94	0.69	3
社交	358	3.94	0.64	4
娱乐	358	2.81	0.97	4
自我定位	358	3.19	0.93	4
信息	358	4.26	0.79	4
互联网使用积极评估	358	3.15	0.84	3

表1说明阿富汗大学生的自尊心相对较强,平均值为5.6,该尺度量表上最高分为7。受访者表示他们更愿意参与社会活动以推动社会的发展。受访者也同意互联网在阿富汗的发展道路上扮演着非常重要的角色。在互联网使用动机量表中,受访者将获取信息排在首位,其次是社交、自我定位和娱乐。人们对在互联网上娱乐似乎带有一种复杂的情绪。

关键变量的相关分析结果表明,参与社会活动与使用互联网及四个应用动机的积极评价有关。一方面,自尊与参与社会活动不存在明显的相关性;另一方面,单纯以社交为目的使用网络对修正自尊有积极的作用。

为了验证前面提出的假设,使用一般线性回归分析。假设一:一个人越是对使用互联网持积极态度,他就越愿意参与社会行动。其验证结果可参见表2,对该假设予以支持。换句话说,人们对于互联网使用的积极评价与其积极参与社会活动是直接相关的。

假设二:越多人对使用互联网持积极态度,他们的自尊就会越强。验证结果参见表3,不支持该假设。

再来分析第一个研究问题:"什么样的互联网使用动机会影响个人参与社会活动?"根据表2的结果显示,使用互联网获取信息的人更倾向于参加社会活动。然而,其他动机如自我定位、社交和娱乐也会对参与社会活动产生重大影响。

表2 社会活动变量的一般线性回归分析

变量	B	SE	t	Beta
互联网使用 积极评价	0.39	0.04	10.53	0.48
获取信息	−0.14	0.04	3.64	0.17

注:因变量=社会活动;N=358

第二个研究问题是"什么样的互联网使用动机会影响个人的自尊"。根据表3,使用互联网满足社交目的的人总体对自己感觉良好。而最有趣的一个发现是使用互联网打发时间或寻找乐趣的人普遍缺乏自尊。

表3 自尊变量的一般线性回归分析

变量	B	SE	t	Beta
社交	0.41	0.10	3.97	0.22
娱乐	−0.15	0.07	−2.30	−0.13

注:因变量=自尊;N=358

五、结论与讨论

本次调查采用了一套实证数据方法来研究这一极少有人研究的对象,即饱受战争摧残的国家的未来——阿富汗青年,这是该研究主要的创新之处。这个国家时常出现在西方媒体上,但是大部分的新闻报道都和杀戮、爆炸及灾难有关。该研究提出了一些很有价值的观点:阿富汗青年主要通过互联网认知他们的国家、表达自身的想法和了解他人。此外,这些阿富汗青年的自尊心相对较强,参与社会活动的欲望也很强烈。

研究结果表明,使用社交媒体和互联网获取信息的人群更倾向于参加社会活动。这说明阿富汗青年能够从互联网上获取信息实现自我赋权并且努力帮助他们的国家向前发展。该研究还发现,对互联网使用持积极态度的人群也愿意参加社会活动,也就是说社交媒体和互联网在人们的日常生活以及国家建设中扮演了至关重要的角色。

除此之外,该研究发现出于社交目的使用互联网的人群通常自尊心较强。这一发现表明当今的阿富汗青年主要依赖社交媒体了解他人。还有一个很有趣的发现,那就是出于娱乐动机使用互联网会严重地影响人们的自尊,这一点亟待进一步的调查研究。

本研究存在几点局限性。第一,收集到的数据不具备随机性。尽管研究人员努力避免出现选择性误差,但要注意的是,不能因为方便抽样就忽视研究结果的普遍性。第二,社会活动测量结果仅单方面反映出阿富汗青年社交和社会活动的情况。该研究应当使用一种更为宽泛的测量标准,用于调查个人的自愿精神和行动主义。第三,定量测量是一种用于检测人们态度与行为的标准方法,该方法可能无法获取有关阿富汗人为何依赖社交媒体以达到查询信息和社交目的的文本资料和详细内容。第四,由于当地宗教文化和社会法令对女性参与社会活动的严格限制,女性无法获得与男性相同的接受教育和使用网络的机会。在此次研究中,受访者中有30%为女性,由于受样本代表性的局限,该数值相对高于实际情况。在分析结果时,我们把阿富汗女性较少使用互联网和社交媒体这一情况纳入考量范围。因此,对今后的研究工作提出以下三点建议:第一,如果采取与阿富汗青年详细面谈这种定性研究方法,能够提供更为丰富的数据,从而更好地了解阿富汗青年及其价值观、信仰和态度。第二,运用多维量表来测量阿富汗青年如何使用大众媒体,这一点对于理解阿富汗青年如何建设自己的国家尤为重要。第三,如能够针对大学生和年轻的专业人士抽取全国性的代表样本,可使研究结果更具备普遍性。

总体而言,这项研究为了解阿富汗大学生的自尊、社会活动及其与不同的互联网使用动机的关系提供了有重要意义的实证数据。该研究显示,阿富汗青年正在通过社交媒体和互联网获取信息、参与社会活动,这都是他们为国家带来改变的有力证据。阿富汗青年通过在线社交活动表现出自信、坚强、优良而诚实的品质。笔者相信,随着互联网日益提高的普及率和利用率,在推动阿富汗走向稳定和发展的道路上,阿富汗青年将会发挥坚实有力的建设性作用。

参考文献：

阿富汗通讯和信息技术部网站, http://mcit. gov. af/Content/images/Eng% 20 -% 20Internet%20Users.png

AFP. (2012, July 27). "Afghans Embrace Social Media after Taliban". *Gulf News*. Retrieved from http://gulfnews.com/news/world/afghanistan/afghans-embrace-social-media-after-taliban-1. 1054271

Aouragh, M. (2012). "Social Media, Mediation and the Arab Revolutions". *Open Access Journal for a Global Sustainable Information Society*, 10(2), 518-536.

Bezhan, F. (2012, April 27). "Afghan Youth Group Targets Former Warlords ahead of Contentious Holiday". *Radio Free Europe*. Retrieved from http://www.rferl.org/content/afghanistan_antiwarlords_campaign_youth_group_mujahedin/24561960.html

Cook, K., Fine, G., & House, J. (1995). *Sociological Perspectives on Social Psychology*. Massachusetts: Allyn and Bacon, 41-68

Corning, A & Myers, D. (2002). "Individual Orientation Toward Engagement in Social Action". *Political Psychology*, 23, 703-29

Dong, Q., Wu, Y., & Gu. E. (2012). "The Impact of Cultural Values and Gender on Chinese Young Adults in Using Social Networking Site (Renren)". *Human Communication*, 15 (2), 193-265.

Dupree, N. (2002). "Cultural Heritage and National Identity in Afghanistan". *Third World Quarterly*, 23(5), 977-988.

Gecas, V. (1971). "Parental Behavior and Dimensions of Adolescent Self-evaluation". *Sociometry*, 34, 466-82

Gladwel, M. (2010, October 04). "Small Change: Why the Revolution Will Not be Tweeted". *The New Yorker*. Retrieved from http://www.newyorker.com/reporting/2010/10/04/101004fa_fact_gladwell

Glasse, J. (2012, January 03). "Associated with Prostitution, An Online Campaign Now Aims to Make the Number Acceptable Again". *Al Jazeera*. Retrieved from http://www.aljazeera.com/video/asia/2012/01/201213113012662873.html

Hunt, D., Atkin, D., & Krishnan, A. (2012). "The Influence of Computer-mediated Communication Apprehension on Motives for Facebook Use". *Journal of Broadcasting & Electronic Media*, 56(2), 187-202.

Hyman, A. (2002). "Nationalism in Afghanistan". *International Journal of Middle East Studies*, 34(2), 300-301.

Homans, G.C. (1974). *Social Behavior: Its Elementary Forms* (rev. ed), New York: Harcourt Brace Jovanovich.

Infante, D. A., Rancer, A. S., & Womack, D. F. (1997). *Building Communication Theory* (3rded.). Prospect, Heights, Ill.: Waveland Press, Inc., 387-393.

Joseph, S. (2012). "Social Media, Political Change, and Human Rights". *Boston College International & Comparative Law Review*, 135, 145-188.

Kaplan, A.M., & Haenlein, M. (2010). "Users of the World, Unite! The Challenges and Opportunities of Social Media". *Business Horizons*, 53, 59-68.

Kietzmann, J.H., Hermkens, K., McCarthy, I.P., & Silvestre, B.S. (2011). "Social Media? Get Serious! Understanding the Functional Building Blocks of Social Media". *Business Horizons*. 54 (3), 241 - 251.

Latifi, A. (2012, October 17). "Afghanistan's Online War of Words". *Al Jazeera*. Retrieved from http://www.aljazeera.com/indepth/features/2012/10/2012101510373939539.html

Li, C., & Bernoff, J. (2008). *Groundswell, Winning in a World Transformed by Social Technologies*. Boston: Harvard Business Review Press.

Manovich, L. (2001). *The Language of New Media*. Cambridge: MIT.

Miller, R., Parsons, K., & Lifer, D. (2009). *Students and Social Networking Sites: The Posting Paradox*. (Vol. 29, p. 378). Ashland: Taylor & Francis. Retrieved from http://www.informaworld.com

Ray, T. (2011). "The 'Story' of Digital Excess in Revolutions of the Arab Spring". *Journal of Media Practice*, 12(2), 189-193.

Rosenberg, M. (1965). *Society and the Adolescent Self-image*. Princeton, NJ: Princeton University Press.

Salimi, A. (2012, September 09). *Taliban Hide Behind Female Photos to Collect Information*. BBC Persian. Retrieved from http://www.bbc.co.uk/persian/afghanistan/2012/09/120909_l72_taliban_vid.shtml

Scott, J. (2007). *Social Network Analysis*. London: Sage.

〔董庆文,美国太平洋大学传播系教授;
Mustafa Barak,美国太平洋大学传播系研究生〕

>> 附 录

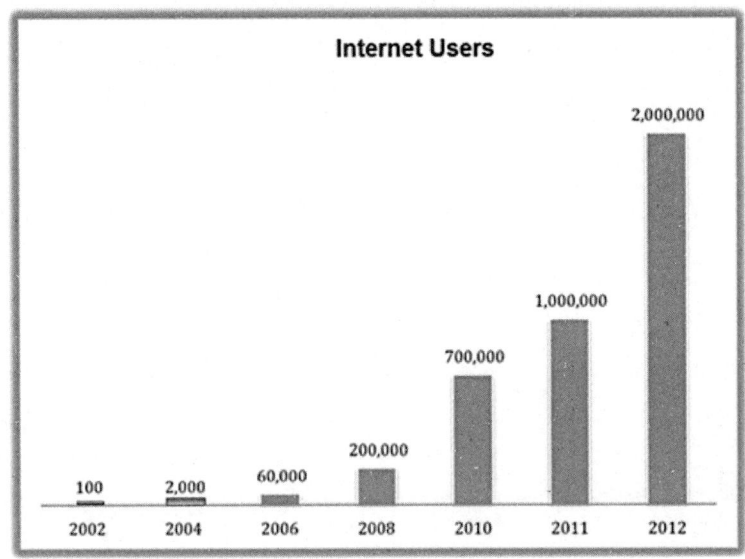

图 1　每年使用互联网的用户数量

图 2　调查地点

我国手机媒体健康传播的得失探析
Analysis of the Gains and Losses of Mobile Phone Media Health Communication in China

◎孟 群 王 丹

Meng Qun, Wang Dan

摘要:21世纪,健康成为国家、社会、个人共同关注的问题。大众媒体作为健康信息与知识传播的重要载体,开始进入健康传播学研究的视野。随着通信技术的发展和手机功能的完善,手机媒体也逐渐由人际沟通工具向大众传媒跨越,成为推进健康传播的新生力量。

关键词:健康传播,手机媒体,手机媒体健康传播

Abstract: Health has become a topic of common concern of the state, society, and individuals in 21st century. The mass media has entered the field of the Health Communication Research. With the development of media technology, mobile phones change from interpersonal communication tools to the mass media and are becoming a new force to promote health communication.

Keywords: health communication, mobile phone medium, health communication of mobile phone medium

随着我国经济社会的快速发展、人口老龄化进程的加快和急性传染性病毒的爆发,公众对健康的关注度日益提升,以大众传媒为渠道的健康传播成为公众获取健康信息的最主要渠道。随着通信技术的发展和手机功能的完善,手机媒体也逐渐由人际沟通工具向大众传媒跨越,成为推进健康传播的新生力量。4G时代即将到来,手机媒体将带来更为便利的传播方式,使视频、照片等内容的分享和交流更加迅捷。手机媒体传播的发展依附于手机技术的发展,手机媒体在一定层面上降低了信息的准入门槛,使得受众参与健康传播活动成为可能。受众可以传播个人的看法,成为健康传播的平等参与者,能够积极主动地参与到健康传播活动中。那么,当下我国手机媒体健康传播实践又有何得与失呢?

何为"健康传播"?目前学界说法不一。最权威的定义是1996年由罗杰斯(Everett M.Rogers)提出的:"凡是人类传播的类型涉及健康的内容,就是健康传播。

它涵盖四个层次:自我个体传播、人际传播、组织传播和大众传播。"那么,手机媒体健康传播又该如何界定?目前国内学术界同样没有一致的说法。本文关注的是大众传播视野中的手机媒体健康传播,因而在借鉴既有手机媒体健康传播定义和前人关于健康传播定义的基础上,结合手机媒体的定义,对文中的手机媒体健康传播做出如下界定:手机媒体健康传播是一种以手机为信道,以相关手机媒介技术为依托,融合文字、图像、音频、视频等多种媒体形式向大众传播有关健康的信息和知识,并通过大众态度和行为的改变,以达到降低疾病的患病率和死亡率,有效地提高一个社区或国家的人民的生活质量和健康水准为目的的行为。

一、我国手机媒体健康传播现状

当前大众传播视野的手机媒体健康传播主要有以下几种形式:

(一)手机短信

在大众传播层次上,我国短信形式的健康传播主要是电信运营商推出的短信增值业务。从内容呈现形式来看,包括纯文字的短信形式和文本、图片与视频结合的彩信形式;从传播对象来看,包括医生等专业人士和普通民众两大类;从传播的内容来看,包括综合性的和人群细分类短信资讯产品。

(二)手机报

从内容的表现形式来看,分为短信手机报、彩信手机报、WAP 手机报;从运营主体来看,分为电信运营商主导模式和媒体主导模式;从传播范围来看,包括全国和地方两大类;从传播内容来看,分为综合类健康手机报和专门类健康手机报。

(三)手机(广播)电视

目前手机电视形式的健康传播主要包括平移至手机电视终端的中央电视台、各级电视台的健康节目的实时播送和由电信运营商或支持手机版的视频门户基于 3G 网络主导开发的手机健康视频点播业务。在实时直播上,仅仅是对电视节目的一个平移,缺乏针对性设计,处于消极状态;点播类的视频主要集中于开通手机版的商业性视频门户网站的二级频道,鲜有专门的健康类视频门户网站,视频来源包括转码后的传统电视节目与用户自制内容等。当前手机广播形式的健康传播在本质上与手机电视类似,不再赘述。

(四) 手机移动搜索

手机移动搜索指的是利用手机,通过 WAP、语音、短信等方式对传统互联网及移动互联网相关内容和信息进行搜索,快捷方便地获取相关信息资源的方式(DCCI 互联网数据中心,2012)。随着智能机的普及和移动通信技术的发展,通过手机移动搜索来获取健康信息正在成为手机媒体健康传播的重要组成部分,包括短信搜索、WAP/WEB 搜索和语音搜索等,其中短信搜索、电话语音搜索由于搜索结果的针对性缺失、技术限制和使用费用居高不下,普及程度明显低于 WAP/WEB 搜索。

(五) 手机互联网站

近年来,依托于 2.5G、3G 移动通信网络的 WAP 手机网站成为主要的网络接入形式。多数影响较大的健康类网站都开通了手机版。从健康网站的形式来看,可以分为健康网站和门户网站健康频道;从健康网站的性质属性来说,主要是商业性健康网站,政府官方性质的健康网站较少;从传播内容看,包括专门性与综合性的健康网站。

(六) 手机应用

从应用的系统依托来看,主要是 Android、iOS 两类;根据主题,划分为健康测试类、健康管理类、疾病管理类、优生优育类、音乐治疗类、戒除瘾类和健康图书阅读类等七个大类;根据开发者,既有延伸自专门性的健康网站、健康报纸的客户端类和其他健康类应用,也有春雨掌上医生、掌握医生等专一性的应用开发;根据适用范围,既有全国性的,也有地方性的;根据运行环境,分为不需要网络环境和需要网络环境两类。

二、我国手机媒体健康传播的优势所在

(一) 受众资源广泛

据中国工业和信息化部 2012 年 12 月 24 日发布的数据,截至 2012 年 11 月,我国手机用户数量达到 11.04 亿户,其中 3G 用户渗透率达到 20%(新浪网,2012)。根据互联网消费调研中心(ZDC)的调查,从手机用户年龄来看,25-34 岁群体占比 46.2%,18-24 岁群体占比 29.4%,35-44 岁群体占比 17.7%(和讯网,2013)。另据 Flurry 调查数据显示,使用移动应用的人大多是年轻人,对医疗健康和生活方式的关注会随着他们的年龄增大而增多,健康的人期待保持健康,非健康人群期待得到健康,由此可见,手机媒体健康传播的受众资源具有极大的发展潜力。

(二)健康信息传播多媒体化

手机具有强大的媒介融合能力,这一优势带来了传播方式的多样性和传播的多媒体化。通过手机媒体,健康信息可以以不同的形式传播出去,为不同要求、拥有不同手机终端的用户提供不同的健康信息内容,满足他们各自的需要。而且,多种形式形成一定的互补和替代,确保同一类内容在手机媒体中能以不同的形式实现最广泛的传播,最终实现最佳传播效果。

(三)健康信息传播细分优势明显

手机媒体在健康传播领域具有极大的应用潜能,手机媒体几乎不受时空限制,受众群能够迅速地接收到健康信息,也能够选择接收信息的时间。手机互动性的特点使得受众群不是被动地接收信息,而是可以与传播者对话。

手机硬件终端同用户是一对一的绑定关系,一部终端就能代表一个受众。手机媒体在健康传播中的分众化传播优势主要体现在两个方面:一方面,手机用户实行实名制,而且其所有的健康信息使用行为都是可以记录的,因此通过对手机用户的身份识别和记忆,可以分析出大致的消费导向,电信运营商和内容提供商都可以据此精确化点对点推送信息,引导消费;另一方面,手机的技术特征可以支持用户进行个性化健康信息内容的订阅、选定健康信息的接收频率、进行互动点播等,用户不再是消极被动的观看者,单个的受众有更多的可能性和主动性来控制过程,各取所需。细分的健康信息传播使得信息落点具有精确性,提高了传播效率,增强了传播效果。

(四)传播的隐匿性有利于保护个人隐私

社会学家欧文·戈夫曼认为,丧失了对身体的控制力,就带来一种"不体面身份","不体面身份"造成了传播的危机(帕特丽夏·盖斯特·马丁、龚文庠、李利群,2006)。虽然时代在变化,人们开始以开放的心态来谈论疾病,但是由于传统意识的偏见,某些敏感疾病如性行为引发的疾病以及精神疾病等还是让人感到尴尬和羞耻。手机及手机号码都是私人所属,与个体紧密联系在一起,随身携带,而且用户背后的自然和社会属性,通常不会也不能公开,信息流动具有很强的私密性。在外界缺乏尊重隐私的环境下,手机媒体健康传播环境的隐匿性为满足人们对相关的健康信息特别是涉及敏感疾病的健康信息需求提供了非常方便的个人化的交互手段。

(五)有利于消除"知识沟",促进资源共享

1970年,美国传播学者蒂奇纳(P.Tichenor)、多诺霍(G.Donohue)和奥里恩(C. Olien)提出了"知识沟假设(knowledge-gap hypothesis)"理论。不可否认,健康信息的"知识沟"也是存在的,而且随着网络技术的突飞猛进,健康信息"知识沟"现象继续增多。手机媒体健康传播的实践有利于消除"知识沟"。

由于专业知识的门槛限制,医生一直都是疾病的管理者和专家,也是人们健康信息的最主要来源,患者对自身健康信息了解多少,理解多少,取决于医生对患者的告知程度,信息流动处于不平衡状态。随着大众传媒的介入,人们获取健康信息的渠道更便捷,形式更丰富,一定程度上改变了这种信息不对称的状况。手机媒体在健康传播中的优势逐渐得以发挥,必将更加有利于医患之间"知识沟"的消除。

在我国广大农村,疾病、养老和贫困是农民面临的最大风险问题。我国是一个农业大国,能否解决好广大农村人口的医疗保障问题,将直接影响到我国农村的经济发展和社会稳定。由于资金、技术、知识等各类因素的影响,城市居民与农村居民在健康信息的获取上存在极大差距。目前,电视媒介是广大农村健康信息来源的最主要方式,由于电视媒体线性传播与不可移动的特质,在一定程度上限制了农民获取信息的需求。手机媒体介入健康传播之后,发挥其操作的低门槛性、覆盖的广域性、传播形式的多样性、传播时间与地点的自由性等优势,减小了城市居民与农村居民的健康信息分化,在消除健康知识差距上发挥着越来越大的积极作用。随着手机媒体健康传播实践中对优质医疗资源和名医的扩散,一定程度上缓解了我国医疗资源不足的现状,有利于促进医疗资源的共享。

(六)增加受众健康行为改变的可能性

手机媒体健康传播的最终目的不在于传播,而在于通过传播促进受众行为改变,进而达到提高大众健康水平的目的。首先,手机媒体不仅使健康信息的即时获取成为可能,更由"大众"传播向"小众"传播转化,积极推送落点明确的个性化健康信息,急人之所急,充分满足受众需要,因而,受众的健康行为形成可能性相对提高。其次,在手机媒体健康传播中,信息的"卖方市场"转向"买方市场",受众的信息获取主动性得以更好地发挥,信息的传递形式由"推"转向"拉"。受众对于信息传播过程的控制程度增加,无形中降低了传播过程中信息过载的冲击与心理抗拒等因素的影响,从而增加了不健康行为改变的可能性。

由手机媒体延伸出的健康信息的人际传播网可以实现群体的联通。如健康微博

群、健康微信群、健康QQ群、健康信息的人际转发等,可以使"健康朋友圈"里的人交流健康信息,提供情感支持,使健康传播具备人际传播的感情特点。这种信息的共享和交流,有益于群体共识的达成,构建社会成员间互有勾连的圈子,有助于受众改变健康态度,采取正确的健康行为。

三、我国手机媒体健康传播的不足

(一)健康内容数量较低,信息的权威性和专业性确认度不高

虽然手机媒体健康传播已涵盖手机短信、手机报、手机图书、手机移动搜索、手机互联网站和手机应用等多种形式,每种形式也拥有一系列内容建设,但是就我国目前的大众健康信息需求和手机的普及程度来看,手机媒体健康传播实践中明显在量上存在不足,仍然需要不断丰富。此外,在既有的手机媒体健康传播实践中,传播内容同质化程度过高,真正具有影响力的传播实践更是凤毛麟角。

手机媒体健康信息的权威性和可信度明显低于传统媒体,如果传播信息发生偏差或错误就可能产生负面的传播效果。据《中国健康传播研究2009—2010》的调查发现,"信息太混杂,质量无保证,无法判断哪些信息可靠"是公众回避健康信息最主要的原因。考察我国目前的手机媒体健康传播实践不难发现,其管理者以商业机构为主导,而非政府、大学、保健机构或者医院,权威性已经打了折扣。再加上当前手机媒体健康传播大多存在信源不透明的问题,如三大电信运营商的主页上对于手机短信、手机报形式的健康传播业务的编辑信息大多没有介绍;由于编辑或开发者健康素养的缺乏,也易造成"把关"的失误,误导受众。信源不透明,信息的权威性、专业性不高已经成为制约手机媒体健康传播的主要问题。

(二)人群细分不足,健康内涵理解存偏差

目前手机媒体健康传播的实践对人群的细分还不够深入,手机媒体优势没有得到充分发挥。目前的受众划分中有以职业、年龄、地域等为标准的细分,但现实情况是,不同的人群拥有不同的生活方式。如针对经常上夜班的工人和在对身体危害很大的环境中工作的工人来讲,他们的健康信息需求肯定不一样。此外,手机媒体健康传播议题的设置也有局限性。健康不仅包括生理健康,还包括心理健康,但在目前的手机媒体健康传播实践中,对心理健康的关注非常欠缺。

(三)传播状态失衡,对农健康传播明显欠缺

我国是一个农业大国,70%以上的人口生活在农村,农民的健康状况直接影响到我国农村的经济建设和整个国民的健康素质,关乎社会的稳定和持续发展。根据相关研究调查发现,农民防病保健行为积极与否与其自身卫生保健知识的多少成正相关(陈露,2010),因而以大众传媒为中介的农村健康教育亟待加强。

目前在农村,农民获取健康信息的大众传播渠道主要是电视媒体。由于农村艰苦的生活环境和劳动环境,电视媒体传播的健康信息无法全面普及到民众,电视媒体传播存在伴随性和非移动性特质,农民不能时时刻刻守在电视机旁,尤其是农忙时节,农民无法获取完整的健康信息甚至是无法获取健康信息。因此,过分依赖电视媒体的农村健康传播体系存在一定的局限性。这样一来,能够突破这些空间束缚的手机媒介在我国农村信息化实现过程中有了用武之地。手机媒体借助于移动通信网络,相比于网络或者有线电视,可以更好地克服农村地区的地理及交通劣势,快捷而方便地传递给农民各种健康信息。而且随着手机价格的下降和农民生活水平的提高,手机在农村普及的程度越来越高。据中国互联网络信息中心(CNNIC)发布的《第31次中国互联网络发展状况统计报告》称,截至2012年12月底,我国手机网民规模为4.2亿,其中农村人口占比为27.6%。在2012年刚开始上网的新网民中,农村网民比例达到51.8%,这一群体中使用手机上网的比例高达60.4%,使用台式电脑和笔记本电脑的比例只有45.7%和8.7%,而新网民中城镇人口使用手机上网的比例只有47.2%,这一结果显示出,相比于电脑,手机对农村网民的增长发挥了更加重要的作用。虽然中国农村地区的信息化基础设施建设、电子设备的普及已经有了长足的发展,但是通过电脑使用固网的成本依然较高,在这样的限制下,通过手机终端接入移动互联网是在农村地区普及互联网更加现实的方式(新华网,2913)。

农村居民由于知识水平和经济水平的有限性,以及自身生活状况的特殊性,针对农民的健康知识传播的方式与侧重点都不同于城镇居民。而手机媒体由于具有极强的分众化传播优势,恰好弥补了其他媒体难以做到的专门针对农民的健康信息的细分化传播劣势,在增加农民健康知识、消除城市居民与农村居民的健康知识差距上具有极大的优势。

综观手机媒体健康传播现状,在对农民的医疗保健常识、防病卫生知识等方面的引导、宣传和教育行动明显不足,缺乏相关责任的担当。在传播过程中,大多数尚未考虑到农民的知识不足等问题,缺乏专门性的针对农民的传播内容与形式设计。

(四) 手机媒体健康传播的专业人才不足

健康传播作为传播学一个独特分支,既有传播学的共同特点,又有自身特殊的要求。它要求从业者不仅具备新闻与传播方面的素质,而且要拥有公共健康、社会学、心理学、教育学和公共政策等方面的素养。作为新兴产业的手机媒体健康传播,对从业者的要求则更进一步。除了需要具有以上两项知识储备之外,还要求从业者对通信网络,手机软、硬件方面的专业技术知识有一定了解。目前中国高校的健康传播教育状况和现实人才队伍建设状况明显不能满足社会发展的需要。

四、我国手机媒体健康传播改进建议

(一) 发挥政府在手机媒体健康传播中的主导作用

建立以政府为主导的手机健康信息发布平台。坚持公益性健康传播更容易保持信息传达的客观性,更容易获得受众的信任,政府主导的公益性的健康传播有利于调整手机媒体健康传播的资源结构,使社会和个体平等地享受健康信息资源。公益性的手机媒体健康传播平台由政府直接或间接出资运作,资金来源充足,手机媒体健康传播的社会效益就会得到重视。而且,公益性平台可以调动企业、相关协会、民间机构、热心公众等一切积极因素共同为手机媒体健康传播事业作贡献。

评估既针对传播形式,也倡导建立行业规范标准。商业性质的手机媒体健康传播是健康传播的重要力量,虽然存在一定的缺陷,但不能因噎废食,要针对目前传播中出现的种种问题,综合考察,积极引导,建立一套行之有效的考核标准,优胜劣汰。这一标准应包含以下几个方面:传播者的专业程度、信息来源的透明度、信息数量及更新频率、可应用的传播方式的种类、信息的审核程序等。

制定有利于手机媒体实施对农健康传播的相关政策。政府积极发挥作用,在政策上积极扶持对农的手机媒体健康传播实践。首先,倡导健康信息传播的从业人员树立"为农服务"的传播理念,积极利用手机媒体在农村的健康信息传播优势,开展对农健康信息传播,增加农民健康知识,促进农民健康行为转化,提高农民健康水平。其次,政府部门积极支持对于农民的健康需求调查,对受众接受健康信息的渠道、所喜欢的传播方式等进行分析,及时把握广大农民的真实需求,根据农民的知识水平和经济水平修正健康传播计划,改进健康传播工作,使得传播活动在农村收到切实的效果。再次,政府对积极承担对农健康传播责任的商业性健康传播主体提供相关优惠政策与补贴,倡议商业机构共同参与对农的健康传播。最后,制定净化农村媒介传播环境的法

律法规,严格把关,从而避免媒介素养相对较差的农民的权益和健康受到不必要的损害。

(二)进一步细分受众市场,优化手机媒体健康传播

受众市场由分众化到个体化已是必然趋势,手机媒体在个体化传播上具有巨大优势。受众可以根据自身的健康状况和需要选择健康信息,这种个性化的互动服务是健康传播中的人际传播方式,手机媒体兼备了大众传播和人际传播的优势,有利于特定受众行为上的改变,发挥更好的传播效果。

因此,手机媒体健康传播应当进一步细分受众市场,满足多样的个性化信息需求,从而将传播的细分优势发挥到最大,如进一步扩大议题涉及的人群范围,根据不同年龄、不同职业受众的独特的生活习惯,加强健康信息匹配度,传递精准信息,引起受众共鸣。可以为用户建立独立的个人资料库,并据此推出"个性化定制服务"(所谓的个性化定制服务,是按用户要求定制特殊用户界面的技术,目的是满足用户的多样化需求),定期通过手机终端为用户推送其需要的健康信息,如用户通过手机在日常生活中记录和测量身体的情况,利用通信网络传输到健康服务机构,健康服务机构根据这些信息及时提醒用户其健康状况并给出必要的建议。

(三)加强专业人才的培养,提高健康信息内容的质量

在健康传播中,积极引入医学背景人才,提高健康传播者队伍的专业素养。同时,对于没有医学背景的媒体人来说,需要主动学习医学卫生知识,提高健康信息传播者自身的融合知识的学习速度和能力,培养全新、前瞻和开阔的思维方式,以确保持久的竞争优势。作为专业的手机健康传播媒体从业人员,还应当积极了解有关手机媒介的传播特性,关注手机媒介的新技术,并且善于利用这些特性与技术,为健康信息传播锦上添花。相关高校健康传播学专业的设置,应该根据不同的大众媒介传播渠道划分不同方向,实现健康传播人才的系统化培养。

手机媒体凭借特有的便携性、信息数字化和网络传输等传播优势,日益成为人们获取健康信息的新渠道。手机媒体健康传播在将手机媒体技术运用到健康传播的过程中,还存在着这样或那样的问题,需要不断地对手机媒体健康传播的现状进行跟踪分析,不断地改善手机媒体健康传播的不足,手机媒体在健康传播领域里的广泛应用,将会缓和当前老龄化和生活习惯病增加等社会问题,为未来的健康传播带来更多新突破。

参考文献：

DCCI互联网数据中心:《2012中国移动互联网蓝皮书》。

《我国手机用户数量11亿创新高》,http://tech.sina.com.cn/t/2012－12－28/01207930546.shtml

《2012－2013年中国手机用户属性调查报告》,http://tech.hexun.com/2013－01－18/150305888.html

《第31次中国互联网络发展状况统计报告》,http://news.xinhuanet.com/tech/2013－01/15/c_124233840.htm

〔美〕帕特丽夏·盖斯特·马丁:《健康传播：个人、文化与政治的综合视角》,龚文庠、李利群译,北京大学出版社2006年版。

陈露:《大众传媒在农村健康传播中的社会责任与行动策略研究》,成都理工大学2010年硕士论文。

郭庆光:《传播学教程》,中国人民大学出版社1999年版。

张自力:《健康传播与社会》,北京大学医学出版社2008年版。

匡文波:《手机媒体概论》,中国人民大学出版社2006年版。

张自力:《健康传播研究什么——论健康传播研究的9个方向》,《新闻与传播研究》2005年第3期。

杨再华:《伪健康传播与公民媒介素养》,《新闻记者》2005年第4期。

周安心:《健康类媒体如何服务读者》,《新闻前哨》2008年第1期。

徐晓君:《以互联网为平台的健康传播研究》,广西大学2007年硕士论文。

王薇:《论手机媒体的小众化传播》,吉林大学2008年硕士论文。

韩小芳:《以手机为平台的健康传播研究》,河南大学2012年硕士论文。

〔孟群,中国传媒大学电视与新闻学院教授,硕士生导师；
王丹,池州学院现代传媒系教师〕

美国驻华大使馆新浪微博的公共外交实践研究
Public Diplomacy on Social Network: A Case Study on SinaWeibo of US Embassy in China

◎ 霍文利　曹　莉

Huo Wenli, Cao Li

摘要：本文简要介绍了公共外交与微博外交的关系，以及二者相对于传统外交的特性，以抽样法对美国驻华大使馆的新浪微博作了媒介定位和影响力分析，着重从内容和形式两方面对其公共外交实践进行了研究，并简要归纳了该微博作为外交平台所表现出的传播策略。

关键词：公共外交，微博外交，美国驻华大使馆新浪微博

Abstract: This article focused on the study on the public diplomacy practices of SinaWeibo of US Embassy in China, mainly its content and application of Weibo techniques. It also tried to define the concept of public diplomacy and twitplomacy, and their relationship and features. The account's media identity, social influence and information communication strategy were also examined.

Keywords: public diplomacy, twitplomacy, Sina Weibo of US embassy in China

一、公共外交与微博外交

随着全球化的深入发展、信息革命的高速推进和公民社会的蓬勃兴起，公共外交越来越受到各国的重视。与此同时，技术革命催生的新媒体发展迅速。美国知名社交网络脸谱网（Facebook）、推特网（Twitter）的全球注册人数均超过5亿。中国的两大知名微博——新浪和腾讯的注册人数也都超过5亿。借助社交网络开展公共外交，不仅成本低廉、便捷、传播范围广，而且具有较强的互动性。由此，微博外交（twitplomacy，由 twitter 和 diplomacy 两个英文单词组合而成）应运而生，并逐渐成为国际政治的新潮流。

1965年，美国塔夫茨大学弗莱彻法律与外交学院为纪念刚刚去世的敢说真话的记者和擅长外宣的政客爱德华·默罗，成立了"爱德华·默罗公共外交研究中心"。这是现代意义上"公共外交"词汇的起源（曲星，2010）。该中心创始者埃德蒙·格里

恩将公共外交定义为:"超越传统外交范围以外国际关系的一个层面,它包括一个政府在其他国家境内培植舆论、加强国内利益团体与他国的利益团体在政府体制以外的相互影响、借助传媒(如外交官和记者之间的沟通联系),达到对他国政策制定以及涉外事务处理施加影响的目的。"(高飞,2005)

日本学者金子将史和北野充主编的《公共外交:"舆论时代"的外交战略》一书中将公共外交定义为:"公共外交是为了有助于达成本国的对外利益与目的,提高本国的地位和影响力,提升国际形象,加深对本国的理解,通过与国外的个人及组织建立联系、保持对话、传递信息、相互交流等形式而进行的相关活动。"(金子将史、北野充,2010)并在该书中把公共外交的承担者设定为政府及政府相关机构。

综上可见,公共外交的内涵包括主体、客体、方式和目的四个方面。在实践中,公共外交的特征主要表现为广泛性、持续性、互动性、亲民性和政治性。

随着各国对公共外交重视程度的提升和微博在国际社会的兴盛,出现了利用微博开展公共外交的行为。微博外交的定义也正是基于这种实践,即以微博为媒介和载体开展的公共外交。与其他形式的公共外交相比,微博外交有以下特点:

一是微博外交更具广泛性。微博简单易用的特点吸引了大量用户,它的即时性和核裂变式的传播让信息传得更快更广。

二是微博外交更具互动性。互动性强是微博的一大优势。微博用户可以通过互粉建立联系,通过转发、评论、@他人来实现互动。借助微博的网络平台,还可以发起微话题进行讨论,采用微访谈与网友对话。

三是微博外交更具针对性。首先,微博的传播具有直接性,可以一对一地进行沟通;其次,通过广泛互动,可以进行舆情监测,选准受众的兴趣点,进行"精准"传播;最后,微博信息时效性强,对热点话题的集中互动也更有针对性。

四是微博外交的政治性更加隐蔽。它一方面借助软性内容达到宣扬本国文化,包括政治文化的目的;另一方面设置议题,通过对象国网民在微博平台广泛的互动和传播,以民意趋势影响该国政府决策。

五是微博外交的效果较难评估。这一方面是由于公共外交的衡量指标多为影响力、好感度等抽象概念;另一方面是因为微博用户多、信息海量,故而某一账户的影响力难以准确掌握。

中美关系是当前国际关系中最重要也最复杂的双边关系之一。中国是亚洲地区乃至当今世界上国际影响力不容忽视的国家之一,这使得中国理所当然地成为美国施展公共外交的主要对象国。美国借助中国的微博平台开展公共外交,是其在新媒体外交方面的一次有益尝试。

与其他国家驻华使馆的微博相比,美国驻华大使馆的新浪微博最有影响力。目前,国内对微博外交的研究方兴未艾。以此为研究对象,不仅有利于明确微博外交的含义和特点,以及它的传播内容、形式和策略,也可以为该领域的研究提供一个详细的案例分析文本。在实践上,一方面可以为中美关系的评价提供一个新的角度;另一方面,也可以为我国开展微博外交提供借鉴。

二、美国驻华大使馆新浪微博的媒介定位及影响力

(一) 媒介定位

美国驻华大使馆新浪微博由使馆新闻文化处维护。这个机构"主管美国政府的官方信息以及在中国的教育与文化交流活动。与之一致,美国使馆新闻文化处是美国驻华大使馆的官方喉舌。美国使馆新闻文化处通过新闻处处理所有公共关系事务、有关使馆同新闻媒介的关系及美国政府对中国的政策。新闻处协助使馆其他机构和部门进行媒介活动和计划。新闻处准备和散发华盛顿每日新闻、关于美国政策方面的新闻通告和背景材料,组织记者招待会和其他媒体活动向中国记者和驻华外国记者提供及时和有用的信息。文化处协调和支持美国在中国的文教活动"。(美国驻华大使馆官方网站,2013)

美国驻华大使馆微博是美国使馆新闻文化处的一个媒介平台,代表着美国官方对中国政府和民众的立场。该微博虽然不能完全等同于"华尔街日报中文网"、"路透中文网 Reuters"、"经济学人中文网"等媒体微博,但在社交媒体的大背景下,作为"美国驻中国大使馆的官方喉舌",它在本质上属于一个官方媒体。

(二) 影响力

美国驻华大使馆新浪微博是美国开展微博外交的有效手段。它的影响力越大,越有利于其实现外交目标。怎样衡量一个微博的影响力?笔者参考了人民网舆情工作室 2013 年 1 月发布的《2012 年新浪媒体微博报告》,决定从粉丝数、微博数、微博频率(平均每日条数)、微博被转发量、微博被评论量、微博被转发率(平均每条微博被转发次数)、微博被评论率(平均每条微博被评论次数)、热门转发率(热门标准为 50 次及以上)、热门评论率(热门标准为 50 次及以上)这 9 个指标,对使馆微博的影响力作一个简单、直观的分析。

为了能够客观真实地反映美国驻华使馆新浪微博的影响力,笔者还选取了在中国较活跃的英国、法国驻华使馆的新浪微博与之进行对比。为了更方便地比较出微博被

转发量、微博被转发率、微博被评论量、微博被评论率、热门转发率和热门评论率这6个指标,笔者从三个使馆的新浪微博中各随机选出50条微博(以4月20日为起点,倒数50条)。具体比较结果见下表:

表1 美、英、法驻华使馆新浪微博的影响力

微博账户 评价指标	美国驻华大使馆	英国驻华使馆	法国驻华使馆
粉丝数	669721	285293	203792
首条微博时间	2010.05.21	2009.11.23	2011.02.24
微博天数	1074	1254	796
微博条数	5625	2856	3461
微博频率	5	2	4
微博被转发量	7001	3449	1654
微博被评论量	4600	1155	1115
微博被转发率	140	69	33
微博被评论率	92	23	22
热门转发率	70%	42%	18%
热门评论率	40%	12%	6%

注1:各项评价指标的单位参见本小节第一段文字内容。
注2:统计截止日期为2013年4月29日,后6项指标样本个数为50条。

与最早开通的英国驻华使馆新浪微博相比,美国驻华大使馆的新浪微博虽然晚开通半年,但是粉丝数量是前者的两倍多,微博条数接近它的两倍,微博频率则是它的2.5倍。在反映微博活跃度和互动度的后6项指标中,美国使馆微博的被转发率和被评论率分别为平均每条140次和92次,均远远高于微博热门转发和热门评论50次的标准。从表1可以看出,美国驻华大使馆新浪微博的9项指标均排名第一。因此,相对来讲,美国驻华大使馆新浪微博具有较大的影响力。

但同时也要说明,由于影响力是一个抽象的概念,广度、深度、持久度等因素共同决定影响力的大小。以上的9项指标一定程度上只能反映出影响力的广度,即接触的面,但使馆微博对受众产生了多深刻的影响,会影响多久,则难以进行量化评价。

三、美国驻华大使馆新浪微博的内容研究

美国驻华大使馆新浪微博作为美国驻华大使馆的一个传播媒介和交流平台,传播什么内容,以什么形式传播,都会决定它的传播效果和影响力。

为了能够较准确地反映美国驻华使馆微博的内容和形式,同时保证抽样的随机性和样本个数的充足,笔者在对该使馆微博一周发微博数量作了初步了解的基础上,决定选取 2012 年 5 月 3 日至 2013 年 4 月 23 日为研究区间,抽取这 12 个月中每个月的 3 号、13 号、23 号发的微博为研究样本,最后抽取结果为 150 条。

通过对该 150 条微博的逐一阅读,可以把它们分成七类。其中社会、历史、文化信息共 39 条,占 26%;美国新闻共 46 条,约占 31%;中美交流共 26 条,约占 17%;互动信息共 24 条,约占 16%;情感交流共 2 条,约占 1%;服务信息共 11 条,占 7%;其他共 4 条,约占 3%。见图 1。

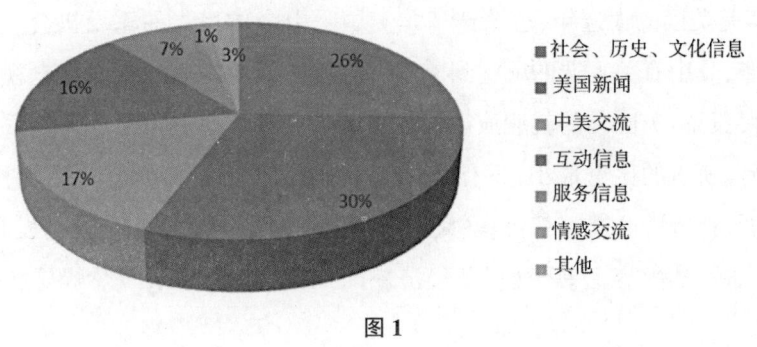

图 1

(一)社会、历史、文化信息

这一类包罗万象,包括美国的城市、旅游景点、节日习俗、绘画、名人名言等。其中"美国各州首府"、"历史上的今天"、"美国文学"、"每周图片"是持续时间比较长的小专题。美国大使馆微博呈现的这些信息反映了美国文化的方方面面,让读者在随意阅读中加深了对美国的了解。

(二)美国新闻

这类内容占了抽样微博的最大比例,将近三分之一。从该微博的维护者——美国大使馆新闻文化处的职责就可以看出,发布美国新闻是其很重要的一项业务。与社会、历史、文化这些相对静态的信息不同,新闻是新近发生或正在发生的事情,它反映的是动态消息。

通过对 46 条新闻的阅读,可以把它们分为政治、经济、体育、科技和国际事务等五类。其中政治共 14 条,占 30%;经济共 3 条,占 7%;体育共 7 条,占 15%;科技共 9 条,占 20%;国际事务共 13 条,占 28%。如图 2 所示。

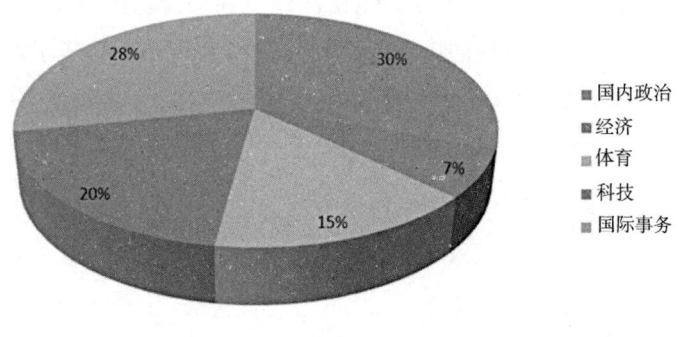

图 2

2012年是美国的大选年,总统选举是美国吸引全球目光的重要机会。政治类微博共计14条,其中有关大选的就达到12条,占这类微博的86%。总统电视辩论的现场直播、选民投票、奥巴马的就职演说等都在微博平台上一一呈现。

经济新闻所占的比重最小,只有7%。三条微博的内容分别是介绍为初创企业、非营利机构寻找融资的众筹平台、骆家辉为华南美国商会剪彩和奥巴马发布2012世界贸易周公告。从内容上看,这三条经济新闻比较"软",并未涉及贸易摩擦等敏感领域。

7条体育新闻全部与伦敦奥运会有关。在伦敦奥运会前后,该微博发起了"伦敦奥运"这个话题,介绍美国的运动员,报道伦敦奥运会美国代表团团长米歇尔·奥巴马的活动,并特别关注了女性运动员。

9条科技新闻主要集中在美国在科技领域的一些新成就。如好奇号登陆火星的直播、NASA的双子绕月探测器绘制的月球重力图、木星冰冷的卫星木卫二或存在生命等。

国际事务方面的新闻有13条,仅次于国内政治新闻的数量。这13条所涉及的国际事务包括艾滋病防治、野生动物保护、国际援助等方面。如第19届国际艾滋病大会在华盛顿召开、《濒危野生动植物种国际贸易公约》第16次缔约国大会、美国志愿者帮助菲律宾社区应对自然灾害等。没有一条涉及领土争端、军售、反恐等"硬话题"。

新闻信息是海量的,尤其是在这样一个信息技术发达的时代。我们可以从一个媒介平台传播的内容判断出它的定位。美国驻华大使馆的新浪微博传递的这些新闻信息都是"软"性的,从中可以看出它作为公共外交途径的自我要求。

(三)中美交流

这里的中美交流,指的是由官方组织或支持的政治、军事、文化交流活动的信息。

这部分共有26条,占样本容量的17%。其中政治方面的交流主要是克里访华和骆家辉邀请中国外交部官员参加美国独立日活动。军事交流只有一条,是大使馆将军云南行。文化方面的交流主要是第三轮美中人文交流高层磋商工作会议的相关信息、资助中外学生在清华学习的苏世明学者项目,还有大使馆组织的美国食材、中国做法的美食交流活动。这些交流活动均以中美友好为主题基调。

(四)互动信息

从统计中我们可以看出,互动信息占16.7%,比例较大。这里所说的互动信息包括以下三种:

1.线下活动公告。在25条互动信息中,共有19条属于这类通知。美国大使馆的各种文化交流活动一般由北京美国中心(Beijing America Center,简称BAC)承办。北京美国中心隶属于大使馆,旨在协调与支持中美教育交流,举办文化活动,提供图书资源(北京美国中心豆瓣网址,2013)。该中心定期举办艺术展、演讲、讲座、电影放映等多种文化活动,如阿巴拉契亚文化讲座、留美归国校友联谊会、桌面游戏比赛、灯谜晚会,最多的是观看英文原声电影并进行讨论。活动信息之前主要通过豆瓣同城和电子邮件发布,从2011年11月开始在使馆微博上发布。此外该微博还会首发或转发领事馆的活动公告,利用自己较大的影响力,让更多人得到信息、参与其中。

2.线上交流活动。此类微博共4条。线上的交流活动主要有两种:一种是网友可以直接在线参与的。如在伦敦奥运会期间,美国大使馆在微博上发起主题讨论,请参与者谈谈奥运会运动员对自己的鼓励,并登出了网民来稿。例如微博视频转播骆家辉夫人李蒙对曼荷莲大学(Mount Holyoke College)校长林恩·帕斯克里拉(Lynn Pasqurella)和北京外国语大学副校长金莉教授的现场访谈,号召网友向嘉宾提问。另外一种是通过微博发布信息,并以互联网为主要平台的民间活动。如美国国务院举办的以"体育赋予女性力量"为主题的摄影比赛,吸引了不少人的关注。

3.回复网友提问。此类微博共2条。如网友"renxj68"在看到使馆微博发布的活动信息后,点击超链接发现页面不存在,并给使馆微博留言。后者回复了正确网址,并以微博的形式发布。

(五)情感交流

这里指的是美国驻华使馆发布的问候和祝福信息。在中国的传统节日来临时,该微博一般都会发祝福的微博。打开美国驻华大使馆的新浪微博,在主页的中间有一个焦点视频,是美国驻华大使骆家辉和他的妻子李蒙录的一段祝福中国人农历新年快乐的视频。视频一开始,骆家辉以中文问候"大家好",在结尾处,李蒙和骆家辉分别用中文说了"新年快乐"和"恭喜发财"。

在抽样的150条微博中,有两条是关于清明节的。其中有一条是"'听风听雨过清明,愁草瘗花铭'——南宋词人,吴文英(1200-1260年)。明天是中国传统节日清明节,人们在这一天扫墓祭祀祖先,追怀先人。如果您在清明假期有出行计划,请注意交通安全。"既向中国传统文化致敬,也有对今人的关照。

另外一条是"骆家辉大使:清明节快到了。这是全球华人感念先人,传承和关注家族温情、传统与价值的重要日子。我和家人也是一样,无论在哪里,都感恩我的中国根,希望它世代相传!祝大家节日归家团聚顺利、平安。当天,我也将和家人一起,回到老家祭祖、探望族人。"在这条微博中,骆家辉既表现了美国立场,又展示了对族裔根源的感念。

(六)提供服务信息

这是美国驻华大使馆的基本职责之一。本文所说的服务信息主要包括签证办理、教育咨询和英语学习。在11条服务信息中,与签证相关的有4条,与教育咨询相关的有2条,与英语学习相关的有5条。随着"美国使馆签证处"和"EducationUSA 中国"这两个微博账号的开通,大使馆的微博上这两类信息相对减少,一般只会对特别重要的信息发布公告。

(七)其他

共有4条,其中有两条是转发的微博,但原微博已被作者删除,另两条是宣布美国使领馆因为美国独立日闭馆一天。

综合这七类内容,可以总结出美国驻华大使馆新浪微博的内容有以下四个特点:一是原创率高。在150条微博中,原创微博(包括独立编发的和转发加评论的)占135条,转发微博(仅转发,无评论)为15条,原创率高达90%。这可以提高微博账户的独特性和可用力。二是内容宽泛。该微博平台上不仅提供较为静态的社会、历史、文化信息,还提供实时更新的新闻、服务信息;不仅有互动信息,还有情感交流。三是以软性信息为主。即使是政治、经济、科技这些体现硬实力的新闻,其内容选取也都顾及了"软"性特点。四是绝大多数都是关于美国的正面信息。以上特点充分显示了使馆微博试图突出美国正面形象、宣传美国价值观念的外交意图,也体现了微博外交公开、广泛、亲民、互动性强的优势。

四、美国驻华大使馆新浪微博的形式研究

作为一个传播媒介，微博所承载的内容固然重要，但是体现内容的形式也有不可忽视的作用。形式利用得好，不仅可以吸引网友的注意力，还可以优化内容呈现，扩大传播范围，提升传播效果。从形式上看，美国驻华大使馆新浪微博表现出了鲜明的社交网络特点：精心设计主页，充分利用多媒体元素和微博的独特功能。

（一）主页设计

"点开美国驻华使馆的微博主页，页面是以美国国旗星条旗为底色、点缀着美国驻华大使馆工作人员笑脸头像的个性化设置。其微博标识也独具匠心，是一枚融合中美两国国旗所构成的太极图案。"（秦轩，2011）页面中间是则驻华大使骆家辉和夫人李蒙向全球华人表达农历新年祝福的视频。这些元素组合在一起，鲜明地传递了"中美友好"的民间外交信息。

（二）多媒体元素

与报纸、广播、电视等传统媒体相比，微博在呈现形式上具有"全媒体"的特点，文字、图片、声音、视频等各种元素可以根据需求灵活组合，全面呈现。

笔者计算了135条原创微博的图片、超链接和视频使用比例。经过统计，发现含有图片的微博有94条，占70%；含有超链接的微博有86条，占64%；含有视频的微博有3条，占2%。

1.图片。如果说微博中被限制的140字有门槛低和轻松阅读的特点，那么图片的门槛则更低，阅读也更轻松，更有趣味性。此外，图片所承载的信息可以对文字内容进行有效的补充和解释说明。美国驻华大使馆新浪微博的图片使用率是相当高的，借助这些图片，也提升了账户的传播效果。

比如在世界知识产权日来临的时候，美国驻华大使馆的新浪微博就介绍了清华大学30岁的软件工程师陈启鑫，他开发的软件可以提高发电厂的工作效率。在微博的配图中，陈启鑫骑着自行车，他身后是发电厂高耸的烟囱。通过这张图片，读者不仅直观地了解到陈启鑫是一个什么样的人，也捕捉到了环保的精神。但实际上整条信息最微妙、最核心的点，则是对"知识产权"这一话题的关注。这是中美经贸往来中一个重要的外交议题。图片的视觉存在无形中放大了这条信息的显著性，从而扩大了读者对它的关注度。

为了能传达更多的信息,使馆微博并不局限于只使用一张图片。在94条附有图片的微博中,使用两张及以上拼图的微博有12条。其中一条关于美国大使馆独立日招待会的微博,提供的图片是5张照片拼起来的,不仅提供了更多关于现场的信息,也强调了内容的重要性。

此外,美国驻华大使馆的新浪微博还专门开辟了展示图片的小"专栏"——"每周图片"。该微博每周发布一张精选的图片,并配上文字说明。这样的专栏可以吸引摄影爱好者,也让使馆微博的形式更加丰富,可读性更强。

2.超链接。所谓的超链接是指从一个网页指向一个目标的连接关系,这个目标可以是另一个网页,也可以是相同网页上的不同位置,还可以是一个图片、一个电子邮件地址、一个文件,甚至是一个应用程序。可以说,是超链接把整个互联网联系起来的。

超链接的使用不仅可以弥补微博碎片化、信息量小的不足,还可以丰富信息的传播形式,因为超链接可以链接到任意的网站,如博客网站、视频网站、新闻网站等。更重要的是,超链接暗含了作者的内容选取标准,读者点击超链接,就是在按照微博作者安排的路径获取相关信息。

在抽取的135条原创微博中,有86条微博含有超链接,占总数的64%。有的微博含有不止一个超链接。比如一篇微博在分享网络生命大百科(Encyclopedia of Life,EOL)中文版正式上线的消息时,就给出了两个链接。一个链接至美国驻华大使馆的新浪微博,详细介绍了EOL的创立故事、内容和在中文领域的拓展,另外一个链接到EOL的主页。在美国火星探测器好奇号即将登陆火星时,大使馆微博考虑到受众的不同需求,给出了分别适合电脑用户、iPhone用户和安卓用户的三个观看网址。

在有超链接的86条微博中,链接到新浪博客的有64条,占总数的74%。比起微博来说,博客不受字数的限制,可以对微博中提到的信息进行扩展延伸,这就迎合了那些不满足于微博简单信息的受众的需求。此外,博客除了提供翻译成中文的文章,还会提供英文原文,并附上英文原文的出处链接。在超链接的指引下,读者就开始了对相关议题"无尽的探索",而这种"无尽的探索"又是被原作者所规定的。美国驻华大使馆新浪微博超链接的目标广泛而有限,除了美国驻华大使馆的新浪博客,还有其使馆的优酷视频空间、豆瓣同城、美国国务院网站、《华尔街日报》等美国主流新闻媒体,其限定性和内容的可控性显而易见,很好地注解了使馆微博作为外交平台的性质。

3.视频。在135条原创微博中,只有3条微博含有视频,这个比例不算大。但就微博的形式而言,除了电视台、视频网站的微博会比较多地用到视频外,一般的微博账号很少上传视频。此外,上文提到的超链接中,有12个是链接到视频文件的。

在上述3条视频中,其中一条是美国国务卿克里对"清华大学苏世明学者项目"

启动表示祝贺。克里在视频中首先感谢了在他访华期间中国政府和人民对他的热情接待,强调了中美关系的重要性,重点阐述了该项目的意义。第二条视频上传于11月23日,感恩节的第二天。视频的主要内容是美国顶尖厨师制作感恩节经典菜肴的过程。该视频使用了中文配音。第三条是烟花燃放的视频,为美国独立日增添气氛。

需要说明的是,虽然使馆微博的视频使用率较低,但是每段视频的左上角都会有该视频的名称,这一名称就是一个超链接,可以链接到美国驻华大使馆的优酷视频空间。该空间中全部是美国驻华大使馆上传的视频,共有295条(截至2013年4月25日13点08分)。

(三) 微博的独特功能

美国驻华大使馆利用微博的独特方式来扩大自己的影响力,长微博、微话题、微访谈、微直播这些很"新潮"的形式都出现在它的新浪微博中。

1. 长微博

长微博是随着微博的发展才出现的一个新兴词汇。正常情况下,微博一次只能发140个字以内的内容。为了突破这个门槛,长微博转换工具出现了。它可以将超过140的文字转换成图片,最多支持1万字,转换后的文字仍然十分清晰。

在抽取研究的微博中,有四条采用了长微博的形式。长微博虽然是以图片的方式呈现,但内容既可以是纯文字,也可以是文字加图片。比如一条学习英语的微博就用了长微博,不仅举例说明了英语成语"low blow"的用法,还加了一张拳击的图片,形象而又生动。

2. 微话题

微博用"#"表示话题。例如我们要发布一条微博:"今天是国庆节。"就可以这样输入:"今天是#国庆节#"然后发送。这时"#国庆节#"就会变成一个超链接按钮。点击这个按钮,我们就会进入关于"国庆节"的话题,看到所有关于这个话题的微博(即包含"#国庆节#"的微博)。这种设置方便了大家查找同类或同话题微博。

在美国使馆的微博中,"#克里访华#"、"#50州#"、"#每周图片#"、"#世界知识产权日#"等都属于微话题。笔者点击"#克里访华#",就进入到微话题的页面,搜索出228条(截至2013年4月26日23点28分)有关克里访华的原创微博。微话题的使用可以对相关的内容进行整合,在微话题圈子中形成聚合效应,扩大影响力。

3. 微访谈

微访谈是建立在新浪微博基础上的访谈类产品。与传统访谈不同的是,微访谈的所有问题都来自普通网友,并且由访谈嘉宾实时回答。正如其口号"无微不至,有问必答"所宣称的,微访谈具有很强的开放性。

美国大使馆在宣布了最新的签证申请方法后,就在新浪微博上举办了一次微访谈,在线回答网友提问。微访谈操作便捷,且每一条提问和回答就相当于一条微博,可以转发和评论。这就扩大了微访谈的传播范围,提高了微访谈的影响力。

五、结语

以上对美国驻华大使馆新浪微博的内容和形式特点进行了研究。通过上述内容,我们可以发现美国驻华大使馆在借助微博实现外交意图的尝试中所使用的一些策略。首先是构建微博圈,扩大影响力。在其微博主页,可以看到一系列联系紧密的"姐妹"账号,博主为各领事馆及多位外交官,它们彼此转发、评论微博内容。另外,使馆微博还有诸多友情链接,包括美国使馆中文网站、美国使馆腾讯博客、美国教育在线等。第二是对热点人物进行持续关注。最典型的例子便是骆家辉。在美国驻华大使馆新浪微博的 5647 条(截至 2013 年 5 月 3 日 19 点)博文中,与骆家辉相关的有 303 条,这些信息试图帮助这位驻华大使在中国民众当中树立起立体、正面的形象。第三是线上线下双重互动,增加其亲民性。第四是利用中国元素拉近情感距离。第五是对中国的热点话题进行"微干预"。公共外交虽然在总体上注重友好性,以传递软性信息为主,但作为一种"外交手段",它除了从根本上维护和扩大本国利益,在一些具体的操作上也体现了鲜明的政治意识形态特性。针对中国社会目前存在的空气污染问题、房价问题和三公经费等问题,该微博都主动设置议题,介绍美国在这些方面的情况,引发中国网民的讨论,并试图借此干预中国的政府决策。

今天的世界,一方面,公共外交的发展、网络技术的进步、公民意识的成熟,都使得新媒体成为各国越来越重视的一个外交平台;另一方面,中国逐渐步入国际舞台的中心位置,国际形势与中国发展的互动影响越来越显著。在这种情形下,借助新兴的媒介力量积极有效地展开公共外交,拓展中国的话语渠道和国际影响力,就成为我国政府的一个迫切需求和任务。基于此,本文对美国驻华大使馆新闻微博的内容、形式和策略作出分析,以期对中国的公共外交实践提供借鉴。

参考文献:

美国中心简介,http://site.douban.com/127124/.

高飞:《公共外交的界定、形成条件及其作用》,《外交评论》2005 年第 6 期。

金子将史、北野充主编:《公共外交:"舆论时代"的外交战略》,《公共外交》翻译组译,外语教学与研究出版社2010年版。

公共事务处(新闻文化处),美国驻华大使馆官方网站,http://chinese.usembassy-china.org.cn/public_affairs.html.

秦轩:《驻华使馆开微博:把外交做到中国人指尖》,http://www.infzm.com/content/57090.

曲星:《公共外交的经典含义和中国特色》,《国际问题研究》2010年第6期。

〔霍文利,中国传媒大学电视与新闻学院副教授,主要从事媒介文化及媒介史研究;曹莉,中国传媒大学国际新闻传播后备人才班2013届硕士研究生〕

在线的身体隐喻与情色象征
——优酷视频网的内容分析与编辑框架

Online Body Metaphor and Erotica Symbol: Content Analysis and Editing Frame of Youku

◎ 程素琴　沈新烨　马晓蓉

Cheng Suqin, Shen Xinye, Ma Xiaorong

摘要：本文以国内主流视频网站优酷网为研究对象，采用简单抽样和内容分析法，对国内视频网站推介视频的方式和手段进行分析，发现随着视频网站之间的竞争日益加剧，为提高用户黏性、增加视频浏览量和点击量，不少视频网站利用带有身体隐喻和情色象征的文字或图片推介其视频内容，从而使得视频网站中充斥着性爱、暴力等敏感字眼与画面。针对这一现象，本文试图分析视频网站运用身体隐喻和情色象征内容推介视频的实际方法及效果，同时探讨该推介方式可能产生的负面影响。

关键词：身体隐喻，情色象征，视频网站，消费社会

Abstract: This paper takes the Youku as the research object, and take simple sampling and content analysis as the research methods, to analyze the recommending ways of video sites in China. The result shows that, with increasing competition among video sites, to enhance user stickiness and increase video viewers, many video sites use metaphors and Erotica body text or image symbolizes to promote their video. So that the websites are filled with words and pictures full of sex, violence and other sensitive content. In response to this phenomenon, this article attempts to analyze the method and effect of video websites that use body metaphors and symbolic erotica content to promote videos, and explore its negative effects.

Keywords: body metaphor, erotica symbol, video site, consumer society

一、问题与背景

近年来，随着互联网的快速发展，网络视频用户规模不断扩大，在宽带技术的普及之下，网络视频已成为网民所使用的最主要的互联网服务之一。根据艾瑞咨询数据发

布的《2013年3月iVideo Tracker视频网站用户行为分析报告》，截至今年三月，我国在线视频媒体播放覆盖人数已达到4.5亿，在线视频媒体播放人数趋势保持稳步上升。同时，在线视频媒体总有效浏览时间为32.8亿小时，该浏览时间大大超过SNS服务、C2C平台等其他网络服务。

除用户总量和有效浏览时间稳步上升外，我国互联网视频网站的发展还呈现出许多新的趋势。第一，高清视频逐渐成为网络视频主流，随着互联网版权保护力度的不断加强，视频网站购买视频版权成为普遍趋势，由于购买版权产生的高额成本，要求视频网站对视频推介加大力度，以期获得更大浏览量；第二，视频网站巨头强强联合，打造更为强大的视频平台：2012年3月12日，优酷土豆宣布以100%换股的方式正式合并，2013年5月7日百度宣布以3.7亿美元收购PPS视频业务；第三，视频网站发力自制节目，大数据趋势下台网融合逐渐成形；第四，手机等移动终端网络视频用户数及使用率成持续上升态势。优酷于2013年1月发布的统计数据报告显示，来自移动终端的日视频播放量率先突破1亿。

随着网络视频的迅猛发展和视频网站之间竞争的日益加剧，为达到提升用户黏性、增加浏览量或知名度等目的，不少视频网站"标题党"乱象横生。打开某些视频网站不难发现，其中充斥着性爱、暴力等敏感字眼与画面，情色隐喻与身体象征等推介手段随处可见。以性或身体作为推介方式以吸引消费群体的行为在消费社会理论中是有支撑的。

劳拉·穆尔维曾指出，"（消费社会中）起决定作用的是男人的目光，它塑造女性的形体。她们的外貌被编码成强烈的视觉和色情感染力，从而能够把她们说成是具有被看性的内涵"。在当代消费社会中，身体以各种诱人的姿态出现在网络媒体中，此时"视觉主体感觉到的不仅仅是一个视觉场，还是一个存在高度微妙差别和被编码的环境"（靳琰、王莉，2012）。鲍德里亚在其后现代消费社会理论中也特别关注了消费社会中的"身体策略"，他解释了为何"身体在消费神话中成为新的神话"以及身体的满足何以成为"灵魂逃亡的最新形式"。鲍德里亚认为身体已经从"面容之美"表现走向了"躯体之力"的表现，从精神意象的呈现走向了欲望肉体的展示。人们在高速行进的社会中，已经自觉主动地成为金钱和时间的附庸，而纷繁复杂的网络空间中，身体策略同样成为刺激生命原始欲望的方式。

在当前国内网络媒体环境中，视频网站是如何运用身体隐喻和情色象征的策略进行视频推介，视频网站浏览量与点击量的提升是否与这种推介方式关联密切，大面积的此类推介是否对用户体验造成负面影响？本文将试图探讨和回答这些问题。

二、文献综述

西方文献中对以身体隐喻和情色象征为推介手段的研究集中在广告领域。西方广告中这一设计手段历史悠久，并形成一些完整的操作理念。例如应用广泛的3B原则，即 Beauty、Baby、Beast（美女、儿童和动物），其中美女作为性感的载体和象征是广告手段中公认最有效的推介方式。虽然这一方式在社会舆论中广受诟病，但正如广告大师大卫·奥格威所说："如果一则广告不能促进销售，那它就不能叫广告。"可见广告所承担的使命也是"性"元素被广泛运用的原因之一。这些理论多从广告与性的角度出发，其中提到的性并不仅仅是男女身体，更是与性行为和性关系相关联的。在广告中，情色想象和两性身体的关联使用度很高，这与网络视频网站利用视频截图、视频标题中暗含的情色内容来博取高点击率具有相同之处，都是一种推广消费的行为。广告中有关情色与身体内容的界限早已引起了诸多关注与讨论，而视频网站以此来进行推广是否有更巨大的影响还尚未查阅到更权威、更全面的学术分析。

在国内学术领域，针对身体及情色的象征性暗示所展开的研究在文学、戏剧电影、电视艺术、美术书法、心理学、文艺理论等方面都有所涉及。其中，在新闻与传媒领域，该研究课题主要集中在广告、新闻、商业价值等方面。仅有一篇文献与网络媒体中所出现的这一现象相关联，该文章研究了网络媒体中身体和情色信息的传播形态及其动因，从网络媒体利用身体隐喻和情色象征现象的源头及界定入手，进行了网络媒体性暗示信息的传播形态分析及网络媒体以身体和情色为手段推介视频现象产生的动因分析。作者将我国网络媒体出现的身体和情色现象定义为"网络媒体使用低俗字眼将与'性'无关的信息借'性'发挥，企图吸引网民眼球、增加点击率的传播现象"（邓妍，2012）。但是该文章仅从宏观角度出发，概述了网络媒体中的身体隐喻和情色象征信息传播，未对不同形态的网络媒体进行分类分析。

从国内学术界针对视频网站开展的学术研究及其成果来看，这个领域的研究范围较为广泛，涉及信息经济、企业经济、新闻与传媒、互联网技术等众多学科。其中，在新闻与传媒领域，在宏观层面上，多集中于国内视频网站建设模式、发展策略、运营战略等方面。例如蔡丽梦发表于《新闻爱好者》的文章《论中国视频网站的多元化发展策略》，从现状和政策等多方面进行了全方位的策略分析。而在微观层面，此类文献多基于网络视频本身进行营销策略研究，如邓蓉发表的《试论网络视频营销》一文，从提高视频质量、创新营销模式角度探讨解决网络视频营销问题的途径。综上，国内有关视频网站的研究鲜有对网站具体推介方式的思考，因此本文选取知名视频网站作为研究案例,以期弥补此类研究的空缺。

另外,随着 Web3.0 时代的到来,社交网站在中国发展势头强劲,已经逐渐成为视频网站投放视频的重要平台。如何在社交类网站中成功推介视频以吸引用户关注视频网站,已成为视频网站的重要策略。因此"病毒视频"、"标题党"也成为此类研究的关注对象。

总体来看,以后现代消费社会理论为理论基石,以身体隐喻和情色象征为切入点对视频网站内容的推介方式及问题进行研究的成果并不多见,而此类现象在现今的网络环境中已普遍存在,必然对网络用户产生一定的影响。因此,本文通过关注视频网站使用身体隐喻和情色象征这一推介方式,以优酷网为主要研究对象,在相关调查与分析的基础之上,形成对此类现象的初步认识,探讨其对于受众的影响。

三、研究设计

(一)研究思路

本文中,笔者将采用内容分析法、典型案例分析法等研究方法对课题展开分析。

首先,借鉴分析非定量文献常用的内容分析方法,对视频网站主页及排行榜中有关身体和情色内容的标题和截图等推介方式进行系统的、定量的分析。从整体上展现优酷网使用身体隐喻和情色象征进行视频推介的实证;其次,在定性和定量分析的基础上,选取具有典型意义的视频样本,对其中包含的身体和情色内容及其与标题的符合程度、用户评论进行分析,揭示视频网站利用身体隐喻和情色象征进行推介的实质。

(二)研究方案设计

首先,对研究对象的选择。目前,我国视频网站发展日趋成熟,相关统计数据显示,优酷、土豆两个平台,目前已经覆盖80%以上的视频用户,稳居国内网络视频第一大阵营。据 Nielsen 数据显示,2012 年中国网络视频领域综合排名中,优酷领先于搜狐视频、新浪视频、爱奇艺等视频网站,稳居榜单第一位。另外,开元研究于 2012 年 12 月公布的一组数据对播客行业网站进行了综合性排名,优酷、土豆、酷 6 稳坐前三位,牢牢占据了播客领域第一阵营。不仅如此,优酷还是最早获得广电双证的商业网站,兼具影视、综艺、资讯三大内容形态,并始终将 UGC、PGC(专业原创内容)模式作为重点发展方向。因此,从用户数量、播出内容、市场份额等多方面考量,优酷网在视频网站中极具代表性和影响力,是开展此项研究的理想对象。

其次,内容分析的具体步骤:在 2013 年 3 月至 4 月期间,每周一、周四晚 21 点对优酷网主页和优酷资讯排行榜截屏保存。共截取 10 次主页和 11 个排行榜,并重点观察分析主页与排行榜中利用身体和情色内容进行推介的视频标题或图片。

在构建内容类别方面,于观察分析之前先界定含有身体隐喻和情色象征内容的词汇特征如下:身体类:美腿、美臀、全裸、酥胸等;动作类:接吻、强暴、上床、走光等;身份类:小三、模特(超模、车模)、小姐等;标志性事件/人物类:海天盛宴、柳岩、李宗瑞等。

对于视频网站主页视频推介图片是否含有身体和情色内容的界定为:画面主体是否能够令人联想到性或与性相关事物,例如身体部位特写画面、特殊动作描绘画面、具有明显符号化意味的画面等。

以此类方式进行取样分析研究,不仅对优酷网站此类推介方式进行了整体定量分析,而且为选取典型案例提供了可靠依据。

四、优酷网利用身体隐喻及情色象征手段进行推介的实际观察

(一)优酷网主页所推介的视频中含有的身体隐喻和情色象征内容所占的比例

首先,我们对 3 月到 4 月间所截取的优酷网主页样本进行了分析,主要统计每个样本页当中所包含的视频推介总量,及其中以身体和情色为推介手段的视频数量,同时将身体和情色手段推介方式分为文字型推介与图片型推介两种方式进行进一步统计,并且统计出总量中利用身体隐喻和情色象征为手段所推介的视频所占比例。结果见图 1 至图 3。

据图 1,在笔者所截取的 10 个主页样本中,除去商业性广告图片文字等信息,共统计出优酷网主页视频 4199 个,其中以身体隐喻和情色象征为手段进行推介的视频总量达到 799 个,经计算得出所占比例为 19.39%。近五分之一的视频以身体和情色手段进行主页推介,不难看出,这一手段在优酷主页视频推送中已十分常见。

笔者将截取的优酷主页样本中当天的视频总量与以身体隐喻和情色象征为手段推介的视频数量进行单独对比,形成图 2。从统计数据中可以看出,3 月 7 日和 3 月 12 日的视频总量和其他时间相比减少近 20 个,其原因为优酷主页中的"电视剧"栏目当时尚未添加"英剧"板块,而 3 月 14 日至 4 月 11 日期间,由于优酷主业已形成固定的板块与视频推送模式,且在截取样本期间并未发生重大变化与调整,因此,其视频总量变化起伏微小,维持在 425 个左右。图 2 中以身体隐喻和情色象征为推介手段的视

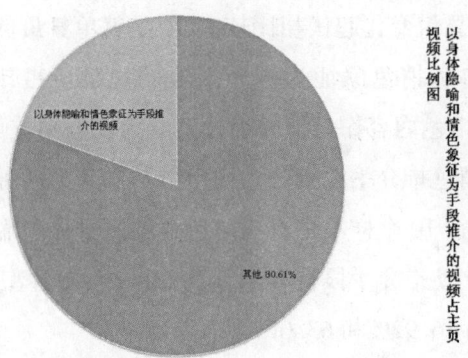

图1 以身体隐喻和情色象征为推介手段的视频及文字型/图片型数量统计表

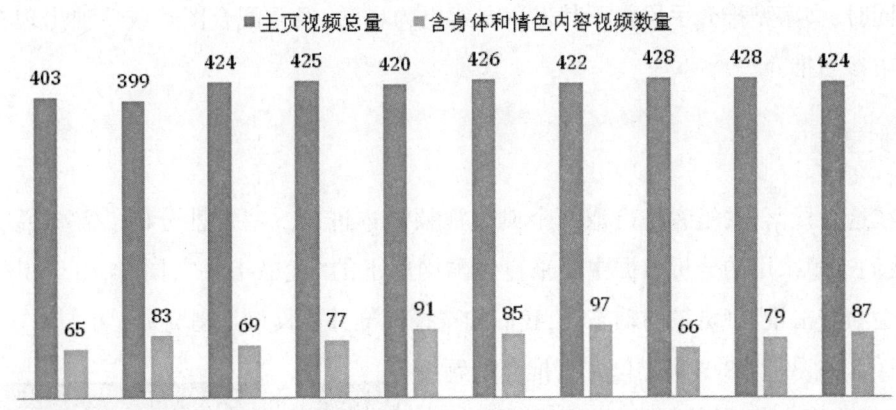

图2 主页视频总量与以身体隐喻和情色象征为推介手段的视频数量统计

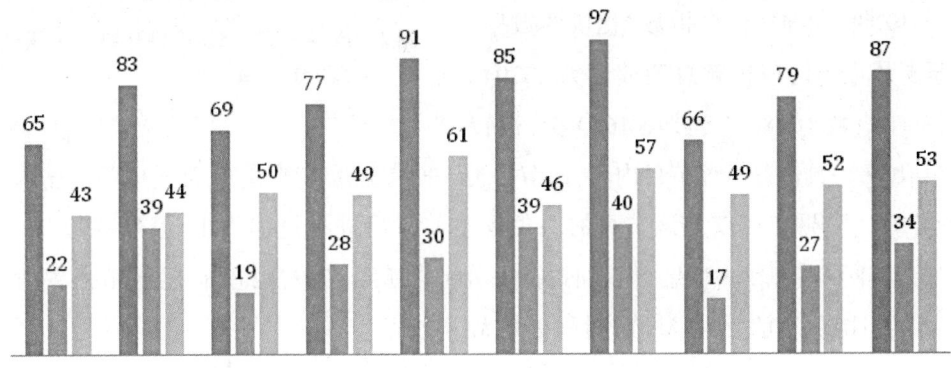

图3 以身体隐喻和情色象征为推介手段的视频及文字型/图片型数量统计表

频总量变化起伏与视频总量变化起伏相比较大,但是就单日最低3月7日与单日最高3月28日中以身体隐喻和情色象征为推介手段的视频所占比例分别为16.12%与22.99%来看,以身体和情色内容作为推介手段已成为优酷网首页推介视频的常态。

图3中,将身体和情色推介手段细分为文字型与图片型两种推介手段进行进一步数据观察,并由此得出,在10个样本主页当中包含的以身体隐喻和情色象征为主要推介手段的视频当中,文字型推介手段视频数量为295个,图片型推介手段视频数量为504个,分别占到总量的36.92%和63.07%。

可见,在以身体和情色手段进行视频推介时,图片型推介手段更为常用。根据笔者对优酷网主页的连日观察也可看出,感官刺激更强的图片较刺激性文字更有吸引力。同时,文字型推介手段由于其表达方式更为灵活,经常配合图片或单独出现在侧栏当中参与推介。

(二) 典型案例

在这个段落中,笔者将选取两个典型视频样本进行一些定性分析。需要说明的是,我们这里采用的分析数据主要来自优酷网旗下的"优酷指数",同时,由于视频的海量性和点击量、浏览量的动态性,我们的选择标准并不仅仅是浏览量大小。

样本一:3月18日优酷网主页推介的题为"麻辣鸡真空装 男星狂瞄《美国偶像》第12季"的视频。

这个视频出现在3月18日优酷网主页"综艺娱乐"板块的"港台欧美"标签中。查看后可发现,其内容为《美国偶像》节目第12季19期。根据"优酷指数"提供的数据,截至5月23日,该视频总播放量为457048次,总评论数为180个,被顶1620次,被转发3610次。

图4 麻辣鸡真空装 男星狂瞄《美国偶像》第12季

具体分析该节目内容:该节目为一期常规选秀类节目,推送标题中显示的"麻辣鸡"、"男星"仅仅是该节目的两位评委。节目进行过程当中,虽然外号"麻辣鸡"的女评委衣着较为性感,但在时长41分钟的节目当中,她并非主角,节目主内容仍为选秀比赛,所谓"男星狂瞄"过程更是无稽之谈。

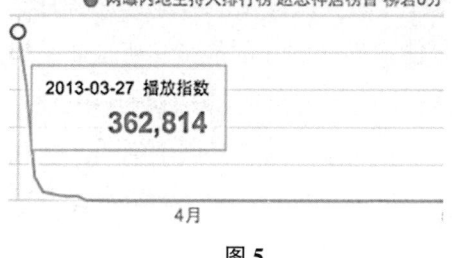

图 5

样本二:3月27日及28日优酷网主页推介的题为"主持人排行榜柳岩零分"的视频。

如图5所示,该视频推介图片出现在3月27日及28日优酷网视频主页"视频专题"板块,据"优酷指数"统计,截至5月23日,该视频总播放次数741126,评论数241,顶1822次,转发17864次。

通过分析笔者发现,在1分26秒的视频中,节目主体内容时长为1分03秒,柳岩仅出现8秒,共5个镜头。并且5个镜头均为柳岩在舞台上进行舞蹈的展示。整个视频当中,并未出现主页推介图片所示的低胸礼服形象。

另外,根据"优酷指数"发布的该视频"播放指数"趋势图显示,该视频单日播放次数最高出现在3月27日至28日,优酷主页在该时间段内对此视频进行了推介。

综合以上两个典型样本分析可见,首先,主页推送与视频播放量有很大关联,同时,以身体和情色内容为手段进行推介也在很大程度上对视频的点击率起到了助推作用;其次,身体和情色内容作为推介手段,并不完全符合视频内容。大多数情况下,网站编辑只是选取了视频当中身体和情色信息最明显的点进行截取,通过文字语言和图片语言的放大,将其推送到用户面前;最后,以身体和情色内容为推介手段的视频当中,该内容出现时长所占比例很小,并非视频主旨内容。

五、总结与讨论

(一)研究的主要结论

本研究对优酷网主页利用身体和情色内容作为推介手段的情况进行了较为系统

的分析,发现我国主流视频网站确实存在为数众多的身体隐喻和情色象征内容,并且这种手段已经形成了看似有效的固定推介模式。通过对图片型和文字型身体隐喻和情色象征内容进行对比,看出图片型推介手段较文字型更为常用。另外,通过两个典型样本分析可见,优酷网的这种推介方式在很大程度上并不符合视频的主题内容价值。

(二) 相关问题讨论

1. 本研究对于相关理论的验证

本研究除了以优酷网为例进行分析以外,还对国内其他主流视频网站进行了较为长期的观察,发现绝大部分视频网站都存在大面积使用身体隐喻和情色象征手段进行视频推介的现象。而这一现象,恰恰验证了西方学者鲍德里亚后现代消费社会理论中对于"消费心理模式"、"消费神话"、"身体策略"等方面的论述。

研究中我们还发现,女性身体以各种诱人的姿态出现在网络视频推介当中,被符号化的女性形象的身体在大众"凝视"的目光中并不是以一个完整的符号出现的,而是被各种视觉与心理需求任意切割成了碎片,这一发现是基于劳拉·穆尔维有关"视觉快感"的相关理论。

另外,本研究中得到的图片型推介手段比文字型手段更为有效的论断,验证了有关视觉权力的一些理论。"在视觉话语中,每一种视觉表达方式都包含着权力因子……每一种话语因子都隐含了权力,权力能把自身伪装在视觉话语中。"(党西民,2012) 从用户选择观赏视频的标准来看,他们总是能把推介图片的能指和所指联系起来,认为该视觉话语背后有所指,即有对应的身体和情色内容出现在该视频当中,此时观众自然地将"能指"、"所指"、"现实事物"三者紧密连接。这就是视觉话语表达比其他符号更具有吸引力、更能引起关注的原因。

2. 本研究对于现实意义的考量

身体隐喻和情色象征内容作为推送手段在广告行业由来已久,因其具有吸引眼球和传达信息的功能,以达到宣传某种商品或服务的目的而被广泛使用。视频网站对这种手段的应用,实际上也是对视频本身的一种广而告之,起到了提高单个视频浏览量以增加网站点击量、培养用户黏性、扩大网站知名度等作用,商业价值显著。

运用身体和情色内容进行视频推介的方式可操作性强,容易与视频形成关联,从而使得并不具有新闻性或信息含量少的视频受到关注,并扩大了传播面。同时,这种手段可以被用于为热点事件或人物造势,形成蜂群效应,达到更为广泛的传播效果。

3.对所面临问题的探讨

首先,对于单个视频本身来说,单纯只是将身体隐喻和情色象征手段作为一种博取眼球、吸引目光的方式,虽然能够引起消费者的注意,激发点击行为,但是极易掩盖视频内容本身的真正价值,导致用户注意力转移,忽视视频本身,无法达到传播目的。另外,这种手段的过度使用容易走向色情化、庸俗化,反而弄巧成拙,引起非议。

其次,从视频网站角度来看,性元素的使用并非万能钥匙。性原本是中庸的词汇,右则乱象,左则禁锢。在开放的网络空间中和现有的监管制度之下,大多数网站以打擦边球的方式一味迎合低俗需求,这不利于培养良性受众群体,甚至会引起用户反感。更重要的是,作为新媒体平台上的视觉传播媒体,创新性是视频网站的成长动力,将思维禁锢于单一的手法之中,只会束缚创造力。发掘网站自身的核心竞争力,坚持正确的核心价值观,才是网站保持长久生命力的源泉所在。

最后,就整个网络媒体环境而言,互联网作为更为开放的平台,在高速发展中逐渐形成了乱象横生的刻板印象。网络空间中过度的性元素呈现依然比比皆是,这对于互联网用户,尤其是青少年群体来说,信息筛选的困难加大,因而营造良性的网络媒体生态环境更为必要。

参考文献:

鲍德里亚:《消费社会》,刘成富译,南京大学出版社2008年版。
何平华:《视觉饕餮的秘密》,上海文化出版社2008年版。
林升梁:《网络广告原理与实务》,厦门大学出版社2007年版。
党西民:《视觉文化的权力运作》,人民出版社2012年版。
靳琰、王莉:《网络时代女性身体符号消费的内涵与逻辑》,《现代传播》2012年第9期。
巴亦君:《我国性暗示广告的生存现状》,《内蒙古师范大学学报》2007年第1期。
邓妍:《网络媒体性暗示信息的传播形态及动因分析》,《东南传播》2012年第8期。

〔程素琴,中国传媒大学新闻与传播学院副教授;
沈新烨、马晓蓉,中国传媒大学新闻与传播学院硕士研究生〕

理论与历史

"你幸福吗？"与让·鲁什的真实电影	陈　刚　王晓喆
创作视阈下社会纪实类纪录片之传播	曾建川
美国媒介融合成因的ANT分析	付晓光
电视剧受众研究与女性：文献回顾的视角	夏丽丽
存在与缺席	
——华语流行音乐中女性性别的构建和操演	王　黔

"你幸福吗?"与让·鲁什的真实电影
"Are You Happy" Combined with Jean Pierre's Real Time Movie

◎ 陈 刚　王晓喆
Chen Gang　Wang Xiaozhe

摘要: "你幸福吗?"在新中国成立63年之际,中央电视台记者在城市街头拦住每一个人提出这个问题。由于采访很新颖,节目播出后引起网络热议。实际上,这种拍摄方式来自法国"新浪潮"电影。当年,法国的人类学家让·鲁什和社会学家埃德加·莫兰拍摄了一部纪录片《夏日纪实》,对上世纪60年代的巴黎市民进行社会调查,首先采用了这种方式。让·鲁什是新浪潮电影运动中"真实电影"的领军人物,他不仅是一位电影导演也是人类学家。他以人类学的理念和方法指导纪录片拍摄,将摄影机作为检测人类行为及关系的一种方法,并运用电影手段来研究分析一种文化,使得他的电影成为最有特色的作品。它不仅改变了法国电影的面貌,也改变了世界纪录电影的面貌,影响至今。

关键词: 新浪潮电影运动,真实电影,让·鲁什,纪录片

Abstract: On the occasion of the 63 anniversary of the founding of China, CCTV's reporter stopped passers in the city streets to ask them a question—"Are you Happy?" As the interview is original, it has been heated discussion after the programme has been played. Actually, this way of shooting stems from the new tide of French movies. During that time, French anthropologist Jean Pierre and sociologist Edgar Morin used the same way to creat a documentary called *Chronicle of a Summer* (Chronique d'un été) , which is about social investigation to the citizens of Paris in the 1960 s. Jean Pierre is not only an anthropologist but also a film director as a pioneer of the new tide film movement. He instructed by the ideas and methods of anthropology to make documentary, and put the camera as a method of detecting human behaviors and their relationships. Moreover, he applied the movie's measures to analysize a kind of culture, as a result, his films become the most distinctive one. And it's not only changed the appearance of French film but also the world documentary's developing until today.

Keywords: the new tide of films movement, real time movie, Jean Pierre, documentary

2013年"五一"前中央电视台记者在城市街头访问人们有什么梦想,24岁的机械师李强回答:"买套房子,先让父母体验一下城市人的生活";45岁的技术员王兰荣说:"要换一个新房,还有一个孩子马上读完书了,以后要把孩子的工作问题落实了";77岁李正林则回答:"要坚持锻炼,有一个好的身体,争取活到100岁"……这已经不是他们第一次采用这样的方式报道了。

在新中国成立63年之际,中央电视台记者也在城市街头拦住行人,提出这样的问题:"你幸福吗?"有的人面对镜头滔滔不绝地述说着自己生活的改变,有的人脸上洋溢着笑容,这个提问得到了各种各样的回答。一位正准备举行婚礼的小伙子抱起自己身穿白色婚纱的新娘回头对记者说:"我幸福吗?你看呐。"各种回复让人们看到了今天中国普通百姓生活的改变,看到了人们对改革开放成果的赞许。由于采访很新颖,节目播出后引起网络热议。这种拍摄方式来自法国"新浪潮"电影,当年,法国的人类学家让·鲁什和社会学家埃德加·莫兰拍摄了一部纪录片《夏日纪实》,对上世纪60年代的巴黎市民进行了一番社会调查。像今天的央视记者一样,他们在巴黎的街头拦住每一个过往的人,提出问题:"你幸福吗?"这部纪录片成为"新浪潮"电影运动中三个分支之一——"真实电影",意义深远,影响至今。

一、实验电影的背景

自从电影诞生以后,人们就一直探索电影本身的表现特点和运行规律。欧洲先锋派电影运动就是一次有意义的尝试。20世纪20年代主要在法国和德国兴起的先锋派电影是要从流行的戏剧传统中拯救电影,它的重要特点是反传统叙事结构而强调纯视觉性。作为一种影片样式,也有人称之为纯电影或抽象电影。一战后的法国和德国,各种政治思想、文艺思潮空前活跃,许多艺术家和知识分子对传统的价值观念和美学原则提出了怀疑,其中也包括对年轻的电影艺术的认识。他们认为电影必须摆脱其他古老艺术的影响和束缚,成为独立的艺术。他们看到电影最大的直观特性就在于能使静态画面运动起来,因此几位画家首先进行了有益试验。如抽象派画家汉斯·里希特(Hans Richter)拍摄的《韵律》系列,画家维金·艾格林(Viking Eggeling)的《对角线交响曲》。这些作品排斥人物形象和故事情节,都是以线条规律性变化、转换的视觉形象为内容的。以欧洲"先锋运动"为开端的新媒体艺术的文化逻辑是:一,摧毁艺术的手工艺基础,用机器代替画笔,用机器美学代替传统美学;二,突破艺术的界限,以新媒体、新技术为基础来服务大众。柯布西耶的"住房机器"、维尔托夫的"电影眼睛"学派等都属此类。

法国人类学家、纪录片导演让·鲁什非常欣赏吉加·维尔托夫(Dziga Vertov)的"基诺克"(Kinok),即"电影眼"(cine-eye)宣言:"我是'电影眼',我是机器眼;我以机器所特有的方式向你们展示这个世界。今后我将从人类的固定不变当中解放出来,我将永远都在移动,我可以靠近任何事物,移开,滑到他们的下面,进入其内部,我可以移动到一匹赛马的鼻子上,驰掠过人群,我也可以带着士兵进入战场,和飞机一块起飞;翻过背脊,摔倒或者站立起来……"让·鲁什指出,是这个有开拓性的幻想家预见了"真实电影"(cinéma vérité)。"真实电影是一种新的艺术,一种表现生活自身的艺术。'电影眼'包括:全部的摄影技巧;一切移动的画面;用以挖掘和记录运动中的现实的所有方法。……最完美的摄影机,在人们愿意的情况下,忠实、坦诚地展现他们的生活,记录他们的思想,不虚假,不矫揉造作。"鲁什认为:"今天的一切电影技术、民族志电影、探索性影片以及我们现今用的逼真的拍摄(Living cameras)方面所碰到的一切问题,都能在(吉加·维尔托夫)这些激昂的陈述中找到解释。"(让·鲁什,蔡家祺,2001)让·鲁什还反对当时主流的纪录片形式——"说明式纪录片"。他指出:"电影解说词通常反倒使画面的意思模糊不清,一直到替代画面。这样,电影就不成为电影了,而是以电影画面作为背景的演讲课或者演示课,这种演示本应该由电影画面自己来完成的。"(让·鲁什,蔡家祺,2001)之后,他拒绝在自己的影片中使用解说词。在拍摄实践中,鲁什接受了维尔托夫的观点,并付诸实践。

二、让·鲁什与法国"新浪潮"电影运动

让·鲁什是继克劳德·列维-斯特劳斯之后法国第五位被授予国家人类学博士学位的人类学家。1917年5月31日生于巴黎,父亲是位海军军官,母亲出生于画家和诗人家庭。幼年时他曾随家庭迁徙至阿尔及利亚、德国及摩洛哥。少年的鲁什热衷于写诗和绘画,也为中东阿拉伯民风所吸引。在巴黎求学期间,他经常前往国家人类学博物馆,特别是那里的电影放映室,在那里他看到了弗拉哈迪的两部影片:《北方的纳努克》和《摩阿那》。

1939年,他毕业于道路桥梁工程学院。1941年10月,他离开了德军占领下的巴黎,前往非洲尼日尔工作。期间他对当地土著的生活发生了兴趣。从1946年起,他开始用一台16毫米摄影机对非洲的风俗进行人类学考察,完成了一系列影片。

鲁什认为,民族志电影对于西方人来说是重要的,因为它呈现了不同社会的文化差异。他努力赋予民族志电影一种人性的元素,不仅向西方人呈现另外的文化,而且运用拍摄行为,使得研究者和研究对象互为作用。鲁什认为他拍电影主要是为他所拍

摄的人和他自己保存他在这个文化中的经验。他将自身对象化,当技术规则对直接反映人性有障碍时,就打破规则。他在题材内容和形式技巧方面的革新,使其成为法国"新浪潮"电影运动的重要人物。

1958年,当让·鲁什的影片《我是一个黑人》、克罗德·夏布洛尔的影片《漂亮的塞尔其》等一批新颖的影片纷纷出现在法国银幕上时,法国《快报》周刊的专栏记者法朗索瓦兹·吉鲁第一次使用了"新浪潮"这个名词来谈论当时的法国电影。1962年法国《电影手册》杂志在特刊上正式使用了"新浪潮"这一名词。之后,从1958年到1962年的5年间,大约有200多位新人拍摄了他们的处女作,像一股不可抗拒的汹涌潮流冲击而来,铺天盖地,势不可当。它不仅改变了法国电影的面貌,也改变了世界电影的面貌。"新浪潮"作为一次电影运动被载入史册。

法国"新浪潮"电影运动是一场开始于50年代末期并在1960年形成高潮的法国电影运动,其目的是反对自以为是、垂死的法国电影工业,倡导题材内容和形式技巧方面的革新。一群团结在《电影手册》主编安德烈·巴赞周围的青年电影评论家强烈抨击传统的法国电影,呼唤更具个人风格的电影。他们认为电影是表达自我而非赢利手段,提倡"导演中心制",反对"制片中心制",在反传统的同时,这些青年人也开始进行电影创作实践,在实践中始终关注艺术与现实关系,并在电影语言与电影形式的革新方面作出巨大贡献,如全新的纪实摄影风格、简洁实用的剪辑手法,以及在影片中大量使用同期声和自然音响。其代表作有让·鲁什的《我是一个黑人》、《夏日纪实》,特吕弗的《四百下》,雷奈的《广岛之恋》,戈达尔的《筋疲力尽》等。从1958年到1962年的5年间,法国"新浪潮"运动一共出现过三股潮流:作者电影、左岸派电影和以让·鲁什为代表的"真实电影"。20世纪60年代法国电影在现实主义方面最有特色的创新和探索便是真实电影,它持续影响了整个70年代,直至今日的法国电影,在法国电影史上占有重要地位。

真实电影采用实景拍摄,一般用很低的投资,使用非职业演员,强调即兴创作,制片周期短,这些特点与"新浪潮"电影是一致的。真实电影在追求现实主义方面比"新浪潮"导演走得远,达到了"新浪潮"导演所不及的境界。

《我是一个黑人》①是让·鲁什在法国"新浪潮"运动前拍摄的一部重要作品。

作为一位人类学家,在影视人类学理论方面,让·鲁什主张要用社会存在的事实演绎一个过程,记录一种文化,讲述一个故事。让·鲁什研究了当时尼日尔青年农民向城市转移的现象,决定拍摄一部反映这一现象的影片。他认为:"摄影机能够刺激

---

① 导演:让·鲁什,法国七星影业公司出品,1958/16毫米/80分钟,1958年获路易-德吕克奖。

人们展现他们自己的虚构面貌,以及他们作为想象、幻想和神话的创造物的能力。"(威廉·罗特曼,王群,2001)在影片拍摄前,他和科特迪瓦首都阿比让贫民区特雷什维尔的三个码头工人一起生活了6个月,不仅熟悉了他们的实际生活境遇,也了解了他们的内心状态。拍摄当中,他让这些"现实演员"在他们日常出没的现实场景前,自主地即兴演出他们"自己的故事",由他们在他们日常熟悉的真实环境中幻想、回忆、议论、行动、当电影明星、即席创作,并将他们拍摄下来。这部长片说来既不能算故事片也不能算纪录片,而是两者兼而有之。一个有趣的现象是:在"演出"中,这些尼日尔青年为自己和周围的人临时起了一些在西方电影中常见的姓名:罗宾逊、康斯坦丁、桃乐丝、泰山……而他们脚下的阿比让街道也成了芝加哥或者好莱坞。在完成的影片中,观众一方面可以在银幕上看到人物用动作演绎的视觉形象,同时可以听到丰富的音响语言。解说和独白成为维系全片各种信息的纽带,把处于对位中的形体表演和语言表达拧结在一起——主人公罗宾逊用独白和解说对自己的梦想、回忆及幻景进行表述:忽而他成了职业拳击冠军,忽而又成了桃乐丝的丈夫,忽而回忆起儿时在故乡无忧无虑的生活……然而现实对他来说,永远是个悲剧。通过他们的故事,影片揭示了非洲一系列的社会现象:殖民地的剥削、土著的无产阶级化、城市化的弊端,以及西方文化对非洲文化的侵蚀,等等。

《我是一个黑人》拍摄于1957年,法国电影史学家乔治·萨杜尔指出:这部"真实而无拘束地"反映现实的影片,被认为是导演让·鲁什开始实践他后来所提出的"真实电影"理念的第一部重要作品。

在制作电影的过程中,让·鲁什同美国的实验电影先锋人物美雅·德伦一样,一直探索摄影机的作用、摄影机与被拍摄对象的关系,更注重的是电影记录世界的过程和方式。作为一位人类学家,让·鲁什利用电影作为人类学研究的工具,不但推进了人类学的研究,更以人类学的观念影响了电影的摄制。

一次他在非洲土著部落从事人类学研究时,被当地人叫去观看他们的祈雨仪式。当时这个地区长期干旱无雨,于是村里人请来巫师向上天祷告、祈雨。一连三天,巫师都没有被"神灵附体"的迹象。正在这时让·鲁什扛着摄影机赶到现场,开始记录这一切。奇迹般地,在短短的几分钟之内,这位巫师等待了三天之久的神灵降临,并附在巫师身上,于是巫师又喊又叫。这时人群中的一位妇女也被神灵附体,开始和巫师一同又蹦又跳。这个偶然的机会使鲁什发现了摄影机不单纯是一件简单的记录工具,还可以成为一种认识人类、启发真实的手段。

1960年夏天,人类学家让·鲁什和埃德加·莫兰一道为纪录片发展史树起了一座丰碑。

《夏日纪事》是一部针对巴黎城市居民的不同寻常的人类学研究,是一部记录城市居民社会生活的纪录片。对电影界来说,是一部"先锋实验作品"(威廉·罗特曼,王群,2001)。在法国巴黎的人行道上,过往的人不断被一个手持话筒的女郎拦住,请求回答这样一个问题:"你是幸福的吗?"这是一个有趣的提问,在1960年间的法国很有意义。当时法国正处境艰难,经济危机、种族问题、教育问题和阿尔及利亚的战争使其已远离了昔日的辉煌。这一提问令许多人驻足思考,一些人潸然泪下,一些人则拒绝回答。在摄影机前,埃德加·莫兰与一对小资产阶级夫妇、一名工人、一名女大学生、一名曾被驱逐出境的女人进行了交谈,另外与之交谈的还有职员、艺术家、封面女郎和陌生的过路人。鲁什和莫兰试图发现每一个人物的真实个性,因此,他们又让这些人进行了接触,并捕捉了他们之间发展起来的新的不同关系。人们可以看出影片很显然是要尽力使这些人物真实地在摄影机前进行再表演,并深入到新的角色中去。摄影机在这里已不再是被动的拍摄机器,而是事件的诱发因素,是摄影机的到场引发了事件。人们最后被召集到放映室观看拍摄后的影片,然后进行了讨论,讨论的情况又被拍摄下来,与鲁什、莫兰就他们从拍摄经验中得出的想法合在一起,构成了影片的另一部分。

　　影片的最后一部分是一组连续镜头,这一组镜头表现的是鲁什和莫兰在人类学博物馆大厅来回走动,面向观众评价自己的影片。为了向维尔托夫表示敬意,他们将自己的影片以"电影真理"的译词"真实电影"命名。实际上,鲁什"真实电影"的拍摄方法与维尔托夫的拍摄方法大相径庭。《夏日纪事》这种参与观察的拍摄方式,本质上却与弗拉哈迪在《北方的纳努克》中的拍摄方法十分相近。两者都是以人为拍摄对象,企图用纪录片来表达这个人或这群人的真实生活,而在拍摄过程中,拍摄者与被拍摄者之间建立起了解、互信的关系,这也正是鲁什所提出的人类学中"共享的人类学"观念在纪录片中的体现。

　　《夏日纪事》引起了不同的反响,在杂志上掀起了广泛的讨论。类似的作品随之出现。纪录片作者克里斯·马尔凯的《美丽的五月》(1963年)也受到了真实电影的影响。在其间穿插着生动的、探索性的多次采访。如"对您来说,5月是重要的月份吗?""5月中在您身边发生了什么事情吗?""在您看来,金钱有什么意义呢?""您觉得我们是生活在民主的社会之中吗?"马尔凯成功地使他的影片摆脱了单纯的事件罗列,赋予了哲理性的引人深思的特征。

　　"真实电影"的影响迅速扩展,其手法也在世界流行开来,因拍摄《士兵之歌》而获成功的苏联导演格里哥利·丘赫莱受命拍摄一部关于斯大林格勒保卫战的影片。当时,他认为这个题目拍成故事片恐怕难于驾驭,此外,已有的影片资料也不适合故事片体裁。真实电影的方法使他眼前一亮。丘赫莱带着摄影师来到斯大林格勒广场,向过往的路人提出问题:"对不起,请问斯大林格勒是怎么回事?这个地方为什么叫作斯大林格勒广场呢?"有的人不予理睬,有的人认真思考,但都没有给出圆满的答案,过去的一切已经淡出了人们的记忆。丘赫莱同时也在其他相关国家进行了同样的采访拍摄,然后他将这些片段与斯大林格勒保卫战的影片资料互相穿插起来,一次又一次地把观众从记忆模糊的60年代拉回到40年代的事件中去。影片《记忆》以新旧材料结合的形式创造出了战争影片的不朽篇章。

"真实电影"的真实是表象下的事物的本质,在其间摄影机不是一部观测的工具,而是检测人类行为及关系的一种方法。"真实电影"的影响不断扩大。

1960年12月20日,《法兰西观察家报》刊登了法国电影理论家埃德加·莫兰对记者提出的"您所理解的真实电影是什么"这个问题的回答:"是一种战胜了故事片与纪录片之间的根本对立的电影。"(胡濒,2001)

作为20世纪60年代法国"新浪潮"电影运动主将之一,让·鲁什对电影的影响有两个方面:一方面使一些导演也开始拍摄真实电影,另一方面将真实电影引入故事片。

众多的法国导演受到让·鲁什"真实电影"的影响,如让-吕克·戈达尔、罗伯特·昂里克、埃德加·兰茨、克罗德·勒鲁什、米歇尔·波拉克等,这些导演在接受记者采访时,不只一次地宣称他们从鲁什那里获益匪浅。(胡濒,2001)

由于真实电影形式新颖,富于调查性,以致后代电影人不断模仿。1999年,北京电影学院的两个学生采用了这种方法,拍摄了纪录片《北京的风很大》。他们拦住每一个人,并提出问题:"北京的风大吗?"摄影机在拍摄中近乎暴力式的介入,被拍摄者的窘态被记录下来,这反应很无辜,不同的人面对摄影机、话筒和那个莫名其妙的问题时的不同反应充满了张力。有人认真回答,有人不屑一顾,有人逃之夭夭,有人高度戒备,有人长篇大论,有人说"你们经居委会批准了吗,就上楼来敲门?"有人以为他们是电视台的记者故而拿出一本正经的腔调。法国的摄影师布烈松曾认为照相机就是一支枪,就是要拍下人在"攻击"的那一瞬间的反应,这才是最真实的,也是照相艺术的本质所在。而《北京的风很大》这部纪录片的珍贵之处在于,它以这种方式所获得的最终效果真实且令人兴奋。

另一个按照真实电影形式拍摄的纪录片是中国传媒大学电视系2004级学生拍摄的《寻找马克思》。王维、陈阳和刘冰作为"八〇后",他们模仿让·鲁什真实电影的拍摄方法,自发在特里尔、柏林、北京、上海四座城市进行采访、调查,并拍摄了《寻找马克思》这部纪录片。在寻找马克思的过程中,他们最想知道的问题是:现代的西方人和中国人是怎么看待马克思的？为此，他们在欧洲和中国街头随机采访了当地居民，希望多侧面了解马克思。

柏林老人鲍尔说："马克思的理论是一种理想社会，人类最终会走向它。"

特里尔马克思故居博物馆的波维尔教授对中国年轻人的寻根活动评价很高，她说，现在来故居的中国年轻人比例越来越高。她认为这是"中国的希望"。

她说：事实证明，马克思的理论仍有现实意义。她还表示，中国将马克思主义同中国具体实际相结合，找到了解决时代课题的途径和方法，丰富和发展了马克思主义。这让西方重新认识了马克思倡导的社会主义理论。20世纪有过三次研究马克思主义的热潮，中国的实践，特别是年轻人的热忱，将推动第四次"马克思热"。

就像王维说的，上一代人在物质缺乏的岁月成长，却是精神世界丰富的人；而中国"八〇后"衣食无忧，却缺乏精神。"寻找马克思就是寻找我们自己。"

纪录片《寻找马克思》用电影的方式进行了"田野调查"，反映了当代都市人对于马克思和马克思主义的记忆和理解。它运用了人类学的方法，借鉴了影视人类学的实践，可见让·鲁什在纪录片方面的探索影响至今。

2004年2月18日，让·鲁什在尼日尔参加电影节，因交通意外死于尼日利亚的考尼，终年83岁，他身后留下了130多部影片。

参考文献：

让·鲁什：《摄影机和人》，蔡家祺译，载《影视人类学原理》，云南大学出版社2001年版。

〔美〕威廉·罗特曼：《让·鲁什与〈夏日纪实〉》，王群译，载《纪录电影文献》，中国广播电视出版社2001年版。

胡濒：《法国新浪潮中的真理电影》，载《纪录电影文献》，中国广播电视出版社2001年版。

〔美〕保罗·霍金斯：《影视人类学原理》，王筑生、杨慧、蔡家祺译，云南大学出版社2001年版。

〔美〕卡尔·海德：《影视民族学》，田广、王红译，中央民族学院出版社1989年版。

〔美〕克利福德·格尔茨：《文化的解释》，纳日碧力戈译，上海人民出版社1999年版。

〔英〕爱德华·泰勒：《人类学：人及其文化研究》，连树声译，广西师范大学出版社2004年版。

〔英〕洛兰·布拉克斯：《怎样做研究》，戴建国、蒋海燕译，中国人民大学出版社2005

年版。

［英］拉德克利夫-布朗：《社会人类学方法》，夏建中译，华夏出版社2002年版。

［美］Richard M.Barsam：《纪录与真实——世界非剧情片批评史》，王亚维译，台湾远流出版公司2000年版。

［美］克莉丝汀·汤普森等：《世界电影史》，陈旭光、何一薇译，北京大学出版社2004年版。

王海龙：《人类学电影》，上海文艺出版社2002年版。

单万里：《纪录电影文献》，中国广播电视出版社2001年版。

张江华、李德君、陈景源：《影视人类学概论》，社会科学文献出版社2000年版。

陈刚等：《Discovery解密——美国探索频道节目研究》，中国国际广播出版社2007年版。

Bill Nichols. *Representing Reality*, Indiana University Press.1991.

Paul Hockings. *Principles of Visual Anthropology*. Walter de Gruyter Gmb H & Co.KG, D-10785 Berlin.1995.

Sarah Pink. *Doing Visual Ethnography: Images, Media and Representation in Research*. SAGE Publications.2001.

John, Jr. Collier, Malcolm Collier. *Visual Anthropology: Photography as a Research Method*. University of New Mexico press.1986.

Jay Ruby. *Picturing Culture: Explorations of Film and Anthropology*. The University of Chicago press.2000.

Karl G.Heider, Pamela A.R.Blakely, Thomas D.Blakely(2005). *Seeing Anthropology: Cultural Anthropology Through Film*(4th Edition). SAGE Publications.

Bill Nichols. *Introduction to Documentary*. Indiana University press.2001.

Michael Renov. *Theorzing Documentary*. New Mexico press.1993.

〔陈刚，中国传媒大学电视与新闻学院教授；
王晓喆，中国传媒大学电视与新闻学院研究生〕

创作视阈下社会纪实类纪录片之传播

Discussing the Broadcasting of Social Documentary Film from the Creation Angle

◎ 曾建川

Zeng JianChuan

摘要：国内主流媒体领域的纪录片制作团队对于社会纪实类纪录片的创作存在集体短视。在本文中，笔者将从创作者的角度出发，直面社会纪实类纪录片的魅力与挑战，尽管这一切都曾被忽视；揭示它独特的传播方式及其意义。

笔者将从新闻的传播意义"告知"与社会纪实类纪录片的传播意义"提供感受"相比较的角度、从社会纪实类纪录片的观众期待角度、从社会纪实类纪录片的主观呈现角度、从社会纪实类纪录片的结构魅力角度以及其"纪实"的特点为传播带来的可能性等角度来分析社会纪实类纪录片独特的传播特点。

关键词：社会纪实类纪录片，纪录片创作，传播

Abstract: There are problems which exist in the creation of social documentary film. The author would like to declare its broadcasting meaning from the creation angle in this article.

The author compares the broadcasting meaning of news with which of social documentary, analyses social documentary's audience expectation, its subjective philosophy, the charm of its structure, and discusses its unique propagation characteristics.

Keywords: social documentary film, the documentary film creation, broadcasting

中央电视台纪录频道开播后不久，笔者所在的制作团队凭借着积累的大量的历史考古类纪录片以及相对精良的制作质量，给这个新鲜的平台留下一个牢固的印象——这是一个能够把过去的故事讲得很好的团队。以至于在后来很长一段时间内，这个团队坚守着历史类阵地，像获赐了尚方宝剑，可以在这个领域自由驰骋。然而团队里的很多编导向往着另外一片天地——社会纪实类纪录片。

笔者曾在同一时间上报两个选题，均获得通过，唯一不同的是，一个偏历史类的选题获批"精品"，而另一个社会纪实类选题则仅被批为"常规"。所谓的"精品"和"常

规",差别在于拍摄投入的多少。

笔者认同这样的批复,事实上,这是国内主流媒体纪录片制作团队的共识。这代表一种认知——从制作难度、周期、拍摄器材及后期制作手段的投入等方面而言,社会纪实类纪录片似乎都只是一个"小巫"。

值得一提的是,这样的认知将招致一个后果,尤其对于有排播压力的电视栏目类平台而言,社会纪实类纪录片被戴上了镣铐。然而大量该类纪录片的珠玉在前已然告诉我们,未曾被戴上镣铐的社会纪实类纪录片就像老酒,其散发的浓醇之香和氤氲情致才真为"老饕"所倾倒,隐藏在背后的,该当是不计成本的酿发工艺与不以短限为囿的窖藏过程。

创作者的偏向反映的是一个群体的短视,却并不妨碍这类纪录片展示它该有的姿态。在本文中,笔者将从创作者的角度出发,直面社会纪实类纪录片的魅力与挑战,尽管这一切都曾被忽视;而它独特的传播方式及其意义,作为魅力的一部分,将得以慢慢渗透。

一、从告知到提供感受

新闻的传播意义在于告知。"农民工进城务工"成为一个社会话题,年复一年的农民工返乡潮报道都会登上新闻版面,用统计数据和熙攘拥挤的车站影像告知大众,背井离乡在外打工的人们又一次在"春节回家团圆"的传统理念下,踏上了艰难的征程,这可能是世界上最大规模的人口迁徙。类似的报道用短小精干的篇幅,紧扣住几个关键新闻点——"农民工、拥挤的车站、艰难的旅程、春节、最大规模的人口迁徙"——履行着"告知"的义务。

在面对这样的新闻时,很难不发出感叹。如果是一位外国人,或许会感叹中国人口的众多;如果是一位城市人,或许会感叹外来务工人员队伍的庞大和为自己不必加入这一人潮而感到庆幸;如果是一位留守老人,则可能会为自己子女是否加入这一人潮而揪心……巧合的是,这些在电视屏幕之外的观者,无一例外地把这一人潮看作无法割裂的群体,像一个蚁群,成团的、黑压压的、蠕动的、难以自主的。然而,对于这样一个群体,如何才能产生真正深入的、人性化的关照呢?

从众心理为大多数人所熟知并以之指挥着行动。任何强烈的感受都不可能以群体为承载体,正如同当一个人陷入困境时,他会竭尽所能脱困,而当一群人共同陷入困境时,反而容易麻木,从而整体覆没。人们也常常用群体来淡化矛盾,当你不得已隐身于一个群体,目之所及之处,人人都经历着如同你一样的境遇,你的所有感觉都会渐渐稀释、中和。

因此,当我们面对新闻画面上那个如蚁群般的群体时,我们实际已然麻木了,正如同那个群体中正在经历一切的人们一样。

然而有一个镜头的眼睛圆睁着,它在那个群体中以格格不入的姿态观察和记录着一切,冲撞着人们的神经。这就是《归途列车》的眼睛。

如果说新闻传播的是一个群体的告知,《归途列车》传播的则是几个个体的感受。很难将两者的传播意义做一个比较,正如同无法将新闻和纪录片两种媒介形式放在平行的维度上一样。

作为一部社会纪实类纪录片,《归途列车》提供了一个不同的视角,从俯视到平视,从置身于群体之外到深入群体之中,从理性的讲述到感性的体验……所有那些曾经只存在于社会学家的田野调查中的琐碎点滴和隐身于社会学家理性分析背后的事实依据都将进入镜头。这个过程是漫长而无序的、前途未卜的,区别于新闻的全知型结构与结论性语调,纪录片把自己放松、放平,对于观众,它不再选择给予,而是强调拽入——把观众拽入此情此景,我知道的,你也已经知道了,我感受到的,你或许也能感受到了。

从创作者的角度看,《归途列车》的笔触是细腻的。在空旷的隧道里,猛然涌入一群慌张忙碌、全体负重的茫然无措者,镜头语言是凄惶不安的,全然不知等待他们的是怎样一条前路;广州城,扛包的小工一趟又一趟地将打好的包摞起来,包上印的是"Made in China";纺织车间,男女工人们默默无语、埋头劳作,工作台上胡乱堆放的布匹下,两个不知是谁的孩子呼呼大睡;归家的渡轮上,夫妻二人感叹"为生活所迫,离开还小的孩子,外出打工,实在伤心",镜头则在渡轮上逡巡,那些无言的乡民、懵懂的孩子印证着夫妻二人的话……中国凭借人口红利成为世界第一的制造大国,人们早已从各种媒介获知这一事实,而这个事实背后累积着多少人情世故、故园别离和陌生化了的亲情,只有类似的纪录片,凭借如此细腻的镜头刻画,才让这事实丰满、真实起来,直指人心。

美国加州大学电影电视系教授尼克·布朗在他的《电影理论史评》中,将电影的独特性阐释为:"作为一种媒介、一门艺术和一种语言……电影用与众不同的真实性来彻底改变艺术再现的传统方式。"(尼克·布朗,1994:2)他在这里强调了电影"与众不同的真实性"以及对"艺术再现之传统方式"的改变,笔者认为他用电影这样的特点来定义其艺术再现方式,在于电影在消弭了舞台边界后呈现出异乎寻常的感受力——观众被带入情境的可能性显然是增强了。从感受力意义上讲,相较于新闻传播,纪录片的传播使命更接近于电影。

二、社会纪实类纪录片的观众期待

作为创作者,时常要考虑的一个问题是,每当你选择了一种创作类型,首先要考虑的就是观众对这种类型艺术形式的期待究竟是什么。对于社会纪实类纪录片而言,其题材决定了部分观众已经具备了一定的知晓度,在这个基础上继续创作,是否能满足观众的期待决定着能否实现这类纪录片的传播意义。正如博客流行时,博主们做学问的劲头都有所增加,他们希望自己的博文足够有料,以此吸引点击;而当微博以 140 字为限,更加迅猛地占据平民媒介平台时,习惯于快餐和爆料式信息的"碎语者"们成为大 V 行列中的前行者。博客时代和微博时代确存区别,微博能够以更加风靡的姿态出现并在某种程度上取代博客,说明大众对新闻类信息的期待是有限的,往往满足于被告知,而未必要求甚解。新闻传播的"告知"市场正在被各种非传统媒介以各种方式填充着,这显然不是属于纪录片的市场,那么,对于社会纪实类纪录片而言,它的市场,亦即它的观众期待究竟是什么呢?

回到笔者在篇首提到的创作群体中普遍存在的短视问题。在今天的纪录片主流平台领域,纪录片创作遵循着某种惯性——一种由经费投入、播出压力等外部条件限定的惯性:一部 30 分钟长度的纪录片,拍摄周期往往限于 5 到 10 天,后期剪辑与合成也限于 10 天左右,这是一副沉重的"镣铐",它限定了纪录片的内容、风格和手段等最基本也最关键的要素。

意大利电影大师安东尼奥尼在他的笔记小说《一个导演的故事》里写道:"南极的冰山每年以 3 毫米的速度朝我们的方向移动。计算它们何时会碰着我们,就像期待在一部电影里会发生什么事一样。"(米开朗基罗·安东尼奥尼,2003)他把电影叙事的魅力比作潜行的冰山,它带给观众的期待是"无迹可循"和"难以捉摸"。纪录片,作为一种叙事类艺术形式,如果在创作期完全抛弃对"无迹可循"和"难以捉摸"的追求,是一件可悲的事。

姑且不论其他外部条件,有限的周期决定了编导主观意识的无奈增多。在无法占有足够丰富素材的基础上,如何让逻辑圆满是每个编导需要面临的问题,于是"片段"成为"生活原样",无法凑齐的残缺由编导主观的巧言令色予以弥补,客观真实被主观真实取代,观点和情感的传递都不得不出现偏差。

笔者曾有一个失败的社会纪实类纪录片经历。在一个 7 月的雨季,笔者进入广西瑶乡的深山之中,从进入考察、写剧本到拍摄一共约 20 天时间,属于成本核算期之内。乍入时笔者已然发现,现实与想象存在距离,瑶乡人的生活平淡无奇,某些希望弘扬民族文化的人物虽非沽名钓誉之辈,却也由于缺乏确实深厚的文化根底,只是想当然地凭借一些父辈留存的零星传物,以为旁人也能想当然地接受其作为民族文化的代言……田野调查是令人失望的,经费和周期并不支持做更深入的挖掘,甚至不支持放弃,于是笔者无奈上马,利用片面的采访和调查内容,运用各种编织技巧和想当然的主观意识植入,完成了一个叙事逻辑还算完整的"剧本"。于是拍摄并非服务于纪实,而是服务于一个全知型的"剧本"。成片传递出的理念和情感虽经当事人首肯,却也不乏笔者引导的痕迹。对于这样一个逻辑完整、也不乏情感和人物形象的片子,审片人只提了一个问题:其实我更想看到他们怎么吃、怎么住、怎么生活。这似乎不算个问题,也正因其似乎不算个问题,让笔者从一开始就忽略了它,而只是从自己的生活经验和制作经验出发,过于理性地对待了这样一个题材。在这样的理性下,安东尼奥尼所谓的潜行的"冰山"之魅力,自然是不属于这个片子的。

如果重走当年的瑶乡路,笔者或许会先静下心来,追问一下观众对于这样一个题材的期待到底是什么,这决定着你将具体选择怎样的传播方式。

笔者身边有一个团队,曾花费一整年时间潜伏在一个村庄里,无缝隙地记录当地的点点滴滴,后期编辑的成果是丰厚甚至卓越的。追问经验,没有任何别的原因,只在于时间的投入。时间能提供相对多的可能性,让你找到真正符合观众期待的内容,时间,在某种程度上可以让社会纪实类纪录片的传播真正产生意义。

三、社会纪实类纪录片的主观呈现

诺埃尔·伯奇在他的《电影实践理论》里讲述道:"摄影机的一个信条是,人终于找到一种能够捕捉和记录'真实世界'的工具,而这就是它的基本功能,它的神圣使命。"(诺埃尔·伯奇,1992:144)而事实上,摄影机能否履行它的这一神圣使命,取决于创作者的态度。你是理性的,抑或感性的,抑或过于理性和过于感性的,甚至出于其他一些目的的(比如担负着宣传目的或必须以有失偏颇的视角来看视的)……尤其当创作者面对的是眼前的真实,个人情感和立场的被卷入可能对成片效果带来放大化的影响。

主观呈现并不是招致观众反感的因素,相反,观众习惯于被引领——如果你的引领是不动声色的、潜移默化的、温柔而大度的;而即便是显而易见的引领,如果手段高明并有高度共情的能力,也会获得首肯。

描述一群乌干达孩子穿越反叛军的杀戮与围困,去首都参加全国青少年音乐比赛的纪录片《乌干达天空下》,纪实的笔触和主观呈现的笔触交相辉映,并用天衣无缝的剪辑手法将两种笔触完美融合,显示出一种完整的风格。

《乌干达天空下》无疑可以分类在社会纪实类纪录片名下,它用眼前的真实反映着乌干达的社会问题。乌干达反叛军以极尽残酷的手段掳掠和训练儿童参战,是世界皆知的新闻事件,不少西方记者和独立制片人曾经涉足这个领域,希望用自己的双眼所见和呼声来获取更多的国际关注,《乌干达天空下》是其中相当能够打动人的一部作品。

这是一个交织着各种剧烈情绪的题材,任何一个来自外界的人都会被震惊、恐惧、不平、悲愤和怜悯等情感裹挟,值得庆幸的是,面对这样一个是非明确的故事,情感的宣泄不可能有失偏颇,然而本片的编导仍然强烈地保持着冷静,维护着思考,用娓娓道来的语调,让情感如涓涓溪流一般流淌而出。

片中十分明显包含了两条线索:一条纪实线——为了实现音乐梦想,孩子们在恶劣的环境下加紧训练,穿越封锁前往首都比赛,并最终取得优异的成绩;一条主观呈现的线索——四名作为片中主角的孩子面对镜头讲述自己家的惨烈遭遇。由于运用了极富感染力的镜头语言,孩子们的讲述视像甚至是风格化的,从环境设置到构图、光线的运用和自然景观的呈现,主观意图十分明显,其中隐含的潜台词甚至是振聋发聩的。

从创作者的角度,可以想象一些崇尚真实纪录的观点持有者或许会认为忠实记录下所发生的一切,情感和态度会自然流露,并获得感染力极强的效果。对于乌干达这个题材,足够长时间的忠实跟踪记录的确有可能获取强有力的素材,如若再加上强调戏剧化的剪辑,的确也将呈现出一部佳作,同时,隐身的编导还更容易显现出强大的理性形象。然而,偏重理性的传播往往是新闻更需要担负的职责,纪录片的传播意义,在这里是否需要添加更多人性的光辉呢?

看了《乌干达天空下》,笔者认为,是如此。

正如笔者已然强调过的"纪录片的感受力",运用得当的主观呈现会在这个维度上给纪录片加分。

事实上,更具感受力的创作者不会只为眼前的奇景所迷惑、所操控,他会尽可能迅速地把那些被强加的感受整理顺畅,加工为具有说服力的影像和语调。经过类似加工的传播,才可被称为真正有效的传播。

四、结构的魅力

说到传播,没有人能否认,美国媒体具有强大的传播力量和技巧。想想那些在世界范围内吸睛的美国电影,姑且不论那些依靠大制作打造而成的大场面带来的票房,美国电影的故事讲述本身就极具魅力——由结构带来的魅力。

美国著名编剧西德·菲尔德说过,结构的定义是"建设或构置"或"把一些东西安装在一起",如盖一座房子或装一辆汽车……另外一个定义,即"所有的部分和整体之间的关系"(西德·菲尔德,2002)。观影心理是需要舒适度和适应度的,如何使观众心理的舒适度和适应度找到契合点,实在与结构紧密相关。就像人们花费了人类文明的大部分时间来为自己营造出真正舒适的居所,成就了现代建筑的基本结构。

笔者在这里无意讨论如何营造出真正有魅力的故事结构,强有力的结构本身散发出的魅力才是此处需要关注的,因为它关乎传播是否真正有效。

还是回到美国电影,警匪的、科幻的、西部英雄的、黑帮的、爱情的,无论什么题材的电影,从主题理念上总能找到一个共同点——它们所传播的,总归离不了自由、正义、真理等世人喜见的主题。美国人的文化传播感和其自觉程度几乎是无可匹敌的,因为他们已经真正将需要传播的理念普及到大众文化领域,思考下来,他们的策略可以概括为一个词:"简单",即简单的结构模式和简单的主题理念。对于大众文化而言,简单的,也许就是最有效的。

纪录片也是如此。《西孟菲斯》是一部被笔者划归为社会纪实类的美国纪录片。因为它记录的是一个在美国社会关注度较高的案件,而其主题则符合"自由、正义、真理"这几个几乎要被描画在美国国旗上的字眼。从内容和主题看,这就是一个万无一失的选题。

1993年,三个十来岁的孩子被谋杀,三名青年被错误定罪;16年后,这起已被定罪的案件重新审理,因为它受到人们自发的、长久不懈的关注。著名电影导演彼得·杰克逊是三名被冤青年的支持者,他说出了片子的主题:本案充斥了太多人为的错误……正义应当是体面的,应当传递出人类的价值观。

笔者认为,在美国,尽管有一些像迈克·摩尔这样关注社会问题的纪录片独立制作人,成就过一些高质量、高传播度的社会调查类纪录片,但纪录片的主打市场仍是科技、历史、地理与探索,其承担的社会传播使命更多集中在求知上。《西孟菲斯》这样一个更接近于电影题材的故事,被纪录片人关注到,并以社会纪实类纪录片的形式呈现出来,是一种信心的表现——对此类纪录片传播度的信心。而这样的信心有技术上的支撑,那就是,本片十分明显地采用了电影叙事的结构,编导从一开始就十分明确,他要好好讲述这个故事,让这个已经受到许多人关注的案件得到更多关注。

于是,一部满含电影腔调的纪录片开场了——美国西部小镇上,几个孩子在远处打球,一个发生在1993年的谋杀案审理过程以画外音的形式渐渐进入……十几年后已不复当年俊俏模样的母亲仍在悲伤回忆……办案人员和审理人员像正义的化身,寻凶、定罪,一气呵成……16年后,一名已不年轻的女人在和她的丈夫通电话,丈夫此时身在监狱,他就是1993年被错误定罪的青年之一。翻案的故事开始了……用西德·

菲尔德分解电影结构的方式来分解《西孟菲斯》，可以发现同样有效。其故事、人物、戏剧性前提、故事的情境（即动作周围的环境）等建置所花时长，进入对抗性冲突的时间点，以及进入结局的戏剧框架的时间点，这一切都与一个标准的电影结构相吻合。

一个约定俗成的、被经久证明有效的结构，是使故事的讲述与观影心理保持契合的主要元素。《西孟菲斯》用一个有魅力的结构来打造一个已然有了关注度的故事，并毫无悬念地强调了"自由、正义与真理"主题，作为一部独立制作的社会类纪录片，它凭借以上手段，真正成功而无风险地进入了"大众"传播市场（笔者在这里强调了"大众"，是针对独立制作纪录片的常规市场而言）。

五、"纪实"的特点为传播带来的可能性

和其他类型纪录片相比，社会纪实类纪录片更具戏剧类作品的可能性，无论从内容、风格选择或氛围营造还是拍摄、后期剪辑等技术层面来考虑，都是这样。从某种意义上讲，这样的可能性为传播带来了更大的空间。

笔者正在筹划一部用战略眼光来考察科技的系列纪录片，此片为央视的"命题作文"，乍一听，其科学专业性、大信息量和世界视野应该属于《大国崛起》、《公司的力量》等片的路数——大气磅礴的论述，纵横古今中外的论据支撑，高屋建瓴与发人深省的观点，来自世界顶尖专家的声音，跨越大洋的取景，丰富翔实的影像资料，彰显气势的动画制作，最具代表意义的故事与情节的择取……所有这一切似乎都适用于这个题材。

然而，政论式、专题化的操作过程，究其实，与纪录片的本质并不契合（笔者个人观点）。策划之初，在导演阐述阶段，笔者一直试图找到一个与纪实更加契合的内在逻辑，以此结构本片。对这个主题而言，"科技"无疑是第一主角。笔者试图寻找科技发展的内在逻辑，以此搭建论述的平台。笔者发现，蕴藏在历史中的故事才是科技发展的真正逻辑。而相比于逻辑，电视叙事和历史的性质是最接近的，它们都是时间的线性结构，因此本片可能的最佳叙事策略，应选历史作为切入口，借助故事的叙述，将科技变革与发展在历史变迁中娓娓道来。于是，从这个角度来思考本片，采用"故事性话语"就有了可能。

对一段人生或历史的理解，一个既定的概念，甚至是一个深刻的立意，都可能以故事化表达的方式出现。每部作品都有一句潜台词或一个暗含的目的，是否能够实现，决定于其讲故事的方式和能力。如果一个片子需要包含对科技发展史的理解、对科技与文明的看法、对科技所影响的历史范畴内人性的挖掘，以及对科技走向的预测，对这一切最好的统领方式就是故事化表达，那并不是断点式的故事串联、随意化的故事选

择,甚至不能容忍缺乏内在逻辑以及缺乏连贯情绪的故事编织。内在逻辑的严密是基本要求,而连贯的情绪还需蕴含其中,依靠体验与细察方能浮出水面,在此过程中,故事化表达技巧的合理运用会恰到好处地拽出情绪,展现逻辑,最终实现立意。如果我们已有了人物、时间、地点,以及试图表达的思想,在创作过程中,就需要不断提醒自己,这是一个故事,一个情绪饱满、情节曲折、立意深刻的故事!

当笔者的思考进行到这里时,一个明确的信号的到来令人精神一振,本片将以世界科技的最前沿为主要拍摄对象,即本片的经费支持可以让创作者把眼界放得更开、把思路拓得更广。曾经一直在苦苦思索的故事化表达有了更确实的支撑,因为,本片最主要的内容将会是纪实——纪实拍摄世界科技最前沿。需要纪实的内容包括:进入实验室,关注那里正在进行的研究;进入工程师的家,关注他的个人经历对自己研究工作的影响;进入这个城市,关注城市中的一切对这群工程师的影响;进入这个国家,关注制度和人民生存方式对这项研究的影响;进入这项科技创新的逻辑意义上的历史,关注它出现在此时此地此人群的内在根源……

试想一下,每一集里或将有五六个故事——关于世界各国科技创新最前沿的实拍故事,它们也许有着某些相同或相似的内核——这些内核是在追寻它们的内在根源时发现的,它们甚至从某种意义上讲是相互交织着的。这带来了剪辑上的一种可能性:平行或交叉剪辑,无须等待一个故事讲述完成再跳跃到另外一个故事(那应该是最无趣的结构吧),其转场会是更有机的过程——因为故事之间互相依存的现象让人激动,你甚至会从故事 A 的这个阶段不由自主地联想到故事 B 的那个阶段,"联想"会让你不由自主地转场(当然,能引发转场的因素还有很多)……其结构会像蜂窝内部一样蜿蜒曲折却又具有最有效的支撑力。

这一切,都是"纪实"所带来的可能性。从创作的角度而言,"纪实"提供的是更大的一个空间,从传播的角度而言,又何尝不是如此呢?

参考文献:

[美]尼克·布朗:《电影理论史评》,徐建生译,中国电影出版社1994年版。

[意]米开朗基罗·安东尼奥尼:《一个导演的故事》,林淑琴译,广西师范大学出版社2003年版。

[美]诺埃尔·伯奇:《电影实践理论》,周传基译,中国电影出版社1992年版。

[美]西德·菲尔德:《电影剧本写作基础》,鲍玉珩、钟大丰译,中国电影出版社2002年版。

〔曾建川,北京科教电影制片厂纪录片导演〕

美国媒介融合成因的 ANT 分析
The ANT Analysis of Media Convergence in the U.S.

◎ 付晓光

Fu Xiaoguang

摘要：研究新媒体技术与其社会影响力有两种视角。技术决定论认为，一个技术（或媒体）产生后，就已经决定了它的社会影响力。技术决定论重视技术本身给社会结构、生活方式带来的影响。而社会决定论认为，每种技术的诞生都是社会需要的产物。它凝结了人的需求，契合了时代的脉搏。也就是广义概念上的人对技术发展有促进作用。技术决定论与社会决定论是一枚硬币的正反面。在媒介融合之前，用某一种思想来分析和解释媒介是可行的，但媒介融合出现后，媒体的彼此互动有多种形态、多种推动力量。技术与社会决定论就都出现了思维方式上的偏颇。本文结合拉图尔的 ANT 思想对美国媒介融合的成因进行了分析，旨在以新的视角重新审视媒介融合现象的本质，并分析其对于我国媒介融合事业的启示。

关键词：ANT，媒介融合，技术创新，互动

Abstract: There are two perspectives of studying new media and its social influence. Technological determinism believes that the social influence of a new technology has already been incorporated in its own. Technological determinism sees the importance of how social structure and ways of lives change accordingly. However social determinism believes that the birth of technologies is the consequence of social desires, which reflects human desire, social ethics and culture representation. Technological determinism and social determinism consist of two sides of the same coin. Before media convergence, media and media ecology are relatively simple. It is feasible to analyze with only one perspective. However more and more media are converging and interacting with each other, technological and social determinism are less capable of giving a comprehensive image. The essay use Latour's ANT theory to analyze America's media convergence initiatives, in order to revisit the essence of media convergence and its inspiration to Chinese media convergence industry.

Keywords: ANT, media convergence, technological innovation, interaction

行动者网络理论（Actor Network Theory），简称 ANT 理论，是法国社会学家拉图尔、卡龙和劳提出的。其基本思想是，技术创新是其所在环境中所有决定影响因素互动的结果。具有决定性作用的因素，不管是人还是非人统称为"行动者"。行动者彼此互动构成一个网络。技术创新就是这个网络及其行动者互动的结果。这个网络确立后，行动者的改变会联动地改变网络和技术创新的性质。这个理论的核心思想包括三方面：

第一，广义对称性。平衡地看待自然与社会，人与非人因素。

第二，异质性。处于 ANT 网络上的行动者必须具有异质性，他们要有不同的利益诉求、迥异的行动方式。

第三，转译。不同的行动者有不同的语言和表达方式。不同行动者的诉求会以其特有的形式表达出来。

将 ANT 理论应用于媒介融合的合理性在于：媒介融合既不是单纯的技术问题，也不是单纯的社会需求问题，它是媒介环境中多个因素相互制约、互动形成的复合现象。对媒介融合外部环境的分析，实际上就是对所有制约因素互动关系的分析。行动者网络理论能够放弃社会决定论和技术决定论各有偏袒的静态思维方式，将媒介环境看成一个由不同制约因素形成的动态网络。这个思路能够更好地分析融合所处的客观环境，并且看到环境对媒介融合的塑造过程。

以美国为例，其媒介融合环境中满足 ANT 理论要求的行动者主要有四个：FCC、媒介集团、受众和传播技术。

一、行动者1：受众

美国民众对媒介融合的态度要区分开来看。对于技术融合、小型融合，受众是积极的推行者。但过往研究过分强调了受众对融合的推动作用，而没有看到受众对媒介融合也有不能容忍的高压线，它限定了美国媒介融合的生存空间。那就是关于所有权合并的大媒体问题。

2002 年 1 月 18 日，北达科他州迈诺特市西郊一辆火车出轨，造成了 21 万加仑液态氨泄漏。有毒气体覆盖了城市。液态氨是强腐蚀性的有毒物质，会伤害人的呼吸系统。当地政府给当地广播台打电话，要求他们警告居民小心有害气体，却发现没有一个人可以广播这个公告。"Clear Channel 拥有迈诺特市的所有六个广播频道。当日正值凌晨，自动化的设备正把节目从总部源源不断地输送过来。"[①]液态氨事件是招致美国民众反

---

① "Fact Sheets on Media Democracy", http://www.fepproject.org/factsheets/mediademocracy.html#whatare

对媒介融合的典型案例之一。媒介兼并带来的是庞大的媒介机构,它们就像不停运转的庞大机器,不停地攫取利润。但经济利润和新闻价值并不总是和谐统一的。

对同质化新闻担忧的背后,是对失去话语权的担忧。美国民众心存顾虑的是一旦所有权的融合顺利推行,那么融合之后的大媒体所有者就掌握了一个强有力的媒体工具。在未来这个强大的工具会导致《宪法第一修正案》失效。美国民众在网络上表达的反对意见观点非常明确:"大媒体有碍民主。民主是不可能脱离了解情况的公众而存在的。我们需要依靠来自独立消息来源的公正新闻获得信息,监督政府职责。但是媒体合并意味着更少的新闻来源、意见和信息。与有力的批评性新闻相反,大媒体给我们的都是名人的八卦和哗众取宠的新闻。"①

意大利总理贝鲁斯科尼的参选现象是难以被美国人接受的。贝鲁斯科尼在参选总理之前就是富甲一方的媒体巨头,拥有三大私营电视媒体、一个意大利最大的出版集团、一家大型广告公司和一家电影制作公司。贝鲁斯科尼在80年代就曾垄断意大利境内80%以上的电视节目与广告利润。这还不算他旗下的两份大型报纸和门户网站。而贝鲁斯科尼的跨媒介所有权的集中方式,正是美国前几年轰轰烈烈进行的媒介并购。

受众对大型媒介融合的反对并不仅以个体为单位,也联合起来经由公共利益组织(Public Interests Group)、媒体监察组织(Media Watchdog Groups)表达自己的意见和主张。美国现阶段主要的反媒介融合组织有:

NewsWatch　　　　　　　　http://www.newswatch.org/
Save the News　　　　　　　http://www.savethenews.org/
Common Course　　　　　　http://www.commoncause.org/

以 Common Course 为例。"它是一个非党派、非营利组织,致力于重建美国民主的核心价值观,推动建立一个服务于大众利益、公开、诚信和可靠的政府,并使普通人的诉求能够诉之于政治过程。"②Common Course 有自己的调查、量化分析能力,并据此指出主流媒体的偏见、错误及报道的缺失。

这些反对声音主要攻击三个问题:大媒体带来新闻质量下降、地方新闻缺失、民主制度被破坏。反媒介融合网站 stopbigmedia.com 的声明《大媒体坏在哪里》尖锐地指出:"这些大(媒体)公司繁荣之后,就像麦当劳一样生产出一模一样的产品,从东海岸吃到西海岸都是一个味。我们的新闻频道最终播出的都是同样的新闻,哪怕那根本就不是新闻。它不管你住在哪里,也不管你把频道调到哪里,你看到的还是迈克尔・杰

---

① "What's at Stake", http://www.stopbigmedia.com/=atstake
② "Fact Sheets on Media Democracy", http://www.fepproject.org/factsheets/mediademocracy.html#whatare

克逊和《逃跑的新娘》,却不是工人的养老金消失了而 CEO 却得到了奖金,不是我们的医保系统是世界上最贵却最无效的,也不是不明智的对富人加税伤害到国家的未来。"①

这篇檄文虽然措辞强烈,带有感情色彩,但是它的基本观点准确地击中了大型媒体融合的要害:新闻质量降低(同质化、娱乐化),脱离受众生活,声音单调致使民主受限。反媒介融合组织也有明确的主张。如 savethemedia.org 所提出的五个创新方案:"1.新的媒体所有权结构:鼓励建立非营利和低营利的新闻组织。2.新的鼓励机制:创造税务鼓励机制和修改破产法以鼓励地方的、多样化的媒体。3.新闻职业计划:用资金支持新的新闻从业者和退伍军人记者的多媒体技能和调查性报道技能的培训。4.寻找开发新闻创新的基金:投资创新计划,尝试寻找并培养新的新闻模式。5.新的公共媒体。用新技术改革公共媒体使之成为世界级的非商业新闻组织,并集中精力于社区服务。"②

并且,反媒介融合组织不只将口号停留在嘴边,他们也有切实的行动能力。Common Cause 会不定期地通过 Email 号召人们在某些事件上行动起来。例如:"你可能已经听说,上周威斯康星州的法律制定者以非民主的方式剥夺了工人们的权利。但是你没听说的是这些法律制定者明天将到华盛顿领取企业给他们的报酬。是的,他们将有一个来自全国最大的议员游说公司的筹款人。请在下午 5:00 来华盛顿市中心的 Homer Building 加入我们(3 月 16 日,周三),抗议威斯康星州共和党领袖和公司筹款人见面。Homer Building 就在第 13 街 601 号。希望能够看到你!"③但是与庞大的媒介集团相比,民间公共利益集团的力量显得比较单薄。

二、行动者 2:FCC

1. FCC 的职能

代表政府管理美国媒介融合的机构是 Federal Communications Commission,即联邦通信委员会(简称 FCC)。其前身是联邦无线电委员会,依据 1934 年的《通信法》建立,专职负责无线电频谱的运营管理。随着技术的发展,FCC 开始逐渐负责起电视牌照发放、媒体行为准则等媒体相关管理事宜。FCC 隶属于白宫,主席由历届美国总统

---

① "What's at Stake", http://www.stopbigmedia.com/=atstake
② "Saving the News", toward a national journalism strategy, http://www.savethenews.org/resources/saving-news-toward-national-journalism-strategy
③ 转自 common cause 给所有注册会员 Email 里群发的信件。

直接提名,其余五名委员中有三名来自执政党。

2.去管理化过程中的交锋

媒介融合在政策层面的表现形式是跨媒介所有权(Cross-Ownership)。通过分析FCC通过的主要法律可以发现,FCC对媒介的行政管制经历了一个由紧缩到放松的过程。1996年、2003年和2007年是媒介融合政策的三个关键节点。

FCC对媒介融合的管理,可以以1996年《电信法》为界划分为两个阶段。在1996年之前,FCC对媒体采取分别管理的方式。在1996年之后,由于不同媒介之间所采用的基础网络开始融合,FCC对媒介的管理方式进行了改变。1996年,克林顿签署《电信法》。通过去除不必要的管理障碍降低准入门槛,允许以手机为代表的通信产业和以电视为代表的广播产业彼此进入对方的领域,以打开市场竞争的方式打破垄断,最终降低价格。但实际上,它不仅没引发竞争,反而引起了大规模的兼并,导致许多非电视网隶属电视台消失。

2003年6月2日,FCC以3∶2有党派投票的方式放松了跨媒体所有权限制:"1.任何公司都可以拥有覆盖不超过45%受众的电台、电视台。(这个数字原来是35%)2.允许媒体集团在排名前二十的大城市中同时拥有报纸、广播、电视。前提是这个城市至少要有八个新闻出口。如果融合涉及电视,则该电视台不可在该城市排名前四位之中。3.公司的合并也可以在小的市场内出现,但是它们需要通过一系列考核,比如必须证明参与融合的报纸一方正处于破产的财政压力之下。"①11月25日,国会不顾布什政府使用否决权的威胁,推翻了刚刚设定的45%所有权上限。2004年1月,共和党的国会领导人与布什在最后时刻达成一致,将所有权的限制最终设定为39%。39%这个临界值并非一个毫无意义的随机数字。在2003年6月2日之前,美国两大媒介集团新闻集团和维亚康姆的市场占有率已经超过了35%的市场份额,恰好达到了39%。这条法案实际上是允许维亚康姆和新闻集团保留在6月2日之前超过法律界限的非法媒体财产。这场角力中媒介集团是胜利者,它们不仅保留了法律界限之外的39%的份额,还打开了进一步融合的空间。

据媒体监察机构IBLTV统计:"FCC只举行了一次,且是唯一的一次有关提议反管理法案的官方的听证会。但在2003年6月立法之前,FCC的成员与广播电视的议员游说者会见了70次以上。"②麦凯恩议员说:"这条法律就是议会游说者们编写

---

① "How Did the Media Get So Big and So Bad", http://www.iblTV.org/FCCDeregulation.htm
② 同上。

的。"①实际上麦凯恩本人也曾经是议员游说者。"最大的几家从放松所有权管制中获利的广播公司,自1999年以来花费了至少6800万美金游说华府。媒介巨头能够利用政治影响力,将他们的诉求传入FCC、白宫和国会山。普通公民关心的问题则不能得到政策制定者相等的注意力。"②

2007年12月18日,尽管国会山25名议员联名写信警告FCC主席马丁(Martin),他们会使用立法权撤销拟通过的新法律,但马丁还是通过五名委员有党派投票的方式,强行撤销了1975年起实施的禁止在同一城市同时拥有报纸和广播电视的法令。旧的禁令被《跨媒体限制令》(Cross-media Limits)所取代。它规定,"一个公司可以在同一市场拥有两家电视台、六家广播站,但是合并后的市场内还有至少20个独立的媒体声音。或者,同时拥有两个电视台和四个广播站,但是合并之后至少还有十个独立的媒体声音存在"。③另外,FCC对民间的反对声音做出回应,保持了对中小型市场跨媒介所有权的限制。

据路透社报道,FCC的共和党主席凯文·马丁在媒体见面会上说:"我们不能否认,现在的媒体市场已经与30多年前报纸、广播的跨媒体经营大不相同了。"④"这次立法是(对旧有限制令)相对非常微小的放松。它将有助于防止地方新闻报道的继续腐化。"⑤而投反对票的民主党委员乔纳森·阿德斯坦(Jonathan Adelstein)则表示:"FCC从未尝试过违抗国会通过如此厚颜无耻的条例。法律并没说我们要为这些用公共波段资源赚钱的人服务。法律说我们应该服务于公众利益,而公众反反复复地告诉我们:他们对未来的媒介兼并不感兴趣。"⑥民众究竟有多么反对媒体兼并?FCC委员迈克尔·库柏(Micheal Copps)说:"民调显示99%的公民都反对修改立法。"⑦然而,即便FCC已然冒天下之大不韪通过了优惠法案,Tribune、Media General 和 Garnnet 这些既得利益集团依然纷纷表示:"FCC 在放宽管理上走得还不够远。"⑧

3.跨媒介所有权的管理现状

在几次激烈的交锋之后,媒介融合的行政管理大体上沿用了2007年的《跨媒体限

---

① "Facts on Media in American, Did You Know?", http://www.commoncause.org/site/pp.asp?c=dkLNK1MQIwG&b=4923173
② "Fact Sheets on Media Democracy", http://www.fepproject.org/factsheets/mediademocracy.html#whatare
③ http://wwwwakeupamericans-spree.blogspot.com/2007/12/FCC-relaxes-cross-media-ownership-rules.html
④ "FCC Votes to Ease Media Ownership Restrictions", Peter Kaplan, Dec 18, 2007, http://www.reuters.com/article/idUSN1851363920071218?pageNumber=1&virtualBrandChannel=0
⑤ 同上。
⑥ "How Did the Media Get So Big and So Bad?", Http://www.iblTV.org/FCCDeregulation.htm
⑦ "FCC Votes to Ease Media Ownership Restrictions", Peter Kaplan, Dec 18, 2007 http://www.reuters.com/article/idUSN1851363920071218?pageNumber=1&virtualBrandChannel=0
⑧ "Review of the Broadcast Ownership Rules", http://transition.FCC.gov/cgb/consumerfacts/reviewrules.html

制令》。FCC 以个案评估的方式来判定跨媒介所有权是否可行,考察的内容是:能否为公众利益服务,能否促进竞争、增强新闻的地方性和多样性。FCC 设立了一套复杂的跨媒介所有权的评估分析框架。这个分析实际上是针对尼尔森统计的不同大小的"指定市场区域(DMA)"做出的一系列假设。

关于报纸和广播电视的组合。在最大的 20 个市场,FCC 将默认报纸和广播站的组合是能够服务于公众利益的。FCC 还将假设报纸和电视台的组合将服务于公众利益,条件如下:"1.电视台不在指定市场区域中排名前四。2.在合并的交易完成后,市场中至少还要有八家独立拥有的大型媒体声音(大型报纸和/或全功率电视台)存在。"①在 21 名之后的小市场,FCC 将会假设提议的报纸、广播电视组合不能够服务于公众利益,也就是说这些市场中的配对提案将会面临沉重的获批压力。然而在两种特殊情况下,FCC 可以调转这种假设:"1.依据 FCC 的长期规定,报纸、广播台(经营)已经失败或者正在失败中。2.或者这个提议的组合能够成为一个显著的地方新闻源头,这个标准就是它必须是这个市场内第一家每周提供至少七小时地方节目的电视台。符合这个标准的广播公司必须每年向 FCC 汇报一次,以证明其符合、遵守这些要求。"②

但无论 FCC 采用哪种假设,所有融合必须要通过一个四要素评审:"1.融合将增加地方新闻的总量。2.融合中的每个媒体是否会行使独立的新闻决定。3.在指定市场区域的媒介兼并水平如何。4.报纸或电视台的财政状况,如果有哪一媒体处于财政压力下,新的所有者是否有计划对新闻编辑室进行投资。"③

4.FCC 在媒介融合过程中的角色及作用分析

媒介融合相关政策引发的冲突越来越明显和激化。这些问题的背后是一个根深蒂固的美国社会矛盾——大小政府之争。大小政府之争,是市场经济和自由经济之争;是两种政治哲学——小民史观和英雄史观之争。提倡"小政府"的右翼群体主张经济自由,主张政府服务于经济,给市场留出充足的自由空间。而主张"大政府"的左翼群体恰恰相反,他们主张政府介入和主导社会经济,扮演管理者角色,限制资本扩张,缩小社会成员之间的贫富差距。大小政府分别代表着资本主义社会中的精英和普通百姓。

这是美国几百年都不能调和,只能妥协的社会矛盾。长久以来,美国依靠"小政

---

① http://transition.FCC.gov/cgb/consumerfacts/reviewrules.html
② 同上。
③ 资料整理自:Media mega mergers, a timeline. http://www.commoncause.org/site/pp.asp? c=dkLNK1MQIwG&b=4923181

府"刺激经济发展,依靠"大政府"缩小贫富差距,用互补关系维持了社会发展的总体平衡。但是在"Z"字形摇摆中,两派的大量时间精力都用于相互攻讦的内耗。相关法律法规的制定,就是不同利益集团一次次的角力和妥协的结果。实际上,FCC 该放松还是加强媒介融合管制,与奥巴马推行医改方案、经济刺激计划所引发的争议的性质是相似的。这是包括媒介融合在内的任何产业都不能回避的社会环境。

FCC 的媒介融合的管理者角色并不好扮演,被民间称为"不情愿的管理者"。媒介集团、民间组织在技术融合和新闻制作层面的融合上没有交锋,但在跨媒体所有权的上限问题上矛盾尖锐。FCC 频繁更新法律说明了多方利益分歧之大,立法无论倾向哪一方都会引发争议。但是,FCC 的法律框架虽然是媒介融合的生存界限,它的司法权限却决定了这个框架并不是钢性的约束。就像 39% 的临界值一样,临界框架只是一段时间内多方角力的均衡点。

FCC 逐步解禁的直接原因是媒介集团新的媒介经营诉求,根本原因则是数字技术的成长。FCC 及其政策并不能成为美国媒介融合的阻力,而且管制的放松为媒介融合、技术进步提供了宽松的外部环境,客观上促进了媒介融合。伴随着所有权管制的解禁,媒介巨头掀起了一系列规模空前的并购浪潮。

三、行动者 3:媒介集团

1.媒介集团的经营布局分析

媒体通过其生产制作的内容影响社会是毋庸置疑的,但美国媒介集团还有另外一个行为引起社会关注,那就是近 20 年间愈演愈烈的大型并购。

商业竞争是促使媒介公司领导层推行媒介并购策略的主要原因。记者们并不喜欢改变,他们面临的问题是如何在多平台同时运行的新闻系统上工作,如何在实践层面运用新闻技能。管理层面临的问题则是如何面对来自四面八方的竞争,如何创造利润。从 80 年代开始直至现在,媒介集团的并购战烽烟四起:

1986 年 6 月 9 日,通用电气公司以 64 亿元美金收购 NBC 旗下的 RCA 公司。
1990 年 1 月 10 日,华纳通讯公司和时代集团完成合并,市值 141 亿美金。
1994 年 7 月 7 日,维亚康姆公司以 100 亿美元收购派拉蒙通讯公司。
1995 年 6 月 5 日,施格兰公司以 57 亿美元购买 MCA 公司,后更名为环球影城。
1995 年 11 月 24 日,西屋电气公司以 54 亿美元收购哥伦比亚广播公司。
1996 年 2 月 9 日,迪士尼公司以 190 亿美元购买 Capital City/ ABC。
1996 年 10 月 11 日,时代华纳公司以 70.6 亿美金收购特纳的 CNN 广播公司。

1999年9月7日,维亚康姆公司以815亿美金收购哥伦比亚广播公司。

2000年1月10日,美国在线以1350亿美元购买时代华纳公司。

2000年3月13日,《芝加哥论坛报》以65亿美元收购《时代镜报》公司。

2001年12月19日,Comcast与AT&T的宽带部门合并,价值达到520亿美金。

2005年2月14日,电话巨头Verizon通信公司以67亿美元收购MCI公司。[1]

媒介并购使美国传媒产业结构发生了巨大的变化。如表1所示,1982年美国传媒产业结构有如下一些特点:1.除了排名靠前的几家大公司外,这个表格的下面还有数量庞大的中小型公司。他们的规模相对较小,业务也只有一到两项。2.公司的经营布局范围仅有六个类别。当然这与1982年美国媒介融合开展前的技术条件有关。3.除了自主经营的形式,很多媒介公司以股票投资形式将资金投入到自己不涉足的媒介领域,成为其他媒体公司的股票持有者,在列表中以0表示。这说明,在80年代跨媒介经营的趋势已经初现端倪。

表1 1982年的跨媒介经营状况[2]

	报纸	广播	有线电视	杂志	书籍	电影、剧场
Newhouse	1		1	1	1	
CBS Inc.		1	0	1	1	0
COX	1	1	1			
Time Inc	0	0	1	1	1	
Times Mirror Co.	1	0	1	0	1	
Garnett	1	1				
Hearst	1	0		1	0	
McGraw-Hill				1	1	
New York Times Co.	1	0	0	1	0	
Reader's Digest Assn.				1	1	
E.W. Scripps	1	1				
Storer Broadcasting		1	1			
Tribune Co.	1	1	0			
Warner Communications			1		0	1
Washington Post Co.	0	1		1	0	
Westinghouse		1	1			

---

① 数据来源:Benjamin M. Compaine, Douglas Gomery. Who Owns the Media Competition and Concentration in the Mass Media Industry, N.J.: L. Erlbaum Associates, 2000, p.482.

② 同上。

到了1998年，互联网和数字媒体被广泛接受，大媒介公司的经营布局从1982年的六个业务类别细化拓展到了13个业务类别。媒介集团的跨媒体经营进一步发展，一个公司运营五个类别的媒体是普遍的现象。

表2 2000年美国跨媒介经营状况①

	报纸	杂志	广播电视	有线公司MSO	有线网	卫星直播电视	广播	电影制作与发行	电影放映	音乐唱片	电子信息服务	书籍出版	书籍发行
Time Warner		1		1	1			1	1	1	1		
News Corp.	1	1			1			1				1	
Viacom			1		1			1	1				
Walt Disney Co.		1	1		1	1		1					
CBS			1		1		1						
COX Enterprises	1		1				1						
SONY								1	1	1			
Thomas Cooperation	1										1	1	
USA Network			1		1						1		
A.H.Belo	1	1											
Amazon.com												1	1
bertelsmann										1		1	

如表3所示，在这一系列媒介并购之后，美国的大型媒介集团总数锐减，从1983年的50家缩小为1997年的10家②。1997年之后，大型媒介并购数量呈现平缓态势。"到了2009年第一季，美国媒体并购交易总价值同比下滑91%。"③这当然有市场环境的影响，但更重要的是市场份额的抢占已经基本尘埃落定，没有出现大规模并购的商业空间了。后期再出现的合并就不再是小型企业的联合，而是两个媒介王国的合并。美国的大规模并购告一段落。经过这一轮资源整合后，现阶段的美国媒介集团的经营结构又回到了80年代的简洁。

---

① 图标、数据引自 http://www.corporations.org/media/
② 腾讯科技:《美国2009年第一季媒体并购交易价值同比下滑91%》, http://tech.QQ.com/a/20090406/000064.html
③ 数据来源:http://www.americanprogress.org/issues/2004/12/b262672.html

理论与历史

表3　2004年控制主要媒体的五家公司业务范围[①]

	电视	广播	出版	电影	网络	其他
通用电气	●		●	●	●	●
迪士尼	●	●		●	●	●
新闻集团	●		●	●	●	●
时代华纳	●		●	●	●	●
维亚康姆	●		●	●	●	●

　　五大传媒集团的经营集中于各个大众传媒类别,电视、广播、出版(报纸、杂志和书籍)、电影、网站,附带其他小类别。主流电视新闻媒体,如CNN、HLN、FOX、MSNBC四家专业新闻电视台,ABC、CBS、NBC三大电视网全部归属于五大媒介巨头。广播是唯一没有被五大集团吞并的类别。那是因为另外一家没有上榜的广播媒介集团Clear Channel"拥有大约1200家电台,超出排名第二名的维亚康姆五倍"。

　　媒介经营布局的变革带来的影响有几个方面。

　　1. 主要媒介集团的并购大部分发生在1996年《电信法》出台之前,与其说《电信法》给媒介融合提供了有利的外围环境,不如说美国媒介集团冲破了政策的束缚。在拥有了不同的媒介之后,就如何进一步转化生产方式以追逐利润的问题,媒介集团还会继续与FCC角力。

　　2. 媒介并购能够减少行政障碍,促进不同媒介之间的新闻合作。至于具体的合作形式,美国媒介集团也在探索之中。它至少给新闻制作融合提供了一个宽松的环境。

　　3. 媒介并购之后的大型媒介集团之间仍然存在竞争,而且它们还要继续面临来自网络媒体组织Google、Facebook带来的挑战。因此传统媒体和新媒体之间的互动将会成为媒介环境的主题。

　　4. 受众是媒介集团最终的利润来源。在占领了市场之后,想要尽可能多地抓住受众,就必须从内容和形式上继续探索并满足受众的需求。

四、行动者4:传播技术

　　媒介技术作为影响美国媒介融合的行动者之一,指的不是某一具体机构,而是技术整体对媒介融合的影响。

[①] 数据来源:《美国高清频道通信公司简介》,http://wiki.mbalib.com/wiki/%E7%BE%8E%E5%9B%BD%E6%B8%85%E6%99%B0%E9%A2%91%E9%81%93%E9%80%9A%E4%BF%A1%E5%85%AC%E5%8F%B8

(一)媒介的发展趋势

自由的创新气氛和政府鼓励创新的机制创造了一个良好的媒介发展环境,美国的媒介技术得以自由生长。Google、Facebook、Twitter、YouTube 这些引领当今传播潮流的媒介全部诞生于美国。在原创性的支持下美国媒介能够保持旺盛生命力,不断推陈出新,保持领先优势。

1.双向媒体的发展趋势

在计算机出现之后,美国相继出现了很多影响深远的媒体,如手机、电子邮件、语音视频聊天软件、YouTube、Facebook、Twitter、Flickr、RSS、iPad、Kindle 等。在可以历数的这些新媒体或"新新媒体"中,再没有出现过单向传播媒体。

典型的案例是亚马逊阅读器 Kindle。它原本的设计只是用于配合亚马逊网上书店销售的一款外围产品。屏幕采用的是电子墨水,视觉上只有黑白两色。操作上也只能通过键盘进行选择。但是电池持久,且没有液晶和等离子屏幕的频闪,适合并且只适合长时间阅读。无论从哪方面看,它实际上就是复制了传统书籍的媒介功能。阅读书籍是典型的单向传播,但 Kindle 不是。它兼容了 WiFi 无线网络功能,新款 Kindle 还融入了 3G 功能。尽管不如 iPad 效果绚丽,浏览普通网页是可以的。

原本单向的媒体,也在向网络化发展。电视和广播是单向传播媒介,而三星和索尼新推出的网络电视都可以连线电脑,浏览 YouTube、Facebook。罗技的网络收音机价格不菲,但它可以播放计算机里的音乐,上网下载全世界的音乐。如果说 Email 是单向传播媒介——实际上它是可以交互沟通的,Google 最新推出的 Gmail Call 就实现了用 Email 免费拨打美国境内电话。

现阶段的美国媒介技术发展趋势说明,单向传播的媒介只局限于历史上已有的几种和它们的改良产品,未来的媒体指向了互动和沟通。

2.兼容性发展

莱文森引用了建筑师福勒·贝克明斯特(Fuller Buckminster)的"Dymaxion 原则"来判断未来媒介的发展趋势。Dymaxion 在建筑学上的解释是用最少的结构最大强度、最大限度地利用能源。Dymaxion 原则尚未被正式翻译为新闻学术语,可以翻译为"最优配比原则"。它的核心思想是:技术的发展趋势存在一个反比,用越来越少的结构,承载越来越多的功能。换言之,后出现的媒体在比之前的媒体更精简的同时,还要兼容之前媒体甚至是更多媒体的功能。

最优配比原则比仅仅看到媒介功能重叠的普尔融合更能说明美国传播技术的发

展趋势。计算机能够包含它出现之前的所有媒体功能,打电话、看书、收发信件、收听广播等,而 iPhone 只有普通电脑屏幕的一半不到,但是它可以上网、打电话、看电视、看电影、听音乐、处理文档、聊天,甚至可以拓展成为一个水平仪、智商测试仪、计算器、画板。它在美国的数次脱销证明了它的市场生命力。

(二)破坏性技术

破坏性技术与维持性技术是一组相对概念,由哈佛大学学者鲍尔和克里斯滕森在 1995 年的《哈佛商业评论》中提出。维持性技术,是某一时间内维持社会运行的主流技术。电视、电话、报纸都曾是维持性技术。破坏性技术则是后出现的,是打破市场平衡的技术,例如互联网。破坏性技术不是真的去"破坏",而是会在短时间内给已经成熟的媒体运行带来干扰。关键在于如何应对破坏性技术带来的挑战。

新技术作用于受众的过程不涉及破坏性技术问题。莱文森认为,对新技术的推广和公关是对媒介融合而言最重要的环境因素。"推广公关,它的作用就是使新媒体让受众获知。在美国,这是最重要的一个过程。"而且在这个新技术的推广过程中,最关键的不是广告和传单,而是口语传播。"广告、公关并不是最关键的部分,最重要的是口头传播。就是每个人怎么想,怎么告诉他们的朋友。"口语传播能够最有效地使新传播技术作用于受众,这是因为人的从众心理。

新技术与媒介集团连接的方式多种多样。可能是偶然发现,例如 2008 年美国总统大选中 CNN 使用的魔术墙技术,是其副总裁参加一个情报博览会的时候偶然看中的。也可以通过专门经营电视台、广播站技术工作的技术工程公司引进技术。破坏性技术进入实践之后,也能够提供一些商业机遇。例如在宽带技术日益成熟之后,电信系统和电视系统的边界就不那么清晰了,媒介集团就会将商业注意力转移至交叉融合的领域。但另外一些时候,却会给媒介公司带来暂时性的混乱,比如电视的出现就扰乱了广播的运营,互联网的出现就扰乱了报纸的运营,电影和音乐的网络下载给唱片公司和影院带来了压力和挑战。机构融合介入了另外一个媒介的生产和传播方式,造成了原有工作流程的改变。对原有媒体而言,新介入的技术势必要打破维持性技术长期以来积累下的经验和制度。这是短时期内的扰乱。

四个行动者,就是四股无形的力量。FCC、受众、技术和媒介集团之间的互动和钳制,既推动了媒介融合的发展,又限定了融合的生存空间。这是美国媒介融合环境的主要构成,它对中国媒介融合的启示是重视社会的协同创新。现在我国对台网融合、全媒体的考量主要是基于对电视未来发展态势的预判,起点、视角、方向都强力聚焦于电视的本体变革,但从 ANT 理论来看,影响技术创新最终成功的因素有很多,市场、受众、政策、技术等都是最终影响走向的因素。这就要求我们改变电视一家单打独斗的思路,尽可能多地让不同领域的从业者就媒介发展趋势达成一致,协同向同一方向努力。

参考文献:

Benjamin M. Compaine, Douglas Gomery. (2000). *Who Owns the Media Competition and Concentration in the Mass Media Industry*, N.J.: L. Erlbaum Associates.

〔付晓光,中国传媒大学电视与新闻学院博士,讲师〕

电视剧受众研究与女性:文献回顾的视角
Research on TV Drama's Audience and Women: A Literature Review

◎ 夏丽丽

Xia Lili

摘要:女性受众常被认为是电视剧的主要收视群体,而相关的受众研究也集中在她们身上。本文从纵向历史角度检视电视剧的受众研究,总的看来,针对电视受众研究的观点处在不断变化中,行政学派和批评学派有很大的差异,但是大的趋势是从被动受众到主动受众的转变。越来越多的学者关注到女性受众是如何从文本中读解意义,如何让它联结自己的生活,如何从中获得观看的快乐。观看电视剧是一个复杂的过程,应该以动态的角度来看待。

关键词:受众研究,电视剧,女性

Abstract: Women were viewed as the TV drama's target audience, research on audience mostly about them. The article reviews the audience research in a historical perspective, to view changing viewpoints of TV drama audience. There are different opinions between the Administrative and the Critical. The mainstream viewpoint is from passive audience to positive ones. More and more researchers focus on women audience how to produce the meaning, how to embed into their lives, and how to gain their own pleasure. Watching TV drama is a complex process and should be viewed in a dynamic way.

Keywords: research on audience, TV drama, women

　　从电视发展的早期阶段开始,借鉴广播剧形式发展而来的电视剧就成为一种重要的节目类型。由于自身具有较强的娱乐属性和观看的便利性,电视剧很大程度上替代了之前的电影,成为公众重要的休闲娱乐方式。电视剧所反映的内容一般与时代关系紧密,特别是对当下的社会文化生活的反映,与公众生活有天然的接近性,是大众文化的重要组成部分。作为一种常见的节目类型,电视剧在不同历史时期和不同地域都有着庞大的受众群,而其中女性受众占有较大比例。受众群的构成特征使得电视剧受众的经典研究很多是围绕着女性受众展开的。一方面,这些研究紧贴受众研究整体的脉络,受惠也受制于当时的主流观点和流派,例如早期研究强调受众的被动性,女性受众一贯被视为缺乏抵抗能力的无助群体;另一方面,研究者对女性受众媒介经验的正视,也促进了受众研究整体观念的转变,不同的传播流派在不断地修正、拓展甚至颠覆之前的观点,在对电视剧受众研究的回顾中我们可以看出研究者这个持续而鲜明的倾向。

一、被动的受众 无助的女性

美洲的传播学者对于早期受众研究的成果有诸多贡献。受众被作为传播过程中的一个环节考量,其效果和影响成为重要的视角。理查德·布茨(Butsch,2007)认为这一时期的观点,大都在强调媒介拥有强大的影响力,受众是缺乏抵抗力的,媒介对受众的负面影响显著,特别是电视剧的女性受众。早在广播时代,女性广播剧迷已经被认为其教育水平、政治资本和社会阶层都处于较低的位置,缺乏改变自己生活和命运的可能,收听广播剧是一种幻想替代,用来弥补自己现实生活的缺失。

这种观点在后来的电视剧受众研究中被继承。魔弹论之后,使用与满足理论开始以受众为主体考虑传播,女性受众消费电视剧的原因,被解释为释放情绪、满足幻想,以及寻求生活上的信息与建议,她们的身份、生活状态被描述为以家庭为重心的已婚女性,缺乏个人爱好以及家庭之外的娱乐活动。总体而言,她们的生活环境单一、教育程度低下,在指认她们底层女性形象的时候,也给电视剧的女性受众贴上了无助的标签。这类观点在早期的受众分析中占据主流,尽管后来的很多研究证明了它的狭隘,也遭受许多诟责,但直到现在,这种印象还保留在一些关于女性受众的评价中。玛丽·布朗(Brown,1994)认为,在对肥皂剧受众的研究中,后继者都有意无意地背负上以往学者对待受众的态度,桎梏在对受众的负面看法之中。

根据涵化理论对电视剧受众的研究继续沿袭被动受众的观点。由于受众对真实世界的感知会受到媒体的影响,这让研究者们非常重视电视剧呈现给受众什么样的现实图景。最早关于日间剧的研究(Cassata & Skill,1983)认为,电视剧模拟了生活的图景,但是这种图景未必是符合现实的,他们对电视剧屏幕上所展现的人物性别、职业等特性进行研究,将其与现实相比较后发现,通常被认为受众是以家庭妇女为主的日间肥皂剧中,性别角色比例却是男性略多于女性,而在晚间的黄金时间——这段时间被认为男性观众居多,男女角色的比例差距进一步拉大到约3:1,考虑到当时美国实际男女人口比例是52%与49%,因此电视屏幕大大降低了女性被呈现的几率。除了性别呈现比例与现实的差异之外,电视剧中女性形象的呈现也是研究者担忧的焦点:她们多是谦恭顺从的,生活只是围绕着家庭打转,缺乏实现自我价值和获得社会认同的途径,消费是她们确认自我的方式……

媒介对女性呈现的刻板偏见引发了研究者的思考,女性在电视里总是以母亲和妻子的形象出现,大众媒介被认为是再现和强化父权制的重要场所。这种对电视剧文本的分析和比较,有助于厘清对媒介偏见内容的认知,但是涵化理论也隐含着一些未经证实的假设。首先,媒介能够将带有偏见的含义有效传达给受众;其次,女性受众会在收视过程中被动地接收这些被扭曲的信息,并且会将之认为是社会公认的标准加以模仿学习。早期的研究,不管是强调媒介偏见内容还是女性受众的底层社会身份,都把媒介受众视为传播中被动的接受者,受众的能动性并没有被考虑,这种观点在后来被纠正,学者们发现电视剧对现实生活的反映并不是直接、简单的,而受众的解读更是异质多元的。

二、主动诠释 关注意义的产生

消极受众的观念在文化研究学派那里得到修正。研究的关注重点和方法在这里发生了变化,传播不再仅仅被作为一种过程看待,研究的范围跳脱出效果和影响的范畴,更多地探讨意义是如何产生的。利用民族志方法对受众进行的研究,在分析受众对文本的解读时,考虑到文本之外更复杂因素的影响,例如经济、政治和文化体系的作用,开始认识到受众相对独立的诠释能力。霍尔(Hall,1973)提出受众在解码媒体文本时,能够根据自己的经验积极创造自身对媒介讯息的解释,在此基础之上,大卫·莫利(Morley,1980)在其著名的《全国观众》一书中,针对英国工人收看电视行为的调查,进一步强调受众的诠释能力。他发现受众在接收媒体文本时,存在着几种不同的解读方式:接受性阅读、协商性阅读和抵制性阅读,并发现两性在核心家庭①中不同的社会地位以及家庭中媒介使用的互动,把社会权力和性别政治的概念引入媒介消费行为。大卫·贝克汉姆(Buckingham,1987)在《公众的秘密:〈东区人〉以及受众》中选择了60位英国电视剧《东区人》的剧迷进行小组访谈,就广泛的话题展开讨论,例如观看的方式、观后的闲聊、情节预测、媒体文本内外建构方式、道德和意识形态的判断、对文本真实的认知、对剧中角色的认同以及角色的代表性等。

认识到受众能够进行主动性读解,使得研究者开始关注女性观剧后如何诠释电视剧文本。桃乐茜·霍布森(Hobson,1982)针对英国电视剧《十字街头》做的个案研究,被认为是第一次使用参与观察的方法来研究电视剧迷怎样利用肥皂剧来协调她们日常生活中的问题。研究结果发现,《十字街头》的受众并不仅仅是简单地观看这部电

---

① Nuclear family,即核心家庭,指由夫妻及其子女组成的家庭,与之相对的是由几代共同在一起的大家庭概念。

视剧。她通过对一个电话销售部年轻女性及她的同事的观察研究发现,个体有两种方式谈论肥皂剧,一种是超然的收看方式,她们客观讨论剧中情节,推敲故事发展,预测主人公情感动向;另一种是观看者主观感情卷入和投射的观看方式,受众会透过剧情对比、反思、谈论自己的生活。霍布森后来进一步认为,观看节目之后的讨论才最终完成了整个的传播过程。这种讨论突破了将肥皂剧视为一个封闭文本的界限,而是把它带入广阔的社会、文化背景下去重新诠释。这项研究非常重要的一点是,研究者作为受访群体的一部分,把自己当作普通的肥皂剧影迷,能够知晓并分享她们观影时的愉悦,并在讨论中获得更坦白真诚的答案。霍布森发现,受众经常羞于承认自己喜欢看肥皂剧的事实,或者认为自己的愉悦是罪恶的,表现出从社会文化批评习得的一种已经内化了的对电视剧观看行为的蔑视。霍布森总结说:这些研究驳斥了看电视的受众行为是被动的,被信息宰制的论点。恰恰相反,电视节目所涉及的活动和主题通常会催生广泛而开放的讨论,传播并不限于看电视的时刻,而是远远延伸到电视之外。

洪美恩(Ang,1985)对电视剧《达拉斯》的分析成为当时以女性主义视角研究电视剧的一个典范。洪美恩的研究重在女性怎样利用电视而不是她们应该怎样利用电视。她首先在报纸上刊登了一则广告,表明自己是《达拉斯》的剧迷,希望寻求其他观众对这部电视剧的看法,最后她总共收到了42封来信,其中有31名称自己是女性观众。洪美恩就这些信件进行分析,探究观众观看电视剧时的深层心理。在研究中,洪美恩对受众观看《达拉斯》的原因与心理作了细致的分析,一些观众特别喜欢《达拉斯》,也有一些抱着嘲讽和讨厌的态度。对大部分荷兰观众而言,这部美国电视剧讲述的故事背景奢华、夸张得太不真实,然而,在批判其剧情不够现实的同时,洪美恩发现荷兰观众在观影中存在一种情感的真实,她称之为"情感的现实主义",即观众在看电视剧时,呈现的不是世界的客观知识,而是对这个世界的主体经验,一种"感知结构"(Ang,1985)。对女性的特殊观影经验以及从观看电视剧中获得的愉悦,洪美恩给予了更加包容的解释,并将之与政治勾连起来。洪美恩的研究正视女性从观看电视剧中获得的愉悦,认为女性受众观看电视剧议题不仅仅是讨论女人为什么、怎么样收看和解读肥皂剧,还应讨论文本和受众之间的互动所产生的意义和建构是否有利于对霸权的社会性别话语的颠覆、协商以及维护。

关于这部蜚声世界的美国电视剧《达拉斯》还有一项著名的跨文化传播受众研究,是由泰玛·利贝斯和埃利胡·卡茨(泰玛·利贝斯、埃利胡·卡茨,2003)就以色列受众作出的分析,该研究基于由相识的朋友和亲属构成的焦点小组访谈、实地收视观察以及深度访谈。研究者发现,由于以色列建国历史造成的受众自身的文化背景差异——以色列国民是从不同国家迁回,这些来自不同地域和文化环境的观众,对这部来自美国的流行电视剧解读结果也大相径庭。不同的解读、不同的卷入方式、对文本内容的不同接受或抵制程度,基于各自不同的政治、经济、性别、文化背景。例如,来自苏联的以色列人习惯性地把剧中人物遇到的很多问题归结于社会层面,从而对美国资本主义社会作出批判。研究者还加入了美国、日本受众对《达拉斯》的解读对比,进一步勾勒出跨国媒介文本在不同地域解读的多样性与开放性,进一步证明,几乎没有头脑简单的观众,只存在着多种多样的诠释。

三、正视观看的愉悦

对媒介文本和受众研究的过程中,都有这样一种既有的印象,即男性和女性关注的文本内容是不同的,比如,男性更倾向于选择体育、新闻类节目,而女性更倾向于电视剧、娱乐类节目,在同为大众文化的范围内,前者被定义为严肃的,后者被认为是休闲的。玛丽·布朗(Brown,1994)评价说,电视剧被指认为"垃圾"文化产品,属于"无聊的"、"不值得"花费时间观看的文本,在依照品位划分的社会和阶层制度中,观看这类电视剧的受众在社会中也被置于低等的位置,或者说是品位低下的。但是,电视剧这种"低品位"的文化形式仍然拥有大量受众,如果女性受众无法在文本中寻找出路,那么为什么这些受众会一直观看置她们于永远无望之中的电视剧呢?如果把受众观看行为放在一个更广阔的空间考察,可以发现:

约翰·费斯克(2005)将电视文本分为三个层次:初级、次级和第三级文本,其中第三级文本是观众自己创造出来的,它们以口头流传或者读者来信的形式存在,现在更多地存在于网络,它们汇集成一个群体的反应,从中可以看出受众是如何理解初级和次级文本的。玛丽·布朗(Brown,1994)在约翰·费斯克提出的"第三级文本"概念的基础上,把研究的关注点放在了女性观看肥皂剧后相互之间的交流上。布朗强调这种谈论的重要性,并将其命名为"女性闲聊",认为女性通过对电视剧不同方式的评论,建立自己的社会交往网络,从对一些情节、角色否定、嘲弄的谈论中获得抵制剧情传达的主导观念的快乐。

布朗把这种自主获取的乐趣区分为主动的乐趣(active pleasure)和反应性的乐趣(reactive pleasure)。她通过分析认为,即使大部分肥皂剧剧情不过是在维护父权制,但是受众能主动地抵制那些文本中所包含的主导意识形态,通过妇女之间对电视剧的谈论,比如嘲笑剧中男人的行为,谈论由于女人无权而备受摆布的情况等,表达她们对男性权威的不满。对于女性受众而言,这样的讨论不仅能获得乐趣,同时也确立她们与女性文化的某种联系,并与主导文化产生一种微妙的对立。不像其他的一些媒介文本,肥皂剧中经常反映的话题都是女性所关心和熟悉的,但在传统的父权制下,这些话题大都处于被贬低的状况。通过观看肥皂剧中自己熟悉的话题,以及通过与同伴之间的讨论,提供给女性受众一个自我认同的机会,乐趣来自于她们能从中看到自己在社会和家庭中都是附属的群体,在观看剧中的故事时,能够从某种情感层面上认识并感受到这种被压制的代价,并对此做出反应。

小　结

　　回顾以往的研究,我们可以看到,电视剧常常被视为通俗的、较低层次的文本,受到美学家的贬斥,这样的态度造成了两种危害:一方面是它长期以来阻止了电视剧研究进入严肃的学术视野;另一方面,相关研究也有陷入对电视剧文本无限批判的危险。早先女性主义的受众研究就影视剧所做的文本分析理论,视女性受众为媒介文本被动的接受者,媒介是社会接受主流意识形态的帮凶,它通过大量的近似的文本来建构受众对于社会、自身的认知,这种认知在揭示媒介对女性的呈现具有某种社会结构上的本质性以外,却在一定程度上混淆了媒介女性形象呈现与实际女性观众之间的区别,在坚持批判的同时,也遮蔽了多元看待受众接受、解读文本的可能。文化研究者们将关注的眼光投向实际的女性受众,从而发现她们在解读过程中所具有的主动性与积极性,这一议题也成为后来的电视剧研究关注的重点之一。

参考文献:

约翰·费斯克:《电视文化》,祁阿红等译,商务印书馆2005年版。

理查德·布茨:《美国受众成长记》,王瀚东译,华夏出版社2007年版。

泰玛·利贝斯、埃利胡·卡茨:《意义的输出:〈达拉斯〉的跨文化解读》,刘自雄译,华夏出版社2003年版。

Brown, Mary Ellen (1994). *Soap Opera and Women's Talk: The Pleasure of Resistance*. Sage Publications.

Buckingham, David. (1987). *Public Screts: East Enders and Its Audience*, London: British Film Institute.

Cassata, Mary B. & Skill, Thomas (1982). *Life on Daytime Television: Turning-in American Serial Drama*. NJ: Albex Pub. Corp.

Hall, S. (1973). "Encoding and Decoding in the Television Discourse", CCCS Stencilled paper.

Hobson, Dorothy (1982). *"Crossroads": The Drama of Soap Opera*. London: Mehtuen.

Ien, Ang (1985), *Watching Dallas: Soap Opera and the Melodramatic Imagination*, London: Methuen.

Morley, Dave (1980). *"Nationwide" Audience*, London: British Film Institute.

Rubin, A.W. (1985) "The Uses of Daytime Television Serials by College Students: An Examination of Viewing Motives". *Journal of Broadcasting and Electronic Media*, 29, 241-258.

Wetmore, E J. & Kielwasser, A.P. (1983). "The Soap Opera Audience Speaks: A Preliminary Report". *The Journal of American Culture*, 6(3), 110-116.

〔夏丽丽，中国传媒大学电视与新闻学院副研究员〕

存在与缺席
——华语流行音乐中女性性别的构建和操演

Presence and Absence
The Structure and Performativity of Female Gender in Chinese Popular Music

◎ 王 黔

Wang Qian

摘要：作为一个被男性主宰的产业，流行音乐先天性带有一种性别歧视的属性，女性往往作为一种被规范、被凝视和被欲望的主体。在不同历史阶段，华人女性音乐人形象从标准化发展到多元化，这种发展既是产业制造的结果，也是女性抗争的结果。因为流行音乐越来越被多个产业合作制造，所以流行音乐中女性形象的打造被越来越复杂的政治、经济和社会势力所影响。女性成为大陆流行音乐的一个重要因素是从2005年《超级女声》的冠军李宇春开始的。这场娱乐性的性别文化及商业运作影响力巨大，展现了女性主义、中性主义和拉拉主义。但是如果文化的基本定义建立在共同的价值、信仰、态度和生活方式上，这种清晰可见的性别文化现象其实远没有发展成为一种实质性的文化，是一种既存在又缺席的相互矛盾。

关键词：华语流行音乐，视觉文本，女性形象，性别文化

Abstract: As an industry dominated by men, popular music is born with gender discrimination, and women are often subjects standardised, gazed, and desired by men. At different historical stages, the image of Chinese female musicians developed from standardisation to diversification, and this development is due to industrial production and women's protest. Because the production of popular music is cooperated by different industries, the production of the female image is under complicated political, economic and social forces. Female gender became an important factor of Chinese popular music since Li Yuchun was crowned the winner in the *Super-voice Girls* in 2005. This gender culture of entertainment and business operation is very influential, and displays feminism, androgyny and lesbianism to the public. But if the definition of culture is based on common understanding of value, belief, attitude and lifestyle, this vivid cultural phenomenon is yet to become a real culture. At this stage, it shows a contradiction between presence and absence.

Keywords: Chinese popular music, visual text, women's image, gender culture

华语流行音乐自20世纪初在上海发展以来,女性就扮演着重要的角色。但是从最早的一批歌星,比如被誉为华语流行音乐第一歌星的黎明晖和明月歌舞团有"四大天王"之称的王人美、黎莉莉、薛玲仙和胡笳开始,女性的形象和身份始终是按照中国传统的伦理纲常来构建的。除了具有传奇色彩的李香兰等极少数特例,女性这种美丽大方、温柔婉约的形象一直延续到邓丽君时期,到80年代才被苏芮和梅艳芳分别以豪迈大气和性感百变的形象打破。被打破的后果是女性形象的多元化发展,中性和男性化的形象开始显现。

与港台相对较为自由的性别展示相比,80年代刚刚重新打开国门的内地,虽然女性性别经过了被抹杀的"文化大革命"阶段后重新得到了体现,但女性的形象依旧处于一种比较传统的模式中。港台流行音乐进入了内地,邓丽君也很快地成为全民偶像,这促使通俗唱法于1986年在CCTV青年歌手电视大奖赛上成为一个独立的组别,获奖女歌手,比如毛阿敏和韦唯,都成为那个时代红遍全国的明星,四处走穴,率先致富。虽然经济上富足了,但是通俗歌手,尤其是女歌手,她们的形象和舞台表演时的身体语言都是严格被规范的,细微到她们的妆容、站姿、神情以及什么情况下可以、怎样使用身体语言(Jones,1992)。

20世纪90年代以来,华语流行音乐在大中国地区得到了迅猛的发展,不单是台港澳和内地,新加坡、马来西亚和其他海外华人社区的音乐人也积极参与到华语流行音乐的创作和推广当中。90年代中期的华语流行音乐产业一派繁荣景象,以台湾滚石唱片为例,在16年的产业化发展之后,已经成为东亚最大的独立唱片公司,其销售额于1995年达到约8500万美元。① 在港台新老"天王"们四处巡演、不断发片的时候,各大"天后""玉女"们也没有歇着,以井喷的状态大量涌现,香港的梅艳芳、陈慧娴、王菲、林忆莲、叶倩文等,台湾的苏芮、陈淑桦、齐豫、孟庭苇、辛晓琪等,都在大中国地区拥有众多的歌迷。而在内地,随着流行音乐产业化的发展,广州、北京、上海的唱片公司都先后推出了不少受欢迎的女歌手,在这种意义上,华语流行音乐中"妇女能顶半边天"的说法当然是正确的。

以1927年黎明晖的"毛毛雨"作为起点,到2013年,华语流行音乐的发展已经有

---

① 数据来自 Sanjek, Russell (1996). *Pennies From Heaven: The American Popular Music Business in the Twentieth Century*, Da Capo Press.

86个年头。不能以西方流行音乐史作标准,但可以以其为镜,比如西方流行音乐与60年代的嬉皮士运动和70年代的"同志"解放运动及女权运动之间的联系,一个明显的现象是华语流行音乐与各个时期的社会(文化)运动之间没有什么实质性的关联,超越了音乐本身的流行音乐似乎只有80年代和90年代初的北京摇滚。谈到华语流行音乐中的女性,大大小小的女歌手灿若星辰,要说起华语流行音乐中的女性性别文化,作为符号的倒是不少,能代表一种文化的却屈指可数。如果文化的基本定义建立在共同的价值、信仰、态度和生活方式上,一些清晰可见的性别文化现象远没有发展成为实质性的女性文化,是一种既存在又缺席的相互矛盾,而这种矛盾在一定程度上可以反映女性身份和地位在过去一个世纪中的发展与变化。

一、流行音乐的视觉文本

流行文化往往是不被重视的,因为流行的前缀,这种文化时常被手握话语权的社会精英群体用商业化、无思想意识、低俗、低级等词汇来描述。对流行文化批判和支持之间的交锋已经持续了近一个世纪,尽管观点不同、视角有异,但不能否认的是流行文化作为社会变迁的一面镜子,其反映的内容值得学者去研究分析。

在不同形式的流行文化中,流行音乐因为其不可阻挡的渗透性尤其值得关注。作为音乐产业的一种多功能产品,流行音乐的文本有一个其他形式的流行文化难有的特点,即文本的层次性和不同层次文本之间的可分离性:从最基本的歌词文本、音乐文本到社会文本以及照片、专辑和海报设计、舞台表演、音乐录像等既静态又动态的视觉文本,不同层次的文本可以统一,也允许每个层次的重新创作,在创造戏剧性的同时,用这种文本间的差异来进行更直接、更深层次的思想表达。比如S.H.E.的《不做你的朋友》,一首小女生的情歌因为音乐录像构建的视觉文本变成了女孩子对男同性恋者的接受和祝福。

流行音乐的视觉文本一开始是专辑封面和海报的平面设计以及舞台表演时拍摄的照片,它们被呈现在报纸和杂志等传统的纸质平面媒介上。流行音乐的出现本身就建立在科技发展的基础上,其视觉文本的一步步丰富也是因为科技的进步。20世纪推动流行音乐发展的第一重要媒介是电影,然后才是电台、电视和互联网。除了电台,其他三种形式的媒介作为民众日常娱乐消费,时常以一种被观望的主体为流行音乐视觉文本的创造提供了无尽的空间。影歌双栖的金嗓子周璇,如果没有《马路天使》的故事和她的银幕形象,《天涯歌女》和《四季歌》能否唱遍大江南北是一件未知的事。被通常认为掀起了摇滚革命的猫王,他的形象以及他舞台上的表演,在20世纪50年代的美国是极具颠覆性的。今天看来平淡无奇的甩臀扭胯的动作在当时广受批判,被认为是淫荡、下流的动作,并给猫王带来了"The Pelvis(骨盆)"的称号。但视觉文本成为流行音乐的重要内容是因为音乐录像和 MTV 频道的出现,歌手和他们背后的团队开始用视觉文本去构建和操演一种更有印象力、影响力和市场力的戏剧性。1989年中央电视台播放了两集音乐专题片《潮——来自海峡的声音》,震撼了内地观众,直接促进了内地音乐录像的发展。今天看来,那种把歌词内容简单进行叙事性视觉再现或者视觉化为劲歌热舞摩登符号的手法很肤浅,但至少让内地的音乐人开始认识到音乐录像中视觉文本所提供的表达空间的重要性,而这在早期北京摇滚音乐人的作品中表现得很突出,比如崔健的《一块红布》、唐朝的《梦回唐朝》和何勇的《垃圾场》。① 互联网的虚拟空间给了音乐人更大的创作自由,加上摄影、摄像器材和图像处理技术的普及,青少年偏好阅读视觉文本的消费习惯,以及性和性别商品化的发展,让视觉文本在流行音乐中的作用越来越大。

二、流行音乐产业——男人的世界

流行音乐是一种男女共享的流行文化,但是流行音乐产业却不是,它是一个男性主宰的世界,更准确地说,是异性恋男性主宰的世界。在欧美流行音乐产业里,知名的同性恋音乐人不少,但真正掌控商业决策权的是一帮异性恋中年白人男性(Negus,1999),这决定了流行音乐先天性地就带有一种性别、性取向和隐晦的种族歧视的属性。华语流行音乐产业也不例外。在 20 世纪初的上海,虽然听众熟知的歌星以女性居多,但幕后创作者和掌控者却尽是男性,包括黎锦晖、严工上、任光等。70 年代台湾和香港音乐人掀起的中国人唱自己的流行歌曲的文化运动并没有打破这种男性揣摩女性心声、替女性打造女性形象的局面,反而将其进一步强化。在台湾,李宗盛为女歌手创作了无数经典歌曲,包括张艾嘉《爱的代价》、陈淑桦《梦醒时分》、辛晓琪《领悟》和林忆莲《为你我受冷风吹》等,因而被笑称比女人还懂得女人。这其实说明了女歌手通过歌声和对应的形象所表现出来的洒脱、独立、哀怨和寂寞都有男人制造之嫌。在知名音乐制作人长长的名单上,包括陈志远、陈乐融、陈耀川、周治平、姚谦、小虫、袁惟仁等,女性的名字却少见。② 在香港,同样是男性音乐人,比如卢田沾、顾嘉辉、黎小田、雷颂德、伍乐城、C.Y.KONG、梁基爵等,掌控着香港流行音乐的发展方向。以林夕

---

① 对国内音乐录像的分析可以参见何晓兵和郭振元:《音乐电视导论》,中国广播电视出版社 2001 年版;郑建丽、周泽玉、吴晓恩:《花园声音:MTV 的意义空间》,中央编译出版社 2004 年版。
② 关于台湾流行音乐中的性别探讨可以参见 Marc Moskowitz(2010). *Cries of Joy, Songs of Sorrow: Chinese Pop Music and Its Cultural Connotations*, University of Hawaii Press

为首的男性填词人则在替众多女歌手虚构着心情，用文字描绘着她们的形象。在广东音乐产业的鼎盛时期，举足轻重的人物包括李海鹰、陈小奇、吴颂今、解承强、张全复、毕晓世等，也都是男性。台港澳和内地知名的音乐录像制作人和摄影师，似乎除了区雪儿，也都以男性为主，比如赖伟康、黄中平、林锦和、李志伦和郎昆。在产业层面上，能够起决定作用的女性极少。不论这种男性视角是否对女性带有自然的优越感、同情感或歧视感，但毫无疑问，女歌手的形象基本上是以男性的视角打造的，即使是那种所谓新时代女性代言人的宣传口号，也往往是男性工作人员的言辞。

广东音乐产业于90年代初发起了内地流行音乐的产业化发展，也成功创造了南方流行音乐（包括广东和港台）在90年代中前期主宰中国流行音乐的一个阶段。广东音乐产业"造星运动"的结果是歌手音乐和形象的商业包装与定位，例如杨钰莹和毛宁组成的"金童玉女"，唱着民歌小调的流行音乐，杨钰莹的形象永远是长发飘飘、清纯秀丽，每每和毛宁共同出现的时候则总是小鸟依人的模样，她的形象完全是从传统的男性审美视角来打造的，是男人梦想中的清纯少女。

广东音乐产业推出的另外一位成功女歌手是陈明，这种男性视角的女性定位表现得更为明显。在《寂寞让我如此美丽》专辑中，这种女人被凝视、被怜爱、被欲望的客体性被展现得淋漓尽致。歌曲中哀怨的歌词，比如"辗转的心碎，落泪的乞求，我容易憔悴在梦里"完全把陈明描绘成了一个乞求爱情又只能等待男人施舍爱情的女性。其实不用听歌，专辑封面的视觉文本已经把这种男尊女卑、男主女从的性别轻重交代得一清二楚。黑色的背景，陈明雪白的脸和脖子，鲜艳的、微开的红唇，抱胸托腮的姿势，期待渴盼的眼神，以及"寂寞让我如此美丽"和"夜玫瑰"的字样，如果用90年代初广东的社会环境来解读，这分明就是"包二奶"社会现象的一种音乐再现，同时用这种诱惑性的视觉语言鼓励暴富男性去"包二奶"。

在广东音乐产业风头正旺的时候，在中国的首都和文化、传媒中心北京，流行音乐界也在打造有北京特点的女歌手。1992年，香港音乐人刘卓辉到北京创办了大地唱片，采用港台音乐产业已经很成熟的包装策略，根据市场为其签约歌手定位。[①] 既然南方流行音乐带有较为浓郁的商业色彩，在北京摇滚自80年代以来建立的人文气质之上，北京唱片公司采用了打造文艺青年的策略。

在大地唱片"地毯式宣传"的努力下，艾敬以《我的1997》专辑一举成名。因为音

---

① 这种形象定位在西方流行音乐史中有极多的成功案例，如在"披头士"（The Beatles）成功之后，为了与Brian Epstein 给"披头士"打造的"好男孩"形象区别开，唱片公司刻意给"滚石"（The Rolling Stones）打造了"坏男孩"的形象，并高明地利用媒体对"滚石"成员放荡不羁生活方式的报道，很快地提高了他们的知名度和影响力。这种世界流行音乐产业的成功案例很容易地就被借用到中国流行音乐的生产中来。

乐的卖点是人文情怀,所以艾敬的形象简单、朴素、自然,与南方主流女歌手的时尚和艳丽呈明显的对比。在《我的1997》的音乐录像中,黑白和彩色两种画面的对比也再次映衬了艾敬的质朴和真实。导演有意地让艾敬避免彩色画面,而用黑白来凸显艾敬普通民众的社会背景。而且在90年代的中国,因为北京摇滚文化的影响力,打造艾敬形象的一个重要手段是吉他的呈现。在很多艾敬的宣传海报和音乐录像中,吉他作为一种思想意识的武器(Jones,1992),强调了艾敬创作型音乐人的身份和主体性的思想意识,从而将她与南方只会演唱唱片公司指定歌曲的女歌星们区别开来。虽然艾敬的这种形象是大地唱片打造的结果,但这种形象为唱片公司赢得了市场,而在一些学者的眼中,艾敬已经由一个城市民谣歌手变成了摇滚音乐人(Baranovitch,2003)。

三、性别化的流行音乐流派(Genre)

不管音乐人主观的思想意识能达到怎样的高度,但流行音乐始终是音乐产业通过"滤水器模式(Filter-flow Model)"制造出来的一种商品。而对于流行音乐中的性别问题,音乐产业早已经不声不响地将流派性别化,分为男性、女性和中性三大类。

流行音乐可以被大致分为十几个不同的流派,比如摇滚、乡村、爵士等。在20世纪的发展过程中,因为传统、宗教和政治等诸多因素的影响,各个流派已经被界定了基本的性别属性,比如摇滚和乡村属于男性,排行榜流行音乐(Pop & Chart)属于女性,[①]而世界音乐和音乐剧则属于中性。这种划分不是说音乐人和歌手必须按照自己的生理性别去选择适合的流派,而是潜移默化、非文字地设定了一套性别规则,并具体到形象的呈现,所以当仙妮亚·唐恩(Shania Twain)以性感的形象出现在她的音乐录像和海报中时,在乡村音乐界引起了轩然大波。女性可以成为乡村歌手,但是对女性性别和性感的宣扬属于乡村音乐流派的一种禁忌。凯西·达恩·兰(K.D.Lang)的音乐才能毋庸置疑,获得了不少重要的奖项,她的形象其实早已告诉公众她是女同性恋者,但是当她正式公布身份以后,这种生理性别、性取向和乡村音乐性别属性之间的纠缠还是一度给她带来了不小的麻烦,因为她的女同性恋者的身份不仅仅是女性对男性的挑战,还有一种隐含的女性的男性气概对男性的男性气概的挑衅。

与这种禁忌相反,最商业化的排行榜流行音乐则是想方设法地用性和性别来获取最大的关注度,尤其是男孩和女孩组合。男孩组合的基本规则是要有一个同性恋成员,比如男孩地带(Boyzone)和西城男孩(Westlife),而女孩组合则要么高呼所谓的女

---

① 更多的探讨可以参见 Railton,Diane(2001)."the Gendered Carnival of Pop",*Popular Music*,20(3),pp.321-331,Cambridge University Press.

权主义,比如90年代在全球代表着"女孩力量"的辣妹(Spice Girls),要么走传统的性感路线,比如Pussycat Dolls,要么故意触碰性和性别禁忌,比如俄罗斯两个异性恋女孩以女同性恋者形象出现的t.a.t.u.。

因为流派的性别化区分,所以在最主流、最商业的排行榜流行音乐中,女性形象的根本是性感和时尚,比如詹妮弗·洛佩兹(Jennifer Lopez)和克里斯蒂娜·阿奎莱拉(Christina Aguilera)等。性感用来诱惑男性,把敢露敢秀的态度包装为女性主义,而这些女歌星音乐录像中和现实生活里奢华的生活方式对于青少年女性具有极强的诱感力,变相鼓动着女性成为被男性欲望的对象。即使是打着我行我素的新时代女性旗帜的辣妹,看看她们的照片和舞台形象,哪张不呈现性的诱惑?

华语流行音乐是文化全球化的产物,所以华语流行音乐遵守了这种流派性别化的原则,但是作为全球化和本地化对抗、融合的结果,全球本地化(Glocalization, Petrella, 1995)在华语流行音乐中表现出了本地的特色。打破华语流行音乐女歌手传统形象的是苏芮和梅艳芳。苏芮的豪迈大气跟她成名前长期在俱乐部演唱英文歌曲和坎坷的生活经历有关,是一种本色的性别特质。而梅艳芳则真正开始了华语女歌手性别的操演,尽管这种操演建立在唱片公司的商业包装上。从80年代中期开始,《坏女孩》的叛逆、《梦幻的拥抱》的反串、《烈焰红唇》的性感、《妖女》的鬼魅,她用不同的形象为自己赢得了"百变天后"的赞誉,用视觉文本证明了演唱之"演"的意义。梅艳芳被西方媒体称赞为"东方麦当娜",这个"东方"的前缀不仅是一个地域的概念,也是全球本地化的体现,证明了香港社会对麦当娜性和性别文化操演的有限接受。对于华人社会来说,性感可以,赤裸裸的性则不行,尤其是在内地,连张艺谋都不得不感叹,性有时候比政治还敏感。①

梅艳芳和麦当娜的区别在于性和性别操演的深度,对这种深度的衡量在于其政治、文化和宗教的挑衅度,而且更多的是通过视觉文本而非音乐本身表达出来。用简单的话来讲,梅艳芳不如麦当娜大胆,无论是音乐还是形象,比如麦当娜1993年的《性》写真集对于华语女歌手来讲是难以实现的尝试,但麦当娜正是反复利用视觉文本的强大冲击力来获得她女性主义者的文化身份,从而将她提升到一个文化的高度,与其他只会唱歌的流行天后如玛丽亚·凯莉(Mariah Carey)、惠特尼·休斯顿(Whitney Houston)和席琳·迪翁(Celine Dion)区别开来。

非异性恋男性的性和性别都是极其政治化的,因为这意味着对传统男性主宰和思想道德的挑战。在"同志"解放运动之前,西方的女权主义者们已经进行了长期的抗

---

① 林楚方:《张艺谋是中国"最投机的人"?》,http://finance.jrj.com.cn/biz/2010/09/2813588247433.shtml

争,并利用文学、电影、绘画和雕塑等艺术形式表达自己的思想。① 因为1949年后不同的环境,女性主义在港台的发展比内地要领先,但是在流行音乐中,因为传统文化的影响和男性决策人的掌控,表现出的差距并不大,尤其是到了90年代后期,因为大中国地区华语流行音乐产业之间的广泛合作,大中国华语流行音乐市场的统一与整合,这种地区内的地域性差异进一步缩小。

因为一些流派,比如灵魂乐和乡村音乐,在大中国地区没有市场,所以华语流行音乐流派的区分不如西方那么细致。虽然在介绍音乐风格的时候会使用摇滚、爵士等词汇,但如果用市场来衡量,可以粗略分为主流和小众两个群体,这样也简化了华语女歌手的类型,大致分为三种:青春少女(S.H.E.、Twins、蜜雪薇琪等)、摩登女郎(梅艳芳、莫文蔚、阿朵等)和知性文艺(丁薇、顺子、陈绮贞等)。青春少女和摩登女郎针对主流市场,知性文艺面向小众,她们的形象则对应温柔可爱、性感火辣和冷静理智等性格及形象特质,并在照片、海报和音乐录像中进行正确的视觉再现,所以李玟和蔡依林不会打扮成可爱小女生的样子,而蔡健雅和戴佩妮也不会穿得时髦暴露。市场决定形象还表现在当华语流行音乐作为世界音乐售卖给西方听众时,东方神秘主义的女性形象才有吸引力,比如化身为"达达娃"和"萨顶顶"的朱哲琴和周鹏。而当Hang on the Box作为内地第一支女子朋克乐队登上美国《新闻周刊》封面时,对应"中国:有限的自由"的标题和她们"Wanna Fuck Marilyn Manson"的声称,她们展示的是更国际化的女子先锋音乐人的形象。这种区分当然不是绝对的,因为随着歌手在职业生涯中对自我身份的找寻,她们的音乐和形象会不停地变化,比如范晓萱从青春少女偶像成长为知性独立的音乐人。最有代表性的是王菲,她放弃香港音乐产业打造的都市女郎形象,做回自我,但这种特立独行的态度非但没有把她限制在小众的市场里,反而巩固了她华语乐坛天后的地位。王菲体现的正是世界各地女性音乐人试图摆脱音乐产业男性掌控的女性主义,而她们所采用的策略是对男性创造的摇滚精神的借用。

四、摇滚中的压抑和反抗

在世界摇滚音乐文化中,女性长期处于一种被动甚至被羞辱的地位,比如60年代以来从未被消除的"骨肉皮"(Groupie)文化,即女歌迷成为男性摇滚音乐人玩弄的性对象,即使是女性摇滚音乐人也常常难逃这种摇滚圈子里的潜规则。这种男性主宰的强大势力迫使女性音乐人放弃自己的女性性别,即使是已经成名的央视前主持人蔚华,作为"呼

---

① 一些具体的例子可以参见柯倩婷主编:《光影之间的性别叙事》,九州出版社2010年版。

吸"乐队的主唱,在这种男人世界里也不得不低头,而刻意像男人一样演唱和表演,刻意地淡化自己的女性身份。

科特·柯本(Kurt Cobain)相信摇滚的未来属于女性,因为男性对音乐产业的主宰,注定了女性处于一种被压迫而要反抗的位置,而挑战权威则正是摇滚精神的一种体现。① 克洛特(De Kloet,2001)用"眼镜蛇"、罗琦和Hang on the Box来说明中国女性摇滚音乐人为她们的权利进行斗争的三种策略:否定性别,把性别戏剧化,把性别政治化。但到了90年代后期,随着摩登天空等本地唱片公司的崛起,女性性别最大的发展其实是商业化、娱乐化和符号化。这种发展似乎是在贱卖女性性别,但主流市场所提供的性别操演的空间对于女性性别文化的发展有利有弊,比如摩登天空在2002年和2003年制作发行了 Badhead1 和 Badhead2 两张由十几支女性摇滚乐队参与录制的专辑,让女性音乐人有了集体发声的机会,而擅长使用视觉语言的摩登天空也没有忘记在专辑封面上展示女性主义的概念。

作为国内第一支女性摇滚乐队,"眼镜蛇"形象的基本原则就是消除性别。黑色的衣着,避免女性柔和的色彩,同时还很宽大,以便掩饰女性凹凸的曲线。头发要么剪得很短,像假小子,即使保留了长发,也不会有女性惯常的发饰。为了强调自己的摇滚音乐人身份,她们在宣传海报中也时常手持吉他等乐器,以吉他这种具有阳具象征意义的乐器来获取自己摇滚音乐人身份的合法性。

在90年代的女性摇滚音乐人中,这种对于男性气概的模仿和对男性圈子的依附是一种常态,所以在吸毒、滥交和暴力等生活方式面前,女性并没有太多的选择,罗琦跌宕起伏的生活经历展示了这种女性的被动性。80年代,只有极少数女性参与到北京摇滚之中,而90年代,女性摇滚音乐人的数量开始增长,中国摇滚中的女性主义有了质的变化,并且因为"流行摇滚化"(Pop-rockization,Regev,2002)的发展,这种女性主义的思想从摇滚音乐拓展到主流商业流行音乐。而在此过程中,姜昕和王菲分别对从摇滚到流行和流行到摇滚起了推动作用。

姜昕在1995年推出了她的第一张专辑《花开不败》。依据摇滚教条,她不能完全算是一名摇滚音乐人,因为她几乎不写音乐,也没有自己稳定的乐队成员,而帮助姜昕制作专辑的都是北京摇滚圈子里重量级的人物,比如张楚、何勇和许巍。对于她独特的位置,姜昕告诉笔者:

"在90年代初,我从来没有想过性别的问题。我听的所有摇滚的音乐都是男歌手的作品。因此,我也无意识地试图像男人那样玩摇滚。甚至到了1995年我开始做

---

① 更多探讨参见 Raphael, Amy(1995). *Never Mind the Bollocks*, *Women Rewrite Rock*, Virago Press.

自己第一张专辑的时候,我仍然没有认识到自己的问题。后来,我开始听一些女歌手的音乐,比如贾尼斯·乔普林(Janis Joplin)和艾拉妮丝·莫莉塞特(Alanis Morissette),我意识到男歌手和女歌手音乐上的不同,然后认识到我需要自己的性别身份。我是女人,不是男人。在我的第二张专辑《五月》里,我就刻意地写了一些歌词来强调自己的女性身份。"

但是姜昕认为,过分强调女性主义其实是一件很荒谬的事。

"过分强调女性主义就像在告诉每个人:'我很软弱,我需要你的同情'。是的,在男歌手和女歌手之间是有些不公平的东西,但是没有必要站出来哭叫'我是女性主义者'。作为一名女歌手,我做我想做的东西。我写爱情、政治和其他我愿意写的内容。顺其自然很关键。你不能捏造你自己都不真正明白的东西。"

基于这种态度,姜昕与90年代早期其他女性摇滚音乐人的区别在视觉上就清晰可见。她专辑的封面设计,从《花开不败》、《五月》、《纯粹》到《我不是随便的花朵》,以及她拍摄的各种宣传材料,在彰显她随意个性的同时,女性的柔美也通过色彩、妆容和她的衣着表现出来。女性性别没有得到特意的体现,但也没有被刻意地消除。

作为华语流行音乐中的巨星,王菲的影响力是毋庸置疑的,而她我行我素、敢作敢为的态度通过音乐和视觉语言来同时表达。正是这种音乐和视觉语言的结合让王菲在舞台上和生活中扮演了一个独特的、真实的角色,挑战了香港文化产业传统的控制性生产体制和性别政治,让她以叛逆的女性音乐人的姿态在华人社会获得了巨大的成功,并无声地成为女性主义实践的表率,成为众多歌迷心中的偶像和文化符号。[①] 用王菲的专辑封面设计为例,她思想意识的发展通过视觉文本的表达可见一斑。1992年的专辑 Coming Home 以坐在开往北京的火车上的照片为封面是对香港人瞧不起"内地妹"说法的一种高调回应。1994年是王菲蜕变开始的一年,音乐上从港式情歌跨入另类摇滚,弃用艺名"王静雯",《天空》和《讨好自己》的黑人小辫儿造型用视觉语言展示了她要挣脱港台女歌星模式的束缚,《胡思乱想》的封面没有使用女歌星典型的大头照,而以缺胳膊少腿的汉字的艺术设计显示了她要找寻自我的决心。

《菲靡靡之音》、《Di-Dar》和《浮躁》三张专辑可以被视为王菲的蜕变之作,尤其是《浮躁》,王菲、窦唯和张亚东的铁三角组合把王菲从港式流行音乐中完全释放出来,让王菲随心所欲地完成了她的分水岭作品。王菲从此之后获得了一定程度的极其宝贵的音乐和艺术自主权。在《Di-Dar》专辑封面上,王菲随性地挥舞手臂,而她身后

[①] 更多探讨可以参见 Fung, Anthony and Curtin, Michael(2002). "The Anomalies of Being Faye(Wong): Gender Politics in Chinese Popular Music", *International Journal of Cultural Studies*, 5(3):263-290, SAGE.

的墙面是一只彩色展翅的蝴蝶,这无疑寓意了她的蜕变。这种忠于自我和坚持自我的态度在1997年的EP《玩具》封面设计上表现得淋漓尽致。封面上的王菲是明显即将成为母亲的王菲,黑色的衣着掩饰不了她的身孕。就算结婚多年也要隐瞒婚情是香港娱乐圈的基本规则之一,而王菲高调恋爱、结婚、生子的姿态让"酷儿王菲"慢慢成形。

除了专辑和海报的视觉文本,王菲从1994年首次在香港红磡体育馆开演唱会开始就在舞台造型上做了很多另类的尝试。她的白色长袖装、鸵鸟装、印第安人装、晒伤妆、鞋帽等等,无不给人留下深刻的印象。与音乐上的蜕变相配合,王菲成功地由一个港式偶像转变成了带有先锋艺术色彩的音乐人。在王菲之前,香港还有百变的梅艳芳,但独立自主的女性主义色彩在王菲身上体现得更明显。

视觉语言在流行音乐文化中影响最广泛的是70年代的朋克。朋克文化从一开始就不是一种单纯的音乐文化,而是多种文化形式的综合体。朋克音乐无法脱离朋克的视觉语言(从服装、发型、化妆、珠宝到文身)单独存在。在发展成为一门独特的朋克视觉艺术之后,与当时西方社会风起云涌的各种社会运动相结合,最终形成了朋克思想意识。而在朋克思想意识中,除了接纳反独裁主义、个人主义、自由思想,还有70年代女性运动带来的后现代女权主义。以史为镜,华语流行音乐中还没有可以跟"朋克教母"派蒂·史密斯(Patti Smith)等同的女性音乐人,这种缺失本身就在一定程度上说明女性性别思想还没有真正扎根、融合,然后体现在大中华地区的本地文化中。

五、暧昧的中性

中性在华语流行音乐中的呈现更多地是为了掩盖不敢声张的同性恋,因为流行音乐产业一直就是同性恋文化的温床。虽然华语流行音乐中已经有张国荣、黄耀明、林夕、林一峰、何韵诗、林二汶等少数已经正式或非正式"出柜"的明星,但即使到了今天,同性恋依旧是音乐产业里需要回避的一个话题。笔者在采访一位环球唱片公司的负责人时,他承认,即使唱片公司内部工作人员清楚自己的签约音乐人中谁是同性恋者,在面对媒体和公众的时候,跟同性恋有关的问题也不能问,有人问也坚决不予回答。

最早的疑似女同性恋歌手是来自台湾的林良乐和潘美辰。林良乐于1987年发行了第一张专辑《风中的流浪汉》,在音乐、声音、歌词、形象等各个方面比苏芮更进一步地颠覆了传统女歌手的定义。首先是专辑的封面设计,黑色皮风衣、黑帽、墨镜、黑色皮手套、哈雷款式的摩托车、吉他、荒野以及她冷酷的表情,这一切元素都和温柔漂亮的传统女性标准没有丝毫共同之处。林良乐的体形也从来没有符合过窈窕或苗条的美丽标准,反倒是在《会哭的人不一定流泪》的封面上毫不掩饰地展示了其壮硕的体形。

林良乐有录音前必须先喝酒的习惯,她的声线不像其他女歌手那样温柔或清亮,低音和中音部能听出女性声音的特质,但一到高音,半嘶哑的音色就难以分出性别,而且充满沧桑感。在音乐风格上,她采用了大量的摇滚音乐的元素,这在当时的台湾流行音乐界中,对于女歌手来说,属于非常超前的尝试。专辑名称的"流浪汉"也用文字表明了立场。不用"流浪人"或"流浪者"等中性的字眼,一个"汉"字清楚地说明了许多不愿多说的东西。

林良乐另外一张专辑《假戏真做的人》的封面设计秉承了她一贯的挑战性别的风格。封面中被亲吻的对象应该能够被界定为女性,而亲吻这个女性的人只有不到半张脸,单凭嘴唇、鼻子和脸颊难以断言究竟是男还是女。所以"假戏真做"便成为一个双关语,既能够暗示林良乐就是"拉拉",只不过半推半就地以此"出柜";也能够从另外一个角度示意,或许林良乐是"拉拉",但可以被男性的亲吻所征服,从而成为异性恋压制同性恋、男性主宰女性的宣言。

潘美辰在1990年创作的一首《我想有个家》为她赢得了台湾第一届金曲奖和年度最佳歌曲奖,由此成为当时台湾歌坛的一线歌手,并迅速地将其影响力拓展到了大陆。与林良乐的情况相似,潘美辰也是从一开始就摈弃了传统意义上美女的标准。尽管她身材苗条,但从不着性感或亮丽的裙装,喜欢以硬朗的风格示人,无论是舞台上还是生活中。她的这种形象在当时的华语歌坛过于前卫,引起各种议论和绯闻,并最终给她带来了"中性鼻祖"的称号。

其实,既然有"中性鼻祖"的称号,潘美辰的形象就已经符号化,她是否是"拉拉"并不重要,那只是她的私人生活。她的歌迷怎样看待她的中性风格以及传闻的同性取向才是关键,因为歌迷对于她的个人生活和音乐的接受与抗拒更能客观地反映出社会对于同性恋的态度。面对他人的质疑与攻击,她的歌迷们也迷惑不解,但这种同性恋的传闻非但没有让她的歌迷放弃她,反倒鼓励了一些歌迷主动去了解同性恋。在"潘美辰吧"里,署名为"夜心1602"的歌迷写下了自己的感受:

"老天,为了潘美辰,当时我把同性恋所有能找的文字反复研究遍了。我最后得出的结论是,同性恋也没什么大不了的啊。上帝造人的时候把某个基因密码写得和大多数人不一样,并不是这个个体本身的错。就算是后天,也是受了不一样的经历造成。反而,是很可怜的。人能接受先天和后天残疾,却不能接受同性恋,至少这不会伤害其他人,也不会拖累其他人。"[①]

---

① 资料来自百度网站"潘美辰吧",http://tieba.baidu.com/f? kz=767499582

根据李银河的调查和估算,中国内地的同性恋人口数大约在 3900 万到 5200 万之间,[①]疑似同性恋的歌手很多,公开身份的极少,而且都是没有名气的新人,有炒作之嫌。在调查时发现,同性恋群体特别喜欢用视觉文本去鉴定疑似的同性恋歌手,所以像韩红、李宇春、李霄云等中性外形的女歌手都被认定是同性恋。因为歌星的影响力,很多同性恋觉得,如果有同性恋歌星,她们就似乎有了代言人。

这是种一厢情愿的美好想象。在华语流行音乐圈中,大多数的歌星还是不愿与同性恋团体扯上关系。2011 年 1 月,北京同志活动中心举办了"菲你莫属"的王菲模仿秀,他们多次联系王菲,希望得到她至少语言上的支持,但是王菲没做任何回应。当然,也有少数歌星表达了对同性恋群体的接受和支持,但以异性恋女歌手居多,尤其是张惠妹和张悬。黄舒骏从男性角度写了《春花》,伊能静在演唱这首歌时,不但没有忌讳这种性别错位造成的暧昧,反而拍摄了溢满"女同"爱意的音乐录像,赋予了歌词"看我的妹妹,笑得多么艳……春花开满地,对你动了心,恨不能表明,只能藏心底……"不一样的意义。但跟周杰伦导演了 S.H.E.《不做你的朋友》的音乐录像一样,《春花》由赖伟康导演,也就是说这种女性表现出来的对于同性恋的接受或许还是男性导演的主观决定,只不过由女歌手来表现,在社会上构建一种接受同性恋的氛围。

六、跨产业的性别制造

文化产品早已不是任何单一产业的产品,而是由不同产业合作制造的。Burnett(1996)认为流行音乐作为一个非常关键的商业和文化因素,链接全球娱乐产业的各个环节。因为更多社会和经济势力的介入,所以流行音乐是一个所有参与势力谈判和妥协的结果,绝非任何单一势力可以掌控。

传统音乐产业的商业模式是音乐产业制造产品,依靠媒体产业的平台来打开市场,将产品销售给听众。而近些年,因为音乐产业和电视媒体的合作,唱歌选秀节目大量涌现,在某种程度上,改变了流行音乐的制造过程。从商业角度来讲,这是双赢的策略,电视媒体得到了很高的收视率和广告、赞助等巨额收入,唱片公司则签到了有市场前景的歌手,但是因为选秀的性质,打造的首要产品已经不是音乐本身,而是歌手,即根据市场需求打造一种有销售力、多商业用途的媒体性别(Media Sex, Gunter, 2002)。李宇春的成功使得中性形象在后来的选秀节目中大行其道,厉娜、刘力扬、曾轶可、李霄云等类似形象的"超女"不断出现,但这种符号化的商业形象只能被视为象征资本,而远非可以产生文化影响力的文化资本,所以它只能作为信息短期有效。到了 2011

---

① 数据来自《中国日报》英文版的报道,Mei Jia, "My Wife, Your Husband", *China Daily*, June 8, 2010, p.18.

年的"超级女声",中性风尚不再,美女和辣妹又重新抢回了舞台。

　　各种形象的打造当然有时尚产业和美容产业的功劳,而成功打造的形象又可以帮助时尚产业和美容产业售卖其商品。这种合作关系可以在不避讳商业目的的情况下,依靠音乐人与服装设计师、形象设计师、化妆师、摄影师之间的沟通与交流创造有文化意义的形象或者符号。自摇滚革命以来,这种合作留下了无数的文化视觉典范,比如大卫·鲍伊(David Bowie)化身为中性太空生物、多莉·艾莫丝(Tori Amos)给小猪喂奶和比约克(Bjork)的各种鬼魅的形象。这样的合作方式到今天依旧在发挥作用,用得最好的无疑是目前在全球呼风唤雨的Lady Gaga,她的形象和她的音乐浑然一体,有较为完整的思想意识支撑。而华语流行音乐圈内的一些模仿者,却只看到了形象符号的表象,没有去解读符号的意义,导致把怪异当时髦的笑话频频出现。

　　一位星海音乐学院通俗唱法的毕业生梦想成为超级明星,北京某家文化传播公司负责她形象的打造和宣传,笔者和她之间有段对话:

　　　王:公司给你打造了什么形象?

　　　Z小姐:现代都市女性主义的代表。

　　　王:怎么解释?

　　　Z小姐:就是要表现出现代女性敢说敢做的态度。

　　　王:具体表现在什么方面呢?

　　　Z小姐:比如面对媒体的时候我敢宣称自己将是全中国最好的女歌手。

　　　王:如何评判?

　　　Z小姐:我的音域很广,像《青藏高原》等高难度的歌我都能唱。

　　　王:除了唱歌,其他方面呢?

　　　Z小姐:公司要求我形象上做出很大的改变,要尝试各种化妆造型,要经常改变发型,要穿得很性感,要敢于穿得很暴露。

　　　王:你觉得这就是女性主义的表现吗?

　　　Z小姐:应该是吧,现在北京、上海、广州的女孩子都这样,杂志上也是这种形象。

　　时尚更多时候是一种基于商业目的而鼓吹的生活方式和态度,而时尚杂志则是一种消费指南,并帮助男性用消费主义来驯化女性和巩固男性在社会中的统治地位,比如杂志中时常探讨各种男性视角的完美女性的气质和形象。① 当然，运用得当，时尚产品可以是创造文化的一种道具，可以在文化和商业之间取得一种平衡，比如麦当娜和 Lady Gaga，又比如 *i-D*、*Pop* 和 *Interview* 等西方知名的音乐杂志，既有关于流行音乐的严肃探讨，又不乏时尚服饰的艳丽图片。但是很多华语女歌手常常扮演的是木头模特的角色，只展示流行的女性妆容和服饰搭配，并没有深层次的思想意识表达。而且这种商业模式同样用于男歌手身上，并且在中性风潮的鼓噪下，纷纷宽衣解带，半裸全裸地售卖着自己形象的商业价值。即使有访谈，其内容也常常流于形式，以歌手最喜欢的人物、食物、旅游目的地等为主。内地流行音乐杂志也为了商业利益大量增加时尚和娱乐的内容。曾经有一本国外知名的流行音乐杂志为了进军中国市场，让笔者给他们写稿和翻译稿件，第一项任务是翻译一篇关于女影星杰西卡·阿尔芭（Jessica Alba）如何性感迷人的文章，不仅与流行音乐无关，而且是变相鼓励男性对性感女人进行公开意淫。男性主宰不仅仅表现在音乐产业的决策层上，媒体产业内的乐评人也以男性为主，所以寄望于男性去传播女性主义的思想意识是不切实际的幻想。

七、存在和缺席

女性文化在华语流行音乐中的存在是无须探讨的事实，尤其是从视觉文本来看，在各种媒体的节目和版面上，大小女明星们争奇斗艳，热闹非凡。但在这种热闹的背后，至少在内地，则是女性性别文化的缺席。对于这种现状，不能简单地怪罪于政治，因为商业、家庭和传统文化所起的作用并不比政治小。在笔者的田野调查中，一位来自富有家庭的高中女生立志要成为中国最好的饶舌歌手（Rapper），在努力学习西方饶舌音乐的同时，她严格按照西方饶舌歌手的形象打扮自己，要么宽大的运动装配粗大的项链等饰物，要么是窄小暴露的衣服，而她的母亲特别担心她的这种形象，一是与她的家庭地位不相符，二是怕她给人留下坏女孩的印象，将来嫁不出去。家庭内部争吵的不是饶舌这种极具暴力性的男性音乐是否会影响她的思想和行为，而是她的形象可能带来的亲戚、朋友、邻里的背后议论。

这种存在和缺席之间的矛盾，可以借用布尔迪厄象征资本和文化资本的不同来解释。象征资本"指积累的威望、名人、神圣化或荣誉的程度，它建立在知识和认知的辩证之上"（1993:7）。而文化资本，则是"知识的一种形式，一种内在的代码或一种认知

---

① 西方各类时尚杂志看到了中国内地的市场，纷纷出版了中文版本，更能利用女性读者对西方的一种美好想象，加强男性视角女性的塑造，更多探讨可以参见刘芳：《时尚杂志与中产阶级女性身份——以〈世界时装之苑——ELLE〉为个案》，九州出版社2010年版。

的学习,它们让社会代理人具备了趋向同情、欣赏或解读文化关系和文化作品的能力"。他还建议,"这种代码或文化资本的持有通过长期的学习或教育来积累,而长期的学习或教育包括家庭和团体成员(家庭教育)、社会队伍中受过教育的成员(扩散教育)和社会组织(制度化教育)的教学行为"。

单就中国内地而言,张红萍(2010)指出,虽然女性运动在20世纪的中国有很大的发展,但是女性文化的"革命"才开始不久,传统意识仍旧在女性的思想中扮演着重要的作用,性别意识还没有深入到女性的日常生活中。现状是,在流行音乐创造的开端,所谓的女性文化经常是被男性决策者从商业角度构建出来的。那些集创作和演唱于一身的女歌手,她们的思想意识在产业化的制造流程中时常被删除或者更改。即使能保留下来,女性文化资本也传播和积累得不够,很多歌迷又缺乏解读的能力。同性恋不能解读 Lady Gaga 的 *Born This Way* 和 *Telephone* 音乐录像的情况在调查中发生过好多次。

在构建女性性别文化的过程中,象征资本当然也有用。2005年李宇春掀起了中性风,媒体跟风似的反复谈论"拉拉"、同性恋等敏感字眼,虽然没能做到让民众对同性恋文化有真正的认识,但是至少让普通百姓认识到一个社会边缘群体的存在。一位"拉拉"向我讲述了她的故事。她早就明白了她的性取向,但不敢"出柜",也不知道该怎样追求她想要的生活。迫于家庭和社会的压力,她已经相亲多次,并已经开始考虑从中选择一名男性结婚。在李宇春现象出现之后,她留意到公众场合里敢于表露身份的拉拉多了,于是她决定放弃虚假婚姻,追求她的幸福生活。媒体对李宇春的形象、性取向和拉拉群体的新闻轰炸教育了她的父母,所以当她向父母表明性取向的时候,父母较为平静地接受了她和她的决定。

在男性主宰的音乐产业里被制造,又没有稳定的沟通渠道和平台,这种象征资本没有转换成为具有文化创造力的文化资本。华语流行音乐中的女性视觉文本更多时候作为一种文化信息不断更新,却没有积累成为系统的知识,未能帮助更多的女性音乐人通过流行音乐这种形式的流行文化去传播自己的思想意识,而歌迷有能力去解码华语流行音乐中的女性思想意识,并参与女性社会活动,这样才能消除既存在又缺席的奇怪局面,也才能真正地发挥流行音乐广泛的文化传播作用和社会影响力。

参考文献:

张红萍:《中国女人的一个世纪》,九州出版社2010年版。

Baranovitch, Nimrod(2003). *China's New Voices: Popular Music, Ethnicity, Gender, and Politics, 1978-1997*, University of California Press.

Bourdieu, Pierre (1993). *The Field of Cultural Production: Essays on Art and Literature*, edited and introduced by Randal Johnson, Polity Press.

Burnett, Robert (1996). *The Global Jukebox, The International Music Industry*, London and New York: Routledge.

de Kloet, Joroen (2001). *Red Sonic Trajectories: Popular Music and Youth in Urban China*, University of Amsterdam.

Gunter, Barrie (2002). *Media Sex: What Are the Issues?* New York: Lawrence Erlbaum Associates.

Jones, Andrew F (1992). *Like a Knife: Ideology and Genre in Chinese Popular Music*, Ithaca, New York: Cornell University East Asian Program.

Negus, Keith (1999). *Music Genres and Corporate Cultures*, London: Routledge.

Petrella, Ricardo (1995). Presentation to the conference "Gestion locale et regionale des transformations economiques, technologiques at environmentales," Organised by the France Commission for UNESCO, Fondation Maison des Sciences de l'Homme, and the France Ministry for Higher education and Research, cited in J.-L.Racine (2001).

Regev, Motti (2002). "The 'Pop-rockisation' of Popular Music", in Hesmondhalgh, David & Negus, Keith (eds.) *Popular Music Studies*, London: Arnold, 2002, 251-2.

〔王黔,任职于宜宾学院新闻与传媒学院,研究领域为音乐社会学〕

书 评

公民新闻的未来：独立、寄生、融合
——评《在线新闻：新闻与互联网》

曾　昕

公民新闻的未来:独立、寄生、融合
——评《在线新闻:新闻与互联网》

The Future of Citizen Journalism: To be Dependent, Independent, or Intermingled
A Review on *Online News: Journalism and the Internet*

◎ 曾 昕

Zeng Xin

摘要: 本文是在回顾斯图亚特·艾伦《在线新闻:新闻与互联网》一书理论框架的基础上,对作者提出的公民新闻未来发展问题的重新思考。在梳理其框架、脉络和主要观点的基础上,本文结合当下公民新闻发展的现状,尝试性地分析新媒体平台上公民新闻发展的可行性,以及公民新闻和专业新闻在融合过程中,其理论研究可能存在的差异性。

关键词:《在线新闻:新闻与互联网》,公民新闻

Abstract: This article is a review on Stuart Allan's book *Online News: Journalism and the Internet* written in 2006. The review started with a brief introduction of the book and then move on to the general structure, explaining how the discussions constructed in the historical background. Later, the review focused on the developing trend of citizen journalism and discussed whether or not an ideal model of citizen journalism could be applied to the reality and suggested that probably new boundaries are required in evaluating the process of transmitting citizen news intermingled in professional news.

Keywords: *Online News: Journalism and the Internet*, citizen news

导 语

斯图亚特·艾伦的《在线新闻:新闻与互联网》一书中回顾了网络新闻传播历史中有重大新闻影响力的典型事件,融合了网络新闻传播史与网络新闻理论,给我们提供了一个理解网络新闻和公民新闻的框架。书中对于网络新闻的历史回顾,引征并探究了典型媒介事件对公民新闻和宏观新闻业的影响,并在此基础上总结了网络新闻的发展规律,分析公民新闻未来可能的发展趋势和其中存在的问题。

此书把在线新闻和公民新闻置于人文社会科学视野,梳理了网络新闻的发展脉络并总结出其不同形态,加深读者对网络新闻事件全面、理性的认识。本书的独到之处在于,把独立案例融入新闻媒体和新闻理念变迁的历史纵深框架中,同时又把每一个独立的媒介事件作为一个横切面,结合当时社会背景加以分析,使读者能从理论和实际案例两个方面来理解网络新闻。

公民新闻的争论焦点之一是专业记者的出路或者和公民新闻的合作关系,而艾伦把这种新闻参与活动看作是一种可以促进专业记者觉醒和思考的"公共服务"(public service),并论述在民主文化中,这种公共服务促进了专业记者的新闻意识和责任,专业新闻媒体应力求和公民新闻合作,并为其发展创造空间。

主要观点回顾

书中阐述了在新媒体生态中不同模式的新闻产品(传统媒体新闻和新媒体新闻,以及专业新闻和公民新闻)之间的关系,突出论述了公民新闻对专业化新闻机构应运而生的挑战。网络新闻传播公民力量是新闻传播力量的重要组成部分。先前的相关文献所论述的在线新闻,多是指以网络为载体,将新闻通过网络传播给网络公民,从而形成一股舆论力量。而本书的视角不是把公民新闻作为一种舆论力量,而是把网络作为一种公民新闻和专业新闻竞争与合作的载体;不仅仅把公民新闻看作对传统新闻的一种挑战,更大程度上是对传统新闻革新的一种呼吁;把公民在新媒体中参与新闻的活动视为对新闻在形态上、内容上以及认识论(forms,practices and epistemologies)上的一种特殊拓展和补充。

在《在线新闻:新闻与互联网》一书中,作者首先以批判性的视角回顾了网络新闻发展的历史,概述了在线新闻兴起和发展的主要过程以及在发展过程中所形成的不同样式。书中选取了网络新闻史上重大而典型的事件,对于一些曾被反复研究过的案例提出了新的观点。比如,书中提到了网络新闻发展中两个举足轻重的事件,一是东南亚的海啸事件,二是默多克关于报纸和网络新闻合作的讲话,由此延伸出网络媒体在当下新闻平台中举足轻重的地位和影响力。接下来,作者选取标志性的媒介事件,比如,把"9·11"作为典型的危机报道(crisis reports)案例,论述其中的公民参与如何重新定义新闻,以及公民视角的、非专业的,甚至碎片化的报道如何在主流媒体已经资料过剩的情况下脱颖而出。而把伊拉克战争作为典型的战争报道(war reporting),探讨公民作为"目击者"(witness),他们的意见如何成为主流新闻不可或缺的内容。作者提出公民新闻有可能成为主流新闻之外一种不受商业压力支配的新闻形式,与此同时,草根新闻记者和草根博客身兼二职,既作为新闻资源,也作为"守门人"的角色。

在之后的章节中,作者着重分析了现有的知名公民新闻平台(如 ohmynews, wikinews)的运行状况和存在的问题。以 Google 为例,作者论述了网络搜索的新闻整合功能。这种强大的网络引擎可以作为一种强大的新闻搜索和整合资源,作为一种"网络编辑"(computer editor)存在。在主流传播、草根发布以及受众消费和质疑的过程中,新闻的"权威性、可信度都是流动性的"。这种变化性和不确定性正预示着未来网络新闻传播一种可能的发展方向。值得一提的是,在充分肯定公民新闻价值的基础上,作者同时提出了公民新闻发展过程中的各种潜在危机。诸如,作为一种"暴政新闻(mob rule mentality)"的潜在可能性,以及统治阶级和其他意见领袖的强大话语权可能导致的支配效果。

在本书结论部分,作者觉察到先前事例中所论述的公民参与并不能决定性地促进公民新闻和专业新闻的积极合作。比如,在伦敦地铁爆炸案中,公民记者向主流媒体(BBC)提供新闻资源,但在参与之外,公民记者的动机很大程度上包含功利心,他们可能预期到被主流媒体认可,或者自己贡献的资源可能被使用而因此获利。由此,作者提出,公民新闻和专业新闻的合作应该建立在一种非营利性的,以公共服务意识为主导的氛围中;而主流媒体也应当提供一些类似于公民记者培训的教育,并且在新闻节目中留出给公民记者提供的报道的空间和机会。

评析与反思

早在 2004 年,美国记者丹·吉尔默就出版过《我们即媒体》一书,强调在新媒体环境中,新闻已经从一种单纯的传播和说教转向了对话(changing from a "lecture" to a "conversation")。此书长期被奉为网络新闻学的圣经。相比之下,艾伦的《在线新闻:新闻与互联网》一书则更加集中于英国本土和大西洋两岸背景下的、更细化的、着眼于网络新闻生发过程中有所联系的具体事件的研究。默多克在 2005 年的演讲无疑显现出了传统新闻媒体和网络不可避免的趋势。网络提供了更多个性化、个人化的传播平台,相比之下,传统媒体的特性注定无法满足个性化的需求。在这种背景下,传统媒体力求与新媒体合作而非警惕和排斥新媒体(expect "news on demand" delivered by "pull" not "push" technologies)。新媒体的互动性不仅仅给公民新闻提供参与的平台,更多地预示了在新闻整合制作过程中,新闻报道自身的变化和调整。艾伦在书中也反复论述了主流媒体更多地注意和重视公民资源在主流新闻报道生成过程中所起到的重要作用,并力求与受众合作,以此整合新闻资源。自 2007 年开始,国内外大量学者针对市民新闻、公民新闻和公共新闻撰文,进行了探讨,研究的问题主要集中在:市民新闻与公共新闻的报道范围(news coverage)以及公民新闻中的专业主义。而近年来着重关注的则是专业记者的职业操守、专业新闻和公民新闻的发展方向,以及公民新闻对于公共事件的报道中非专业记者的角色所取得的传播效果和社会影响力。

尽管网络在很大程度上扮演着编辑的角色,但是无论专业记者、公民记者还是网络本身,能否承担"把关人"的角色仍有待讨论。新媒体传播的性质决定了网络平台全面展示各界观点,无从刻意筛选、强调或传递一家之言的特性——即使某一方观点有绝对的权威性。网络媒体往往通过对众多新闻的选择、排列和组合间接而含蓄地表达自己对事物的判断。

在新媒体研究中,重视原创还是重视整合,是一个重要的分野。传统媒体出身的学者通常会更加注重自媒体的原创性。而《在线新闻:新闻与互联网》一书同时强调了公民在新媒体信息平台的原创性以及搜索引擎强大的新闻整合功能。国内理论界通常更加偏重论述公民新闻对新闻内容和观念上的革新,而业界的想法则侧重于整合。诸如,孙坚华把整合称为"目前网络传播的最强利器"——"如果让我来凭着直觉罗列所谓的网络传播规律的话,我宁愿选择整合,而不是原创。重视原创的网站尽管赢得了口碑与尊敬,但最终退出了舞台;重视整合的网站虽然没有树立自己的新闻与评论品牌,但是,他们却在网民心目中造就了第一新闻站点的形象。"而早在2004年,新浪网总编辑陈彤就表示:"有人提到要从所谓更高层次来要求网络媒体,比如加强观点、评论的力度,发出媒体自己的声音等等,但其实这些仍然不是最重要的。作为网络媒体,最与众不同、需要坚持的还是快速与海量。"

由此可见,业界的观点不可避免地出于市场和经济的考量。而无论是专业新闻媒体的未来走向,还是公民新闻的发展,都不可能脱离社会现实而凭空存在。因此,结合《在线新闻:新闻与互联网》在结论部分对网络新闻和公民新闻未来的展望,作者对于公民新闻商业化的隐忧有非常理性的预见。作者认为专业媒体建设公共服务性质的公民新闻空间可以成为公民新闻的一个平台。也许在英国的社会环境中,如BBC这样本身带有公共服务性质的新闻机构可以搭建一个相对理想的平台。而笔者认为,借助专业新闻发展独立的、非营利的、公共服务性质的公民新闻平台仍带有一定的乌托邦色彩。专业新闻机构在非专业新闻浪潮的冲击下,自身已经面临经济和运营管理等诸多问题,能否有余力为公民新闻提供平台,提供公共服务性质的公共空间,值得质疑。

事实上,早在新媒体诞生之前,就曾出现公共空间商业化的例子。诸如在上世纪50年代末期美国的电视新闻曾一度呼吁重建公共空间,采纳公民的声音,协调公民和主流新闻的合作,然而结果依然是被商业和市场所主导。再如 2006 年韩国红极一时的商业化公民新闻 OhmyNews 被认为是公民新闻网站的标杆,网站本身靠广告经费运营和赢利,而在其中工作或供稿的非专业记者也得到物质上的奖励。此经营模式曾在创办初期迅速吸引了大批的非专业记者,但时间久了,参与者发现专业的新闻报道并非易事,而媒体所能提供的收益有限,于是大量的公民记者陆续退出了这个平台。而另有一些非商业化的公民新闻网站依靠社会捐助维持,但资金来源的不稳定性等问题也制约了其长期发展,使得其规模难以扩大,缺乏专业新闻和深度报道,无法赢得社会影响力。

艾伦预见到公民新闻在机构化过程中的经营危机与它的商业化运作模式有很大关系。因此,作者先前提出的公民新闻有可能作为主流新闻之外一种不受商业压力所支配的一种新闻形式有一定的乌托邦性质。毕竟,制度化、机构化和专业化是每一种新闻模式成熟的标志,而随着公民新闻的不断发展,公民新闻将衍生出符合自己生存规律的制度、法规和一系列业务标准。而公民新闻之所以受到认可,是因为它发出了与专业新闻媒体不同的声音。如果如前文所述,公民新闻同样需要面对来自广告商和受众市场的压力,或者寄生于一个专业新闻媒体,也难以避免地受到传统媒体的支配和规则的限制,甚至当公民新闻受到自身所衍生出的各种制度和规范化限制的时候,公民新闻原有的特色将不可避免地被弱化。如果再加上非专业记者专业性的缺失,公民新闻报道很有可能会沦为传统媒体新闻报道的翻版。这样一来,公民新闻也就失去了特性和对专业新闻的补充作用。

此外,在理论研究方面,尽管随着公民新闻的发展,专业和非专业记者的界限趋于模糊化,且两者将出现(或者说已经呈现出)极大的相关性和密切合作的趋势。但笔者认为,一定程度上,公民新闻和专业新闻的传播仍然应该有所区别地进行研究,因为两者在内容的性质上存在着很大的差异性。和传统新闻不同,公民新闻没有明确的"报道"和"评论"的界限,在其报道中"意见"部分占有极大的比例。"报道"本身作为一种信息而存在,而"评论"则是一种观点和意见,并非事实。在新闻报道中,信息是相对客观的,建立在描述事实的基础上;而意见则是主观的认识与观点,并且可能是非理性的——这一点在公民新闻中尤为突出。信息对接收者所起的作用主要由信息发送者、信息内容、信息渠道及信息接收者之间的关系决定,而意见的传播有很大的主观性、不确定性甚至煽动性,其传播过程和效果更为复杂。也就是说,从新闻传播的信息角度来看,专业新闻和公民新闻在传播内容的性质方面有一定的区别。因此,在互动与合作的过程中,两者的传播就很难一概而论,在这个过程中有必要对公民新闻信息和意见的范围作一个界定。至于公民新闻和专业新闻之间,无论是竞争、互补还是合作,很难有一个统一的界定标准。唯一确定的是,两者之间的界限将彼此影响,而在日新月异的新媒体平台上,两者的发展都将面临更多的不确定性和挑战。

参考文献:

Allan, S., (2006) *Online News:Journalism and the Internet*.Open University Press:Berkshire.

〔曾昕,英国伯恩茅斯大学媒体学院新闻学在读博士研究生,目前从事青少年受众新闻观念的调查研究〕

图书在版编目(CIP)数据

中国新闻传播研究.2013(上)/高晓虹主编.—北京：中国传媒大学出版社，2013.12
ISBN 978-7-5657-0861-9

Ⅰ.①中… Ⅱ.①高… Ⅲ.①新闻学—传播学—研究—中国—2013
Ⅳ.①G219.2

中国版本图书馆CIP数据核字（2013）第284234号

中国新闻传播研究 2013（上）

主　　编	高晓虹
副 主 编	吴炜华　田维钢　丰　瑞
责任编辑	王雁来　张　旭
责任印制	阳金洲
封面设计	拓美设计
出 版 人	蔡　翔
出版发行	中国传媒大学出版社
社　　址	北京市朝阳区定福庄东街1号　邮编：100024
电　　话	86-10-65450528　65450532　传真：65779405
网　　址	http://www.cucp.com.cn
经　　销	全国新华书店
印　　刷	北京中科印刷有限公司
开　　本	787×1092mm　1/16
印　　张	16
版　　次	2014年8月第1版　2014年8月第1次印刷
书　　号	ISBN 978-7-5657-0861-9/G·0861　定　价　58.00元

版权所有　　翻印必究　　印装错误　　负责调换